中国历代生活史话丛书

秦汉生活史话

王凯旋　著

东北大学出版社
·沈阳·

图书在版编目（CIP）数据

秦汉生活史话 / 王凯旋著. —沈阳：东北大学出版社，2017.1（2025.1 重印）
（中国历代生活史话丛书）
ISBN 978-7-5517-1437-2

Ⅰ.①秦… Ⅱ.①王… Ⅲ.①社会生活—历史—中国—秦汉时代 Ⅳ.①D691.9

中国版本图书馆 CIP 数据核字（2016）第258717号

出 版 者：东北大学出版社
地址：沈阳市和平区文化路三号巷 11 号
邮编：110819
电话：024-83687331（市场部） 83680267（社务部）
传真：024-83680180（市场部） 83687332（社务部）
网址：http：//www.neupress.com
E-mail：neuph@neupress.com
印 刷 者：三河市万龙印装有限公司
发 行 者：东北大学出版社
幅面尺寸：165 mm × 235 mm
印　　张：17
字　　数：278 千字
出版时间：2017 年 1 月第 1 版
印刷时间：2025 年 1 月第 2 次印刷
责任编辑：文　韬
责任校对：武　略
封面设计：刘江旸
责任出版：唐敏志

ISBN 978-7-5517-1437-2　　定　价：59.00 元

自 序

屈指算来，自研习秦汉史至今已有二十余年，其间学习研读秦汉社会生活史大约也近二十年了，读书与写文章就成了学习古史的一项经常性的功课。读书之际便有更多的问题浮上脑际，手边的一支笔也便常常信手写来，将一些随感心得文字记录下来，几乎所读的各本书上都留下了数目不等的札记、评论和研读记忆。这期间促使我不断地思考，不断地研究问题，亦不断地修正与完善我个人的学术认识与学术观点。有关本书的结集写作正是在这个过程中一点点积累而成的。

我对秦汉社会生活史的学习是从一个个小问题入手的，这样做的结果便不至于流于空泛和虚妄，这是我个人治学的一贯认识。由此而在2009年写成了40个专题小文章，并由九州出版社于当年以《秦汉社会生活四十讲》为题出版。应当说，以这样的书题出版是并不科学严谨的，无奈当时的出版环境是我无法左右的，因而一直成为我本人修订此书的一个心结。此次以专题分类、章节论说的形式出版，是还原了书稿的本来面目。同时，也是对我本人研究心得的一个小结。之所以这样说，是因为秦汉社会生活史的研究范围十分广阔，笔者没有涉及的课题与子目还有不少，诸如秦汉时代的驿递问题、秦汉时代的灾荒问题、秦汉时代的学校教育问题，以及秦汉时代的环境保护问题，等等，都有待于研究、考察与论述。这也正是本人称此书为《秦汉生活史话》而不敢遽称之为《秦汉社会生活史》的原因所在。无论如何，以研究书稿的方式付梓出版，对我而言仍是值得欣慰的，它也将促使我今后不断地增补、修订、完善我所从事的这项研究和著述。

需要再次指出的是，本书中多处参考并大量引用了许多前辈学者的研究成果，如：林剑鸣等先生所著《秦汉社会文明》，孙机先生所著《汉代物质文化资料图说》，杨树达先生所著《汉代婚丧礼俗考》，乔伟先生所著《秦汉律研究》，熊铁基先生所著《汉唐文化史》，余华青先生所著《中国宦官制度史》，完颜绍元先生所著《流氓的变迁》等。书中图片资料主要来源于孙机先生的《汉代物质文化资料图说》，刘志远先生的《四川汉代画像砖与汉代社会》，翦伯赞先生的《秦汉史》，查瑞珍先生的《战国秦汉考古》，彭卫、杨振红先生的《中国风俗通史》（秦汉卷）等书。

感谢读者朋友们多年来给予我的支持、鼓励与研讨。我由衷地相信，在今后的日子里我会一如既往地与关心、从事这项研究的朋友们携手前行，以期早日完成秦汉社会生活史的撰述工作。由衷感谢东北大学出版社社长郭爱民先生认真审阅并校订书稿。是为序。

王凯旋

2016年初春于沈阳

目　录

第一章

秦汉时代的政治生活

第一节　秦汉士人与士风

士人，即通常所说的读书人，是秦汉时代一个相对而言比较特殊的社会群体。这个群体的人员素质相对较高，文化底蕴也比较深厚，对社会生活和社会政治、经济、文化所出现的问题既关注又十分敏锐，并在社会上以立言立说阐述和表达自己的思想和主张。秦汉间的这一批士子文人在他们自己的精神领域和内心世界里极富个性化，他们或在朝，或在野；或讲学游宦，或落拓不羁。他们的言行和思想意识对秦汉时代的政风、民风都有深刻的影响。秦汉士人是中国传统文化的继承者和创新者。

秦汉时代的这一批读书人在个人性格特征、情感思维、身世经历、道德追求、生活理念、待人处事，以及所持学术观点、为政信仰上都存在很大的差异，但士人忧国忧民的心理特征则是普遍共有的。秦汉士人很少将自己关锁在书斋文札中，他们把自己所从事的学术研究和诗文著述看作社会的学术和政治的学术，因而在秦汉流传下来的许多文献里很少有宋儒那样嗜谈性理的言辞，即便像《史记·天官书》那样的纯天文学著作也无不涉及社会政治的内容。

因此，秦汉士人讽议朝政，裁量人物，评说世事，纳言献策。其学术目的之明确，论世事之尖锐，参与政治之热情为中国历代所少见。正因为如此，士风在秦汉两代的影响也就非常广泛而深刻。

一、秦代的士风

秦代是中国统一专制王朝的开始，从秦代以后，中国历代封建王朝都是皇帝家天下的时代。皇帝一人说了算，政权专制垄断了一切，士人在其间的作用是以维系专制皇权的需要来衡量的。

秦政权用“五德终始说”中的水德作为立政的根本。水德主刑杀，因此崇尚先秦以来的法家思想，以严刑峻法贯彻其政治统治，所以士人中法家一派的李斯便得到了秦始皇的欣赏。当然，李斯主张法家治秦也并不是秦朝建立以后的事，在战国时代的秦国时期就已经如此，李斯也因此由士学之路踏上了仕宦之途。李斯在秦统一后曾做了一件对中国历史来说是大大的好事，这就是他在同群臣的辩难中坚持实行郡县制，反对分裂割据的分封制，并为此后实行的统一文字、统一度量衡等项措施出了力、立了功。但他为维护皇权，抑或说他慑于皇权的淫威，由一个读书人回过头来残灭文化，尽焚诸子百家之书，最终也没能逃脱专制王朝政治斗争殉葬品的命运。在秦末的政治角逐中，李斯为谋求一己之私利并保全政治荣耀，俯首低眉于邪恶的宦官赵高，但最终还是赵高要了他的命。这是作为丞相李斯的悲哀，更是作为士人李斯的悲哀，一个软骨士人应有的悲哀。

秦代有相当一些知识分子为求生存之路和显达地位而屈身于皇权门下，对皇权的代表者皇帝本人极尽谄媚阿谀之能事。秦朝建立不久，就有几十名博士联手像啦啦队一样在宫中大颂秦始皇的“功德”，其过谀之甚，读者一阅便知。他们明知在助纣为虐，却不愿人们把它说出来。政治士人的心态之诡、情感之复杂，正是秦代士风一个方面的反映。

虽然如此，但是秦代的读书人并不尽如李斯的为人。秦代的知识分子中有许多人不愿或拒绝为当朝出力。他们隐姓埋名，寄居乡野，游学

❖ 秦汉士人图

秦汉士人是一个知识群体，汉代选官的主要来源即出于此。其中，秦汉两代的博士官构成了朝内士人的重要代表

论世，诗文言志。一个客观的结果就是尽量不使自己的踪迹被秦政权的鹰犬们发觉，三世相韩的张良即是这样的士人。秦代的这一批智士学人并非不愿参与政治，但“良禽择木而栖”的理念以及能够代表和反映他们学说意愿的政治领袖的出现，是决定他们出仕的前提条件。秦代的两个皇帝都不是这样的人选，因此秦代士风中一个最突出的现象就是知识分子的沉寂。在中国古代历史上，大批士人远离政府而退隐于民间，秦代大概是绝无仅有的一例。在朝任职的博士官们也只是充作政权装饰的门面以及备作皇帝典章文赋的顾问，如此而已。从今天所能见到的有关秦代的各类文献中都鲜见士人的身影。秦代的士人在民间，秦代士风的源头也在民间。秦代专制独裁的政治统治，使得许多身怀硕学的士人远离秦政权而深藏于民间或乡野。“士为知己者死”曾是先秦士人的一条名训，但这样的名训在秦代的政权中却再也难见。

秦代知识分子中也有人视暴政为仇敌，此前所说三世相韩的张良就曾计划在秦始皇出巡的路上截击他并“椎杀之”；秦皇帝东巡即遇“始皇帝死而地分”的刻书；甚至也有人以求长生之名套走了秦始皇的大批钱财，尔后又对秦皇帝大骂一通扬长而去；更有众多的士人公开或私下里以言谈文章等形式反对秦政权的残虐无道。秦始皇为此而恼羞成怒，《史记·秦始皇本纪》记载：“犯禁者四百六十余人，皆阬之咸阳！使天下知之，以惩后。”这犯禁的四百六十多人正是秦朝的文人学士。为什么非要置这些士人于死地呢？因为这些士人攻击政府，攻击专制残暴。杀这些人是给更多的士人一个信号，同时也是一个警告——皇权神圣不可侵犯。由此可见，秦代士风中反专制残暴的色彩十分浓烈，即便在“焚书坑儒”以后极其恐怖的时代，士人也依然没有停止这种反抗斗争，所以秦代的先后两位皇帝对士人十分痛恨。学术历来是师承授业，秦政权否定了弟子求学于士人的客观法则，强制学子们“以吏为师”，用一种强盗的逻辑替代学术的规律，其政治的荒谬愚蠢达于极点。它突出反映了秦专制政权对士人士学的恐惧。汉代学者伏生当年曾在家中墙壁内藏有被禁毁的《尚书》，说明知识分子中的许多人还是敢于冒杀头的风险来保存文化火种的。而且像伏生一类的士人，当也不在少数，否则就无法解释当西汉惠帝“除挟书律”后，会有那么多的先秦文化典籍能够在民间重现这样一个事实。

秦代士人在等待时机，这样的时机终于来到了，这就是以陈胜、吴广为代表的反秦农民起义。

值得注意的是，秦末各路反秦义军中，都有为数不少的士人出现。这种一夜之间士人突现的情况并不是偶然的，内中深刻的原因是不言自明的。士人慕名投军，参佐军务，枢办行政，积极地为新政权出谋划策，摇旗呐喊，其重要意义就在于士人作为一个社会阶层，特别是作为一个智士集团，已成为覆亡秦政权的一支重要力量。虽然这些士人中有许多是来自于六国旧贵族的后裔，每个人的主观动机和所要达到的目的各有不同，但士人与反秦义军的携手，却无疑是建立在推翻暴政的共同基础之上的。秦在立国后曾力克山东六国，其时士人云集，游说东方，张仪、范雎之属皆为秦所用，势力之大、锋芒之锐，无人无国可挡。但在秦朝建立的十五年后就急转直下，表明秦政权昔日的活力已不再现。贾谊在总结秦朝败亡时说："仁义不施而攻守之势异也。"（〔汉〕贾谊《过秦论·上篇》）秦政权失去了人心，也失去了作为政权建设基础的知识分子的支持。

秦代士风在秦朝的腥风血雨中始终昂扬着正义和进取的雄姿。它不同于商业时代的文人群体，中国传统的儒家风范和人格理念是秦代大多数士人的最高追求目标，名利观念也由此被大部分读书人视为浮云。这种文化精神和价值的存在就决定了秦代士风的社会走向。贾谊在《过秦论·中篇》中说："秦王怀贪鄙之心，行自奋之智，不信功臣，不亲士民，废王道而立私爱，焚文书而酷刑法，先诈力而后仁义，以暴虐为天下始。夫兼并者高诈力，安危者贵顺权，此言取与守不同术也。"

❖ 秦之罘刻石

此图为秦始皇东巡芝罘所刻文字，内容多为颂扬秦始皇之功德

反抗暴政是秦代士风始终

唱响的一个主旋律，由此而深刻地影响了秦代的政风和世风。摧残文化、侮辱士人的统治者从来不可能久坐天下，秦朝败亡的事实足以成为历史的鉴戒。正如贾谊所说：“当此时也，世非无深谋远虑知化之士也，然所以不敢尽忠指过者，秦俗多忌讳之禁也，——忠言未卒于口而身糜没矣。故使天下之士倾耳而听，重足而立，阖口而不言。是以三主失道，而忠臣不谏，智士不谋也。天下已乱，奸不上闻，岂不悲哉！”（〔汉〕贾谊《过秦论·下篇》）

二、汉代的士风

汉代，包括了西汉和东汉两个王朝阶段。从整个汉代历史来考察，士风变化巨大，呈现出多样的特点。与秦代不同的是，士人在汉代参与政治的热情比较高，分属于各学派的士人利用不同的场合和渠道表达自己的学术见解和对社会时事的关心。伴随两汉外戚、宦官、党人、太学生等一系列政治斗争，士人群体也充分地参与其间，在社会政风、民风、世风等许多方面都处处表征着汉代士风的影响，士风也在社会的大背景下发生着深刻而微妙的变化。汉代士风的政治民主色彩也愈显浓重，对汉末政治腐败的抨击表明，汉代的士人阶层忧患意识强烈。汉代士人的忠君思想比较浓厚，它成为汉代士风维护皇权的一个很重的砝码。随着汉代社会商业意识的高涨，汉代士风的吹拂也散发出商业市场的气息。因此，就汉代的士人和士风而言，就体现为一种具有时代和社会变化的精神意识。

汉代士人参与政治的活动贯穿于汉代存亡的始终。汉代的皇帝比起秦代的皇帝来也比较尊重当世的士人。刘邦原为一介村夫，但他在建立汉帝国后，还是懂得知识分子在政权建设上的作用的，所以他起用学人叔孙通来制定礼法。汉高祖对士人的礼遇固然出于政治统治的需要，但在客观上却为士人参与政治活动开了方便之门。在西汉初年的中央政权里，士人的比例明显地高于秦朝，如张良、陈平、陆贾、贾谊、郦食其等人都是饱学之士。西汉初年，许多大政方针的制定都离不开士人的积极和努力。刘邦之后的惠帝颁布“除挟书之律”，事实上等于否定了秦朝的焚书之举。文、景两皇帝和汉武帝也在尊崇士人的同时，进一步开放了学术空间，儒、道、墨、法各家学说又相继兴起。在汉代，基本的学术倾向还是儒道并行，虽然武帝时“独尊儒术”，但在实际生活中并没有强力限制各派学术的自由发展，更没有采取极端的恐怖手段。立于政府学官的儒学是汉代所倡导的“国学”，没有立于学官的各家私学还是可以作为一种文化学术保留并传播的。所以汉代士人中的私人讲学之风很盛，门徒弟子也很多，特别在汉代地方藩王和豪强地主接纳士人充当谋臣的社会政治背景下，私学的发展实际上是很快的。

《西京杂记》记载：“河间王德筑日华宫，置客馆二十余区，以待学士。自奉养不逾宾客。”河间王礼贤士人，他对自己的要求是生活标准不能超过宾客士人。可见，汉代已大有战国时代的养士之风，由此使士人为报知遇之恩而投身于政治和社会活动，士人也就不再沉寂了。

汉代前七十年的历史中，官私之学都比较活跃，与秦代“以吏为师”的法家一学相比，其学术氛围不可同日而语。在这样的社会大背景下，西汉前期的士风就表现为积极进取的学术意识和士人参政议政的主动精神。从西汉的相关史料考察，汉代士风的这一特点基本是一以贯之的。

西汉初年相继出现了一批杰出的知识分子代表，如：长沙王太傅贾谊、太史令司马迁、博士官董仲舒等。他们针砭时弊，言辞尖锐，对汉代的社会政治、经济、文化等诸多问题都有比较清醒的认识和深刻的理论阐述。汉代的政治环境对学术的发展比较有利，除东汉后期宦官干政，排斥异己，剿杀士人外，各代皇帝从总的情形来看，对学术、学派的活动并不横加阻挠。

正因如此，两汉时期学人辈出，如：刘向、刘歆父子，张衡，司马相如，东方朔，匡衡，贡禹，蔡邕、蔡文姬父女等。《后汉书·儒林列传》记载了东汉一朝著名的儒林学士就达24人，这也是仅就充任政府学官的人来说的。大量的在野或于民间游学之人以及后学传习者尚不在列传之中。众多学人的出现是汉代文化繁荣的基石和保证。

西汉时期的学人大多具有为民请命的精神意识，在有关盐铁专卖、均输平准等关乎汉代民人经济政策的制定、商讨、确立和实施的各个阶段，汉代学人都以高度的忧患意识上书直言，痛陈时弊，使这一时期的基本政策大致保持在比较有利于民人的水平上。这一时期的士风也呈现出比较健康向上的势头。西汉年间，在反对地方封国割据、揭露酷吏贪财虐民之事，以及抨击豪强地主侵吞民人土地和官吏违法揽赃等许多方面，汉代士人中的许多人都直言敢谏，表现了中国古代知识分子优秀的气节观和正义品质。

汉代宽松的学术环境使这一时期的士风呈现出各派各家学说纷呈的特点。西汉初年，代表道家一派的黄老学说兴起，这种社会思潮在政治上的表现就是清静无为的治政方针。汉代学术的恢复大约也是从这时开始步入一个相对平和的时期。士人此时的言论明显增多，其个性化也比较突出。如贾谊的《过秦论》《治安策》、晁错的《论积贮疏》等，其锋芒直指朝政流弊。两人的结局似乎都不大好，但这不是汉初士风的命运所在，而是其中深刻的政治原因所致。就单纯的学术问题而言，汉朝政府并不强制树一派而压一派。汉代文献中屡屡出现的官吏士人上书言事和谏诤抗命之辞的多次出现，说明汉代还是一个允许士人在一定条件下和一定范围内相对自由发展的比较好的时代。像东汉末年的黄巾领袖张角最初组织太平道，汉政府并没有太多地放在心上。直到张角公开打出反抗东汉政府的旗帜以后，才引起了当权者的恐慌并受到镇压。当然，张角与汉政府的对立不是学术观点和学术争论的问题，而是农民革命要推翻地主阶级专制腐朽政权的问题。这是两个性质完全不同的问题。我所要说的是在汉代皇权政治的社会条件下，形成汉代士风的那些客观存在的因素和条件，正是汉代社会在总的历史背景下的这种氛围和条件，使汉代士风从一开始就展现出许多不同于前代的独有特点和理念倾向。

汉代士人在生活理念上恪守并坚持奉行着知识分子应有的气节。《孟子》一书在阐述儒家理想的道德人格时说，大丈夫“富贵不能淫，贫贱不能移，威武不能屈”。汉代士人以此为宗旨，他们的气节观和行为规范都体现为一种平实求真、豁达人生、绘画千年并与自然一体的完美境界。这是汉代士人最高的人生追求，也是汉代士人立足于世的精神支柱。汉代士人对气节的认识和理解同时又不是抽象虚幻的，而是在现实的社会生活中随时都可以触及的真实精神，这就是对正义、信念、道德、情操、自尊、自重、自强、自爱、刚毅、果敢等精神品质的物质再现。司马迁在《史记·游侠列传》序中说：“其言必信，其行必果，已诺必诚，不爱其躯，赴士之厄困，既已存亡死生矣，而不矜其能，羞伐其德。”

不独汉代的侠义之士如此，文人学士亦如此。贾谊在西汉初年三上《治安策》，不避刘氏宗亲的诸多忌恨，是冒了极大政治风险的。因为对封国和刘氏宗亲的任何一点攻击性言论，都可被视为是对刘姓王朝的攻击，是离间皇权血缘骨肉的行为，是要遭重谴或杀头的。他的直言极谏使他远离了京师，也使他从此落落寡合于众人之外。但贾谊的内心并不曾软弱，他是忧郁而死，但他独立的人格精神并没有死。汉代士人在政途上的不得志并没有磨蚀掉他们内心气节的一丝一毫。西汉前期至中期士风中的主流即是如此。

汉武帝以后，由于谶纬神学的兴起，士风中出现了一些消极的东西，一些士人为求得自己的仕进之路，迎合阿谀当权者的神权心理。《汉书·王莽传》记载："梓潼人哀章学问长安，素无行，好为大言。见莽居摄，即作铜匮，为两检，署其一曰'天帝行玺金匮图'，其一署曰'赤帝行玺某传予黄帝金策书'。某者，高皇帝名也。书言王莽为真天子，皇太后如天命。图书皆书莽大臣八人，又取令名王兴、王盛，章因自窜姓名，凡为十一人，皆署官爵，为辅佐。"像哀章这样的学问者，无非是为求得王莽的欢心，以便在日后的从政生涯中捞个一官半职，其猥琐的心态昭然若揭。到了东汉时期，汉光武帝极力张扬图谶。汉代政府对治学的宗旨也是"博贯五经，兼明图谶"，汉代士人中的许多人也在这种神权加皇权的社会政治背景下漂泊着自己的学术和人生。正如顾颉刚先生在《秦汉的方士与儒生》一书中所说："图谶本已迎合人们迷信的心理，现在又定为功令的必读书，当然钻入各个角落更深更普遍了。"

汉代，特别是东汉各种祭祀的增多和烦琐无疑是受了谶纬的影响，汉代士人对于经学的热衷导致了对现实研究的冷漠。但是我们仍然有理由相信，汉代士人中的相当一部分人头脑还是清醒的。汉代学人桓谭说："凡人情忽于见事而贵于异闻，观先王之所记述，咸以仁义正道为本，非有奇怪虚诞之事。盖天道性命，圣人所难言也。自子贡以下，不得而闻，况后世浅儒，能通之乎！今诸巧慧小才使数之人，增益图书，矫称谶记，以欺惑贪邪，诖误人主，焉可不抑远之哉！"（《后汉书·桓谭传》）这种"浅儒"，也正是鼓吹或附庸谶纬的汉代的一班士人；桓谭对他们谬说的批判可谓入木三分。汉代士人中如郑兴、尹敏、张衡等人，都是拒绝谶纬的勇士，他们勇就勇在能在谶纬的汹涌波涛中奋力抗争。汉代士风在东汉晚期形成了一个进取的高潮，这就是面对宦官邪恶势力垄断朝政、滥杀无辜、贪黩害民的罪恶行径所展示的凛然气节。东汉末年的"党人"中，很大一部分人就是士人出身。他们或以察举任职，或以贤良辟官，或以才学高就，其忧患意识也在此时达到了巅峰。重名节、重信义成为汉代士人这一时期推崇的人生哲学和价值理念。因此在同宦官的斗争中就不惜"杀身成仁"、徒手搏刀。士人也以著书立说、讲论谈说的形式为党人张目，公开指斥宦官的罪恶。《后汉书·党锢列传序》说："逮桓灵之间，主荒政缪，国委于阉寺，士子羞与为伍，故匹夫抗愤，处士横议，遂乃激扬名声，互相题拂，品核公卿，裁量执政，婞直之风，于斯行矣。"

东汉晚期士风的一个突出特点是，士人之间、士人与党人之间、士人与民众之间在反对宦官专权暴政方面的空前团结一致和士人视死如归的大无畏精神。《后汉书·党锢列传》记载："李膺振拔污险之中，蕴义生风，以鼓动流俗，激素行以耻威权，立廉尚以振贵执，使天下之士奋迅感槩，波荡而从之，幽深牢破室族而不顾，至于子伏其死而母欢其义。壮矣哉！"李膺是读书人出身，但李膺做官后并没有丢掉读书人的本色。东汉后期的许多官僚仰慕同情并支持士人的许多举动，还是更多地看重了士人同宦官斗争的意志气节。所以东汉末年的士风已然成为社会的世风。在这场斗争中，东汉太学参加的人员一次即达三万余人，政府培养的这一批学人可谓倾巢出动。可见，士人在东汉末年同宦官的生死斗争中已形成了强有力的联合。士人以其敏锐的思想意识和崇尚名节的行为表明了他们的真实心迹。《后汉书·党锢列传》在讲述李膺被宦官陷害免官回乡时说："居阳城山中，天下士大夫皆高尚其道，而污秽朝廷。"士人丝毫不把皇帝老子放在眼里，而是痛加责骂，正是说明汉代士人对人生目标的追求不是朝廷的威权所能左右的。直到宦官集团覆亡，汉代士人的斗争也从未停止。

汉代士风的发展变化始终围绕着士人理念中的讲德重义以及激扬名节的精神追求来展开。汉民谣中说："千羊之皮，不如一狐之腋。千人之诺诺，不如一士之谔谔。"因此，汉代士人常常以这种价值精神激励自我、砥砺人生，而不屑于去向邪恶势力低头。尽管汉代士人的言行各异、面貌不同，但汉代士风的主流仍是自然而真实的。唯其如此，也才会升华出汉代灿烂的文化。

第二节　秦汉的博士官

今天我们所说的博士，是指高等院校里三级学位的最高一级，是一级学位的名称。但在中国古代，博士是指主管教育教学的学官，是一级官衔，也就是所谓官员。《史记·秦始皇本纪》记载，秦廷尉李斯在论议帝号时说："臣等谨与博士议曰：'古有天皇，有地皇，有泰皇，泰皇最贵。'臣等昧死上尊号，王为'泰皇'。命为'制'，令为'诏'，天子自称曰'朕'。"同书集解引《汉书·百官公卿表》说："博士，秦官，掌通古今。"这里讲了两层意思：一是说博士是秦代官员的一种，一是说博士在秦代是掌管历史文献和图籍资料并随时备皇帝咨询的。可见，秦政权有关政策方针的制定和重大事件的决议是有博士官参加的。

秦代的博士官有多少人呢？确切的数字不得而知。《史记·秦始皇本纪》在接下来的记载说："始皇置酒咸阳宫，博士七十人前为寿。"皇帝置酒宴飨，博士官们前往贺寿，无故不去的人大概不多，因此，秦代博士官的数目应为70人左右。

秦代博士官们的职责是明确的，但博士官们具有怎样的见解并能在政权建设中起多大的作用呢？在有关秦代政治制度的制定方面，《史记·秦始皇本纪》记载："博士齐人淳于越进曰：臣闻殷周之王千余岁，封子弟功臣，自为枝辅。今陛下有海内，而子弟为匹夫，卒有田常、六卿之臣，无辅拂，何以相救哉！事不师古而能长久者，非所闻也。"就是说，淳于越所代表的秦博士们主张实行西周以来的分封制，主张用血缘纽带去维系秦政权。对此，时任丞相的李斯批驳说："五帝不相复，三代不相袭，各以治，非其相反，时变异也。今陛下创大业，建万世之功，固非愚儒所知，且越言乃三代之事，何足法也？异时诸侯并争，厚招游学。今天下已定，法令出一，百姓当家则力农工，士则学习法令辟禁，今诸生不师今而学古，以非当世，惑乱黔首。丞相臣斯昧死言：古者天下散乱，莫之能一，是以诸侯并作，语皆道古以害今，饰虚言以乱实，人善其所私学，以非上之所建立。今皇帝并有天下，别黑白而定一尊。私学而相与非法教，人闻令下，则各以其学议之，入则心非，出则巷议。夸主以为名，异取以为高，率群下以造谤。如此弗禁，则主势降乎上，党与成乎下。禁之便。臣请史官非秦记皆烧之。非博士官所职，天下敢有藏《诗》、《书》、百家语者，悉诣守。尉杂烧之，有敢偶语《诗》、《书》者弃市。以古非今者族，吏见知不举者与同罪。令下三十日不烧，黥为城旦。所不专者，医药卜筮种树之书。若欲有学法令，以吏为师。”（《史记·秦始皇本纪》）李斯的这番言论得到了秦始皇的认可和批准，说明了淳于越等人的不合时宜的主张未被采纳和实行，但同时却也并没有因此而治淳于越的罪。可见，博士官的备顾问作用还是允许他们发表自己的见解的。

顾颉刚先生在《汉代学术史略》一书中认为，“史官所藏的史籍，除了秦的统统烧了，而《诗》《书》百家之言凡是博士官所执掌的都不烧。为什么还要留上这一点‘是古非今’的根苗？大约这和官制有关系，除非把博士官取消，就得任他们去读点古书，只要他们不敢乱发不合事宜的议论，安心做个皇帝的装饰品，也就罢了。”实际上，除了顾先生上述所论之外，主要的一点则在于——博士官们的献言献策，说到底是为皇权政治服务的，其出发点是为了巩固皇权。况且，皇帝也要做出一些姿态来表示对谋士和臣下的有限的优容，这同样是皇权政治必不可少的手段。博士官们必须依附于皇权才能够生存，否则，“坑儒”一类的事件随时都可能降临到他们头上。就这个意义来说，秦汉两代的博士官同后代的博士官有很大的不同：后代博士官的职责更多地属于学官性质，即管理和执行有关学校教育和科举考试的事务和职能，其为官的政治色彩不是很浓；而秦汉时代博士官的主要职责是作为皇帝临政的咨询机构，同时兼理国家图书文献管理和史书的撰写，因而便有政官和史官兼具的特点，其管理文教的职能大不如后代，所谓“博士虽七十人，特备员弗用”（《史记·秦始皇本纪》）。

博士官的“备顾问”有时也牵涉到神仙术数一类的问题，如：“始皇梦与海神战，如人状。问占梦博士曰：‘水神不可见，以大鱼蛟龙为候。今上祷祠备谨，而有此恶神，当除去，而善神可致。’乃令入海者齐捕巨鱼具，而自以连弩候大鱼出射之。”（《史记·秦始皇本纪》）博士官的这条建议倒是被秦始皇采纳了，大鱼也被射杀了，但是“善神”却并没有“可致”，这对于双方来说都是一个莫大的讽刺。

汉代建立以后，汉高祖刘邦深悉文臣在治国方面的作用，他让前面那个博士叔孙通恢复和制定典章制度，使旧有礼仪在朝廷之上确立起来，因为直到秦末陈胜起义，秦二世也想到了博士官们，让他们出谋划策。史载："陈胜起，二世召博士诸儒生问曰：'楚戍卒攻（蕲）入陈，于公何如？'博士诸生三十余人前曰：'人臣无将，将则反，罪死无赦，愿陛下急发兵击之。'二世怒，作色。通前曰：'诸生言皆非，夫天下为一家，毁郡县城，铄其兵，视天下弗复用。且明主在上，法令具于下，吏人人奉职，四方辐辏，安有反者！此特群盗鼠窃狗盗，何足置齿牙间哉？郡守尉捕诛，何足忧？'二世喜，尽问诸生，诸生或言反，或言盗。于是二世令御史按诸生言反者下吏，非所宜言。诸生言盗者皆罢之。及赐通帛二十处，衣一袭，拜为博士，通已出，反舍，诸生曰：'生何言之谀也？'通曰：'公不知，我几不免虎口！'乃亡去之薛，薛已降楚矣。"（《汉书·叔孙通传》）

❖ 秦汉士人图

博士叔孙通看穿了秦朝灭亡在即，也看穿了秦二世不想听真话，便离开了秦政权，这是秦皇帝始料不及的。皇权统治需要这种礼仪，等级界限也需要用礼仪来确定。博士官的作用到此总算比秦始皇时代受到了些重视，史载："通之降汉，从弟子百余人，然无所进，专言诸故群盗壮士进之。弟子皆曰：'事先生数年，幸得从降汉，今不进臣等，专言大猾，何也？'通乃谓曰：'汉王方蒙矢石争天下，诸生宁能斗乎？故先言斩将搴旗之士。诸生且待我，我不忘矣。'汉王拜通为博士，专稷嗣君。"（《汉书·叔孙通传》）可见，前后两件事都说明，博士官叔孙通不是一介腐儒，他不但知时变，而且有方略，这从他为刘邦制定朝仪便可以看得清楚。史载："汉王已并天下，诸侯共尊为皇帝于定陶，通就其仪员。高帝悉去秦仪法，为简易。群臣饮争功，醉或妄呼，拔剑击柱，上患之，通知上益厌之，说上曰：'夫儒者难与进取，可与守成。臣愿征鲁诸生，与臣弟子共起朝仪。'高帝曰：'得无难乎？'通曰：'五帝异乐，三王不同礼。礼者，因时世人情为之节文者也。故夏、殷、周礼所因损益可知者，谓不相复也。臣愿颇采古礼与秦仪杂就之。'上曰：'可试为之，令易知，度吾所能行为之。'"（《汉书·叔孙通传》）叔孙通根据西汉初年变化了的客观现实，将古代礼法与秦代仪礼做了适合于汉政权建设的相应调整，不但在汉初的政权建设上起了重要作用，也为巩固和维护新的皇权政治奠定了基础。正因如此，叔孙通在汉初获得了极高的礼遇，在仕途上可谓顺风顺水，由一个普通的博士官升迁到太子太傅和奉常，位列九卿。

总的来说，像叔孙通那样知道变通的博士官到底不多，加上西汉初年特殊的历史环境，所以大多数博士官们并不被看中，所谓“叔孙通作汉礼仪，因为奉常，诸弟子共定者，咸为选首，然后喟然兴于学。然尚有干戈，平定四海，亦未皇庠序之事也。孝惠、高后时，公卿皆武力功臣。孝文时颇登用，然孝文本好刑名之言。及至孝景，不任儒，窦太后又好黄老术。故诸博士具官待问，未有进者”（《汉书·儒林传》）。可见，西汉初年，大部分博士官被闲置供养起来了。

西汉初年的贾谊是当时最具见识和才华的年轻博士官，《汉书·贾谊传》记载：“文帝初立，闻河南守吴公治平为天下第一，故与李斯同邑，而尝学事焉，征以为廷尉，廷尉乃言谊年少，颇通诸家之书。文帝召以为博士。”贾谊在叔孙通之后对西汉王朝的相关制度的更定、补充和完善起了重要作用，尽管文帝没有完全采纳他的建议，“然诸法令所更定，及列侯就国，其说皆谊发之。”（《汉书·贾谊传》）如果不是此后文帝听信谗言，如果贾谊不被贬官，那么他极有可能在西汉的政治舞台上扮演更为重要的角色。即使如此，当我们今天阅读贾谊留下的珍贵文字时，仍不能不为他思想的敏锐深邃和文笔的犀利优美所折服。

继叔孙通和贾谊之后，在西汉时期最为著名的博士官当推董仲舒。《汉书·董仲舒传》记载，他“少治《春秋》，孝景时为博士。下帷讲诵，弟子传以久次相授业，或莫见其面。盖三年不窥园，其精如此，进退容止，非礼不行，学士皆师尊之。武帝即位，举贤良文学之士前后百数，而仲舒以贤良对策焉”。这说明他治学专精，并为武帝所赏识。在此后的上天人三策中，董仲舒充分展示了他的政治才能，汉武帝实行“罢黜百家，独尊儒术”，其理论基础直接源于董仲舒。汉代著名学者刘向称赞说：“董仲舒有王佐之材，虽伊吕亡以加，管晏之属，伯者之佐，殆不及也。”（《汉书·董仲舒传》）

应当说，汉代博士官们见诸文献记载的人数是大为增加了。汉代立五经博士，专治一经的学者比此前多了，史载：“昭帝时举贤良文学，增博士弟子员满百人，宣帝末增倍之，元帝好儒，能通一经者皆复。数年，以用度不足，更为设员千人，郡国置五经百石卒史。成帝末，或言孔子布衣养徒三千人，今天子太学弟子少，于是增弟子员三千人。”（《汉书·儒林传》）此外，“田王孙为博士，（施雠）复从卒业（指《易》）”，后“雠为博士”，这是学《易》的一派；“博士缺，众人荐（孟）喜。上闻喜改师法，遂不用喜。喜授同郡白光少子。沛翟牧子兄，皆为博士。由是有翟、孟、白之学”，这是学《礼》和《春秋》的一派；“高子阳，为博士。高孙地余长宾以太子中庶子授太子，后为博士，论石渠。”这是学《尚书》中的欧阳学和大小夏侯学一派。其他如：“（殷）崇为博士，（龚）胜右扶风，自有传”“（孔）霸为博士”“牟卿为博士”“博士江公世为鲁诗宗”（《汉书·儒林传》），如此等等，不一而足。像申公“弟子为博士十余人”，而且有多人官至太守和内史之职。可见，汉代的博士官不但在人数上大大超过了秦代，而且就参与政治和学术的情况看，也是大大增多了。如果从文治的角度去看待和评价这一现象，则不能不说它是积极的和有益的。

一个现象颇值得注意，《汉书·儒林传》说：“及至秦始皇兼天下，焚《诗》《书》，杀术士，六学从此缺矣。陈涉之王也，鲁诸儒持孔氏礼器归之，于是孔甲为涉博士，卒与俱死。”为什么儒生学士甘愿冒风险去追随农民领袖陈涉呢？“陈涉起匹夫，驱谪戍以立号，不满岁而灭亡，其事至微浅，然而缙绅先生负礼器往委质为臣者何也？以秦禁其业，积怨而发愤于陈王也。”这大约可以说明，农民军中也是有自己的博士官和参谋官的，博士们要辅佐的是他们认为应该辅佐和值得辅佐的人，而对于腐败王朝，他们大约多是避之犹恐不及的。

第三节 秦汉时代的宦官

宦官，在中国古代历史上又称作寺人、阉人、腐人、中官、貂珰、太监等。细化的名称则更多，如由“阉人”派生出的阉官、阉尹、椓人等；由“中官”派生出的中人、中使、中贵、中涓、内官、内侍、内监等；由“宦官”派生出的宦者、宦人等。它几乎代表或等同着一个邪恶的名词，并且成为人所共弃的下贱的代名词。邪佞、阴毒、张狂、猥琐、卑贱、肮脏，这些中国文化典籍中所能寻索到的最富贬义之词，任何一个套在他们头上都是再恰当不过的。

这些饱受“刑余”之灾的非男非女之徒，以其变态的心理人格和乖张的行为举止常常做出令世人瞠目的非人之举。除个别者外，就整体而言，宦官不仅是造就中国历史灾难的一群去势的猪狗，而且是中华民族最具耻辱的粪堆。秦汉两朝宦官是这个粪堆的始作俑者，也是铸成秦汉社会灾难的祸首之一。

秦代法网严密，按照秦的法律规定，遭遇宫刑的人数必然极多。所谓“宫刑”，是指破坏男女生殖功能的刑罚。秦汉之际，对男子“去势”，对女子“幽闭”。《史记·秦始皇本纪》记载，秦代筑造阿房宫，曾征调“隐宫徒刑者七十余万人”。这也许是个夸大的数字，但大量阉人在秦代的存在却是一个不争的事实，由此而使秦代的宦官数量自然上升。秦代的宦官一般说来地位不高，《史记·李斯列传》说，当时的宦官所充当的角色不过是“内官之厮役也”，即以“贱人”的身份从事内廷杂役的事务。但也正是从这个时期起，宦官的活动范围开始得到扩张。宦官不仅掌管宫廷车马的管理、符玺的保管及宫廷宿卫等项事务，而且可以直接出任朝官，干预朝政。大宦官赵高甚至一度任丞相之职，把持了秦王朝的军政大权。秦代的宦官也以皇帝特使的身份出使地方处理公务。专制主义皇权政治培育了宦官，宦官也借着皇权这棵大树兴风作浪。秦代宦官的威势也非昔日可比，赵高在宫内外都有一批死党，他甚至篡改秦始皇的遗诏，废公子扶苏，杀边关重将蒙恬。赵高曾依靠李斯的协作完成了夺权的计划，但为了独揽朝政，他还是毫不犹豫地要了昔日盟友的命。宦官的凶残阴险远胜豺狼，即便是皇帝要剪除赵高及其党羽，也不得不依靠另外的宦官来达到目的。当年亲手杀死赵高的，就是秦代的宦官韩谈。可见，宦官是专制皇权的必然产物，宦官有可能威胁皇权，但皇权要持续、要巩固，却也离不开宦官。秦代的宦官已不单纯是防患后宫的屏壁，也不单纯是狭义上的天子侍仆，而是作为一种潜在的政治势力，在任何可能的机遇面前敢于放马抽刀同包括皇帝本人在内的任何人一决高下。从赵高其人的身上不难看出，集人类最无耻的任何一种心理和言行，都不足以概括宦官的卑劣心性。

秦汉时期，宦官之所以势焰日大，是同皇帝本人的宠信分不开的。西汉的开国皇帝刘邦在患病时就曾“独枕一宦者卧”，并“诏户者无得入群臣”（《汉书·樊哙传》）。汉代的文帝有贤明之称，但却百般宠幸宦官赵谈和北宫伯子；吕后身边的宦寺张释受了母太后那份难得的恩宠，不但步步晋升，而且封爵封侯。无权的宦官靠了有权的天子和临朝的太后可以肆行无忌，放浪形骸。到汉武帝时，皇帝本人耽于酒色而怠惰政事，日夜沉湎后宫的荒淫生活之中。《后汉书·宦者传序》记载：“数宴后庭，或潜游离馆，故请奏机事，多以宦人主之。”这样的记载绝非仅指武帝一人，西汉中期以后及东汉中期以后的许多皇帝都是如此。宦官由此也开始由内侍之勤杂而跃升为国家中枢机要之臣。这样的权力谁给的呢？当然也是皇帝。针对于此，汉代的许多有识之士和贤明官员曾声言反对。《汉书·萧望之传》记载大臣萧望之上谏皇帝的话说：“中书政本，宜以贤明之选，自武帝游宴后庭，故用宦者，非国旧制，又违古不近刑人之义，白欲更置士人。”这样的谏诤之辞不可谓不深刻痛切，但曾几何时，大臣的忠谏之语在皇帝耳边不过是一缕瞬息而过的轻风，丝毫不能撼动宦官的一根毫毛。

汉武帝时期的宦官李延年，原不过是一个倡优之人（即为宫内娱乐表演所需舞乐之人），因为犯法被处以腐刑，事后被安排做一名皇家御苑的看狗小官。这个身份即便在宦官中也是地位极低的一员。只是一个偶然的机会，李延年的妹妹被武帝看中，李延年也因此而有了出头之日，“由是贵为协律都尉，佩二千石印绶，而与上卧起”（《汉书·李延年传》）。汉宣帝时的另一名宦官许广汉，原不过是一任郎官，位卑职轻。获罪后被下蚕室，受了腐刑，从此成为汉朝宫廷内的一名宦官。同李延年稍有不同的是，宣帝娶的是许广汉的女儿而不是他的妹妹，在许广汉的女儿被立为皇后之后，身为宦官的许广汉竟然受封昌成君和平恩侯。这两个例子固然都是微贱的宦官发迹的历程，但宦官发迹的根由却在后宫——在后宫屏障下的皇帝之恩。

从两汉的历史考察，犯罪受腐刑的官员不在少数，而受腐刑之后任为宦官而做善官者确是少之又少。司马迁虽在后来成了一名宦官，但他忍辱负重，志在修史，以刑余之身和血泪之笔写出了中国历史上的伟大篇章《史记》。像司马迁一样的宦者毕竟太少。大多数宦官均属心志不刚，长期的自卑心理铸就他们冷酷无情的扭曲性格和疯狂的报复意识。

秦汉宦官同历代宦官一样，内心深处的潜意识中不唯肮脏下流，而更具阴险狡诈多变贪婪之性。汉宣帝时的宦官石显，“为人巧慧习事，能探得人主微指”（《汉书·佞幸传》）。像石显一类的宦官整天把博得主子欢心看作唯一可做之事，投皇帝之所好，不顾廉耻之声，不惜万人痛骂。汉代的朝臣曾说，石显已成为“上最所信任、与图事帷幄之中进退天下之士者是矣”。宦官之行比起当街的娼妓还要差得十万八千里。

与此相反，这些身心俱残的宦人面对天下臣民则是另一副嘴脸，《汉书·石显传》说：“内深贼，持诡辩以中伤人，忤恨睚眦，辄被以危法。”石显因为陷害当世名儒，所以常常坐卧不宁，唯恐天下之人群怒而起，皇帝老子也会要他的命。因此，他千方百计结纳学者士人，希图为自己挽回一点名声，岂不知作恶太多，悔之晚矣。我们不妨列举石显行恶的几个例子：

宣帝时设计陷害名儒萧望之，迫其含冤自杀；先后陷害朝中大臣，计有光禄大夫周堪、宗正刘更生、太中大夫张猛、魏郡太守京房、御史中丞陈咸髡、待诏贾捐之等人。其中周堪、刘更生被罢免废锢，京房、贾捐之被处死弃市，张猛被逼自杀，陈咸髡为城旦。（参见余华青《中国宦官制度史》，上海人民出版社1993年6月第1版）到成帝即位后，石显便被免官回籍，病死途中。其横行一时的石氏党羽不是被流放，就是被废锢，结局之惨乃天道行焉。

但是，历史的悲剧并不在于悲剧本身，更在于悲剧的重演。前朝宦官的覆灭也不足以给后来的宦官以警惧和惩戒。到了东汉以后，宦官更为猖獗祸乱，从而形成了中国历史上第一次宦官专权的局面。东汉自“事归台阁”之后，宦官参领的“中朝”实际上控制了朝中大权，宦官子弟因势得官，此前所规定的宦官不得干预朝政的所有措施几乎都成了一纸空文。《后汉书·宦者传序》说：“中兴之初，宦官悉用阉人，不复杂调它士。”内侍之职完全由宦官所把持。同时，东汉后期的几任皇帝在即位时大多年幼，国家大权往往寄于母后之手，这就为宦官专权提供了极有利的契机。《后汉书·宦者传序》记载：“女主临政，而万机殷远，朝臣国议，无由参断帷幄，称制下令，不出房闱之间，不得不委用刑人，寄之国命。”

宦官在与外戚的斗争中大获全胜，朝中权力尽归宦官所有。到灵帝之时，宦官集团“十常侍”大权独揽，摇手中外。在遭到党人和士人的联合反对后，宦官竟大开杀戒，罗狱千万。但是，邪恶的宦官还是没能笑到最后，在东汉末年的再度交锋中，以袁绍为首的官僚名士尽杀宦官两千余人。秦汉宦官最终全部覆灭。

秦汉宦官除在政治斗争中有过跌宕之外，也有相当一批宦官从事着有关文化、科技等项内容的活动。《汉书·律历志》记载："宦者淳于陵渠复覆太初历晦朔弦望，皆最密，日月如合璧，五星如连珠。"这是身为宦官的淳于陵渠从事天文历算活动的真实记录。此前所说武帝朝的协律都尉李延年也是一个懂音律的行家，除去他的劣根性外，李延年对于整理汉代的音乐也是有他个人的贡献的。至于像司马迁那样在史学和文学上具有重大建树的杰出人物，就更不在话下了。有关秦汉宦官在秦汉历史文化发展中的一些举措和行为，也是构成秦汉宦官生活内容的一个重要部分。

秦汉宦官既遭腐刑之痛，也就丧失了生育能力；但宦官的变态心理又导致他们对婚娶的偏执追求，《后汉书·刘瑜传》记载，东汉宦官"常侍黄门亦广妻娶"。《后汉书·单超传》则说，东汉桓帝时，宦官左悺、具瑗"多取良人美女以为姬妾，皆珍饰华侈，拟则宫人"。甚至一些宦官更倚仗权势，强抢民女。所以，汉代人周举曾愤然指出："竖宦之人，亦复虚以形势，威侮良家，取女闭之，至有白首殁无配偶，逆于天心。"（《后汉书·周举传》）谴责的就是宦官因报复心理导致他们不择手段地残害女子的行径。此外，秦汉宦官虽不能生子，但却可以领养子女。东汉时，宦官养子几乎成为当世的一种社会风气。宦官养子也可继承封爵，传袭财产与权力。

汉代宦官还享有休沐之权。《资治通鉴·汉纪十五》胡三省注说："汉制，中朝官五日一下里舍休沐，三署诸郎亦然。"可见，汉代宦官并不是死守宫禁，而是每隔五日就可回家休沐的。有关宦官的冠服规定，《后汉书·舆服志》记载："侍中、中常侍加黄金珰，附蝉为文，貂尾为饰，谓之赵惠文冠。"由此可见汉代宦官职权之重，其冠服的标准高于其他官员。汉代允许宦官佩刀，也体现出作为皇帝近侍的宦官身份的隆贵。

秦汉宦官开了中国历代宦官干政害民、祸国乱俗的先例，在此后的唐、明两代更达到了高潮和顶峰。宦官作为历史的垃圾早在辛亥革命时就已被荡尽。然而，作为中国古代专制主义皇权政治派生物的宦官及其活动，却是我们考察古代政治、社会和文化不可忽略的内容之一。

第四节　秦汉惩治官吏的法律

秦汉两代的封建政府十分重视充分发挥国家机关的统治职能，因而对各级封建官吏的要求都非常严格，并相应以法权的形式对各级官吏在执行公务和履行职责、为政自律等方面的过失和犯法行为制定了具体的惩戒措施和法律条文。

一、秦朝惩治官吏的法律

战国末年，法家学派的代表人物韩非曾说，“明主治吏不治民”（《韩非子·外储说右下》）。强调封建地主阶级国家要把“治吏”放在治理国家政治的首要地位，因为吏治的好坏直接关系到“治民”的效果。封建国家的君主不可能亲临万民、事必躬亲于每一件具体的事务上，只有通过手下的群吏来达到贯彻封建国家及其君主的意志和思想的目的。没有一个素质比较好的官吏队伍，是根本无法做到这一点的。韩非曾形象地比喻说：“救火者，吏操壶走火，则一人之用也；操鞭使人，则役万夫。”（《韩非子·外储说右下》）他深刻地道出了法家一派对“治吏”与“治民”的真实看法。这一理论被秦政权采纳并付诸实施。

秦国自秦孝公以后，在国内的许多大政方针上都忠实地信奉和贯彻法家的思想主张，因而秦政权对韩非“治吏”理论学说的认同也就是非常自然的事了。应该说，韩非的“治吏”说对国家政权的建设和巩固，其意义和影响是深远的。正如马克思所说：“政府当局的存在，正是通过它的官员、军队、行政机关、法官表现出来的。”（《马克思恩格斯全集》第6卷第320页）秦政权对官吏的治理首先表现在选官问题上。依照法家“循名而责实，因能而授官”的任人标准，秦政府在选拔任用官吏问题上并不强调和看重出身和资历，而是以实际的工作能力和才华来选拔官员。《云梦秦简·为吏之道》记载：“审民能，以任吏，非以官禄史助治。”

为防止选拔官员中的任人唯亲和营私舞弊行为，秦法律中一直实行

“保任连坐”的制度，并且规定：“秦之法，任人而所任不善者，各以其罪罪之。”（《史记·范雎列传》）时任秦相的范雎即因为举荐郑安平不力而被处以“收三族”的惩罚。这就是说，如果官吏犯法，不但官吏本人要受到刑事处罚，保举和任用他的人也要负连带责任，即所谓的“保任连坐”。《云梦秦简·效律》还规定：“尉计及尉官吏即有劾，其令、丞坐之，如它官然。司马令史掾苑计，计有劾，司马令史坐之，如令史坐官计劾然。”每一级官吏的任用都严格实行“保任连坐”制度。即使对一般兵士的任用也是如此，如《云梦秦简·秦律杂抄》所说：“除（任用）士吏、发弩啬夫不如律，及发弩射不中，尉赀二甲。”看起来似乎有挖地三尺之嫌，实际上正是这样的严格用人制度，才保证了秦政权各级官吏及至士卒的精良。这是秦政权能够消灭六国、统一中国的一个不可忽视的重要因素。

秦政权对任免官吏的具体程序和时间都有严格的规定。所有正式任命的官吏，都必须在正式任命以后方可前往所在地上任并行使职权。如有不经任命或私相谋划而先行就任或行使职权的，则“以律论之”，即受到法律的惩处。《云梦秦简·内史杂》规定，基层的乡里啬夫被免职，该县的令、丞必须及时任命新的啬夫官员，超期两个月便被视为“不从令”，就要受到相应的惩罚。有关官吏选授的条件，《秦律》中也有明确的规定。《云梦秦简·内史杂》记载：“除（任命）佐必当壮以上，毋除士伍新傅。”这里所说的“壮”，是指男子的年龄要达到30岁，而“士伍”是指没有爵位的人，“新傅”则是指刚刚成年的男子。可见，秦政府是不允许任命年龄不到30岁而且没有爵位的新成年男子充任官吏的。《云梦秦简·内史杂》同时记载了如下的法令：“令赦史毋从事官府。……犯令者有罪。”即犯罪后而又被赦免的人是不允许在各级政府中充任官职的。如果有人任用这样的人来做官，就将被视作违反法令。《云梦秦简·秦律杂抄》记载：“任废官者为吏，赀二甲。”秦简法律文书明确规定，曾被撤职的人是不能够再度做官的，如有违反就将被处以罚二甲之刑律。这说明秦政府对官吏的选任是认真严肃的。

秦代法律对官吏的玩忽职守同样有严厉的处罚规定。《云梦秦简·秦律杂抄》记载：“故大夫斩首者，迁。”按照秦国职官的要求，大夫一级官吏的职责主要是担负作战时的指挥任务，如果大夫放弃指挥任务而去阵前斩敌首，就等于擅离自己的职责岗位，按秦律章程衡量就应当判

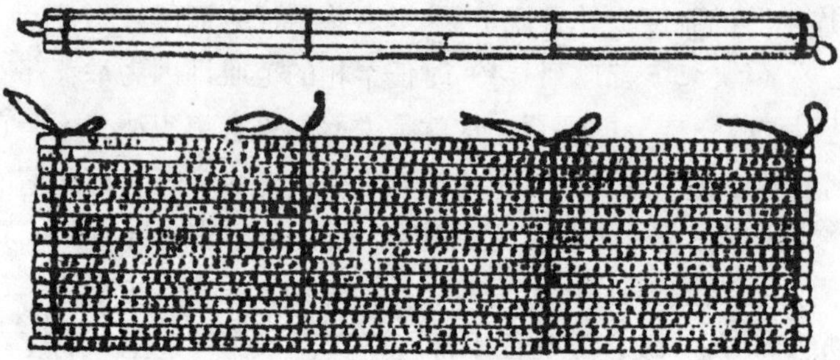

❖ 秦简法律文书

1975年，在湖北省云梦县出土了大批秦代竹简，其中的大量内容记载了有关秦统一前后的法律条文。学术界通常称之为云梦秦简

处流放的处罚。《云梦秦简·行书律》记载："行命书及书署急者，辄行之；不急者，日毕，勿敢留。留者以律论之。"耽误延迟上级命令传达之职的，将依法惩办。《云梦秦简·法律答问》说："发伪书，弗知，赀二甲。"有伪造文书而没有觉察的，处二甲之刑。主管仓库的官员没有将仓库的门窗关严而导致粮食丢失的，则按律罚一甲。仓库中备有草垫，如果在草垫的下边发现有粮食一石以上的，也要处罚一甲。《云梦秦简·法律答问》还记载，如果在仓库里发现有老鼠洞，则"三以上赀一盾，二以下谇"。意思是：如果仓库里的老鼠洞多达三个以上的，就要受罚一盾；两个以下的，就要受训诫。以上措施目的在于以法律的形式纠正和制止官吏在执行公务中的散漫拖拉作风和马虎大意的行为，更好地督促和增强各级官员的责任心和自觉性，提高办事效率。

秦政府对官吏在执行公务中弄虚作假和违法乱纪的行为，其刑罚的制定也十分严厉。《云梦秦简·法律答问》记载："啬夫不以官为事，以奸为事，论何也？当迁。"对官居其位而不谋其政且作奸犯科的官吏要判处流放边地的刑罚。在《云梦秦简·法律答问》条中又记载："廷行事，吏为诅伪，赀盾以上，行其论，又废之。"官吏搞欺诈作假之事者，不但要处罚，而且撤职后将永远不再任用。

秦政权对于官吏犯法的惩治措施，对于其"吏治"建设具有重要作用，是秦消灭六国、统一中国的重要原因，也是秦在立国立朝的过程中其内部政治环境始终较为稳定和清明的最重要的历史前提。为此，《荀子·强国》篇做了最恰当的评价和总结："及都邑官府，其百吏肃然，莫不恭俭敦敬忠信而古人吏也。入其国，观其士大夫，出于其门，入于公门，出于公门，归于其家，无有私事也；不比周，不朋党，倜然莫不明通而公也，古之士大夫也。”

秦代的私党现象很少，不能不看作是秦代法律机制的有效运行使之如此。就这一点来说，秦代对官吏的惩治也很少流于形式，因而秦代的吏治相对说来是比较清明的。

二、汉朝惩治官吏的法律

汉承秦制，汉朝对吏治也给予了足够的重视，对官吏的惩治措施比起秦朝来，其所涉及的内容增多了，辐射面也更为广泛。汉朝皇帝对此也有一个比较清醒的认识，《汉书·循吏传》记载汉宣帝的话说：“庶民所以安田里而亡叹息愁恨之心者，政平讼理也。与我共此者，其唯良二千石乎。”皇帝自己心里清楚，没有众多的良吏，治理天下就是一句空话。

基于这种认识，汉朝的历任皇帝都强调要搞好吏治。但是应当注意的是，汉代的许多惩治官吏的法律措施在执行中往往偏差很大，有些时候甚至完全走了样。就这一点来看，秦代的律条规定和惩治实践相对结合得比较好，汉代的社会环境和政治因素比较复杂，惩治官吏的措施执行也就来得比较复杂和困难。但可以肯定的是，汉朝惩治官吏的许多措施比起秦朝来明显地注重了细化的分类。就严厉性而言，并不逊色于秦朝。西汉初年景帝曾发布诏令说：“吏以货赂为市，渔夺百姓，侵牟万民。”因此，“其令二千石各修其职；不事官职耗乱者，丞相以闻，请其罪。”（《汉书·景帝纪》）可见，西汉初年，丞相行政事务上的一项重要职责是纠察举劾百官过失。而在以往，这项工作主要由御史大夫及其属官来监察执行，汉代实际是将吏治纳入了行政议事日程。

为贯彻这一基本思想，汉政府对所属的各级各类封建官员实行定期的考核制度。《汉书·丙吉传》记载：“岁竞丞相课其殿最，奏行赏罚。”即把一年作为考核官吏的周期。年终岁尾时，地方官员要以书面报告的形式向中央政府的丞相陈述自己的治政工作，由丞相来进行审核，奖优罚劣。这项工作效率并不大，其原因在于：一是汉代封国的存在，使地方在朝中拥有维护自己的势力；二是汉代的豪强地主门生故吏遍天下，他们互相结为党援，相互包庇。所以汉代的官吏考核工作水分极大，汉宣帝就曾说："上计簿，具文而已，务以欺谩，以避其课。三公不以为意，朕将何任?"（《汉书·宣帝纪》）连皇帝也没了办法。其后虽有"御史察计簿，疑非实者，按之，使真无相乱"（《汉书·景帝纪》），但是这种源于先秦上计的考核官吏的办法已逐渐流于形式了。另一方面，汉代的卖官现象十分严重。《史记·平准书》记载："武帝即位，干戈日滋，财赂衰耗而不赡。入物者补官，选举陵迟，廉耻相冒。……吏道杂而多端，则官职耗废。"政府公开卖官，有钱就可以做官。《后汉书·崔寔传》记载了东汉灵帝开洪都门，张贴榜文大卖官爵的情形，公卿州郡以下的官职都标明了不同的价码。当时的富人崔烈出钱五百万而得到了司徒的官职，这一丑闻在历史上留下了铜臭的典故。"其富者则先入钱，贫者到官而后倍输。"这是汉代卖官鬻爵现象的生动记载，汉代吏治的好坏也就可想而知了。所以说，汉代惩治官吏的许多措施执行起来并不得力也就不难理解了。虽然如此，汉代法律条文中对吏治的整肃还是比较细密严厉的，归纳起来有以下诸项：

其一，汉政府对选官制度相应做出了一些法律规定。汉代选官是通过察举制度来实行的，即由公卿大臣、地方郡守定期向皇帝举荐人才，举荐的标准是所谓的"贤良方正"和"茂才"。但是，由于察举是由"乡党"来做出评议，一些地方豪强自然就控制了选举权，因此在很多情况下，被选之人不是出自地方权势要人的门生故吏，就是出自这些要人的亲朋好友，有道德有才学的人如果没有这层关系，也是很难通过察举进阶登仕的。因此董仲舒向汉武帝进言说："使诸列侯、郡守、二千石各择其吏民之贤者，岁贡各二人……所贡贤者有赏，所贡不肖者有罚。夫如是，诸侯、吏二千石皆尽心于求贤，天下之士可以而官使也。"（《汉书·董仲舒传》）汉武帝采纳了董仲舒的建议，自此以后也就有了"选举不实"之罪，汉代对察举选官过程中的舞弊行为开始了治罪纠劾。《汉书·百官公卿表》记载，汉武帝元朔五年，"山阳侯张当居为太常，坐选子弟不以实，免。"《汉书·陈汤传》记载，汉元帝"初元二年，元帝诏列侯举茂才，勃举汤。汤待迁，父死不奔丧，司隶奏汤无循行，勃选举故不以实，坐削户二百"。这说明，因察举不实而受惩处的官员大有人在。

东汉时期，政府屡次重申了前朝西汉的惩治法令。《后汉书·顺帝纪》为此记载："选举良才，为政为本。科别行能，必由乡曲。而郡国举吏，不加简择，故先帝明敕在所，令试之以职，乃得充选。……而宣布以来，出入九年，二千石曾不承奉，恣心从好，司隶、刺史讫无纠察。今新蒙赦令，且复申敕，后有犯者，显明其罚。"可见，两汉对选官不实的法律规定及对有关当事人的处罚还是比较认真严厉的。但正如前面所分析的，由于汉代复杂的政治裙带关系，实际可能做到的就非常有限。汉代的选举制度依然时常出现"选举不实，官非其人"和"天心未得，人情多怨"（《后汉书·顺帝纪》）的情况。

其二，汉律中对官吏贪赃受贿之罪的处罚是十分严厉的。《汉书·刑法志》记载了汉文帝十三年对惩治官吏贪污受贿的诏书说："吏坐受赇枉法，守县官财物而即盗之，已论命复有笞罪者，皆弃市。"颜师古注解此段话说："吏受赇枉法，谓曲公法而受赂者也。守县官财物而即盗之，即今律所谓主守自盗者也。"可见，收受贿赂和监守自盗的官吏，是要受到在市中斩头之刑的。汉代法令对监守自盗官员的惩处之所以如此重，用《汉书·薛宣传》孟康注的话说就是，"法有主守盗，断官钱自入已出。"它损害了地主阶级和封建国家的整体利益，是万万不能轻饶的。汉代法律对官员的贪赃数额和相应惩罚也有明确的规定，《汉书·薛宣传》颜师古注说："依当时律条，臧值十金，则至重罪。"《汉书·陈万年传》引如淳的话说："律，主守盗值十金，弃市。"按汉制的规定，一金是指黄金一斤，折合铜钱是一万，十金即十万铜钱。贪赃到了这个数目，就要判死刑。《后汉书·天文志》记载，东汉安帝永初四年，"中郎将任尚坐赃千万，槛车征，弃市。"同书记载，东汉桓帝延熹九年，"尚书郎孟坐受金漏言，弃市。"官员贪赃的数目大小不等，但受到的惩治却是十分严厉的。

封建官员贪污，到了东汉时期不仅数额巨大，而且犯法者本身已不限于一般官员，中央级的大官僚甚至位列三公的大司徒也加入了贪污的行列，因此，东汉惩治官吏贪污的措施也大为强化了。《后汉书·刘般传》记载，东汉安帝初年，"清河相叔孙光坐臧抵罪，遂增锢二世，衅及其子。"《后汉书·桓帝纪》记载，东汉桓帝建和元年时规定："长吏臧满三十万而不纠举者，刺史、二千石以纵避为罪。"东汉官吏的贪赃钱额动辄千万，这在秦代和西汉都是文献上不曾见到的。它说明东汉官吏的贪污已成一种风气。尽管东汉政府三令五申地发布惩贪律令，但在东汉宦官专权、外戚干政、官吏结党营私的社会大背景下，封建专制政府不会也不可能从根本上否定官吏贪黩的基础——封建国家的政治机制，也就不可能达到惩贪治官的最终目的。

其三，汉代对泄露国家机密的言行，其惩治措施也是十分严厉的。《汉书·元帝纪》记载，汉元帝建昭二年，“淮阳王舅张博、魏郡太守京房从窥道诸侯王以邪意，漏泄省中语，博腰斩，房弃市。”所谓“省中语”，是指中央决策机关台省的有关机密内情，是事关国家机密的大事。所以，汉代对泄露省中语的任何一级官员都是绝不宽贷的。袁宏《后汉纪》记载：“袁敞坐子与尚书郎张俊交通，漏泄省中语，策罢免，遂自杀。”即使是无意间泄露了省中机密，也同样是不可饶恕的。正因为泄露省中大事判罚很重，所以也有人借此陷害栽赃。《汉书·贾捐之传》记载，当朝官僚石显构陷贾捐之和长安令杨兴，就以“兴、捐之怀诈伪，以上语相风，更相荐誉，欲得大位，漏泄省中语，罔上不道”的罪名，致使“捐之竟坐弃市。兴减死罪一等，髡钳为城旦”。杨兴、贾捐之纯属无辜，但却不难看出，害人者也是深知漏泄省中语的厉害的，这才要了杨、贾二人的命。

其四，汉代专制政府为加强皇权统治，对一切干扰和阻碍皇权的言论和行为都以重法绳之，特别是对在朝中或地方攀援结党、营私乱政的官僚集团或官吏个人惩罚尤其严酷。为此，东汉时就出现了所谓的“三互法”。《后汉书·蔡邕传》对“三互法”的解释是：“朝议以州郡相党，人情比周，乃制婚姻之家及两州人士，不得对相监临。”本传的注中解释说：“三互，谓婚姻之家及两州人不得交互为官也。”汉代是不允许有姻亲关系和州郡同宗关系及相互熟悉的相邻州县人互相任为官职的，其目的便在于防止他们彼此结为党羽。班固《后汉书》注引谢承《后汉书》说：“史弼迁山阳太守，其妻巨鹿薛氏女，以三互自上，转拜平原相。”这是借助姻亲关系联络交通一例。汉代据此对官吏的结党行为严加惩处，史载：“梁冀被诛，太尉胡广、司徒韩绩、司空朗皆坐阿附免废。”（《后汉书·黄琼传》）梁冀是东汉横行一时的权臣，但他危及皇权，皇帝也同样会要他的命。《后汉书·梁冀传》记载了这次事件中朝官党人被惩罚的情况，“其他所连及公卿列校刺史二千石死者数十人，故吏宾客免黜者三百余人，朝廷为空。”

可见，汉朝对结党之徒的惩治是十分严厉的。但是，这项法律在执行中同样被用作官僚之间、官僚与宦官之间相互攻击和对抗的法律依据，汉代原本用来防止和惩办结党营私官员的“三互法”和“阿党法”却往往成为政治斗争的箭镞。这说明，汉朝惩治官吏不法行为的许多措施在执行中的偏差不是偶然的过失所致，而是专制皇权的政治机制使然。这也就是我们在看待秦汉惩治官吏的诸项法律时所应清醒认识的问题。

第五节　秦汉刑罚与刑徒

秦朝重法，故为政治民实行严刑峻法的统治。秦朝法律的严酷为中国历朝历代所罕见，“赭衣塞道”是秦代一个突出的社会现象。汉代虽号称“清明”政治，甚至在个别时期确也曾出现过减缓刑措之举，但从整个治政情况来考察，其刑罚对民人的苛酷及刑徒问题也仍然是十分突出的。

一、秦代的刑罚

秦朝奉行的法家政治并不自秦代始，在秦统一之前的秦国时期就已部分地施行了。这里所说的部分，是专就刑罚而言的，至于政治上奉行法家的思想主张，则是全面而普遍的。秦在商鞅变法以后，即全面推行法家路线，法律的苛酷也以前所未有的姿态出现于人们活动其间的社会政治、经济、文化和日常生活中。从今天所能见到的文献记载中可以看出，秦在统一前后的国家政治、经济、文化和民人社会生活等各方面都将其政治路线的实施同律令、刑罚严密而深刻地结合起来。

秦代的刑罚不仅以严酷著称，而且刑罚的种类也很多。后代主要的刑罚手段，在秦代都已基本上有了成形的模式。如果做一个分类的话，大致有以下几种：

1. 枭首。在秦国时期，枭首便以法律的形式固定下来。所谓枭首，就是将人的头颅割下来之后悬挂于木杆上的刑罚。《史记正义》说：“悬首于木上曰枭。”《秦会要订补》记载：“悬首于木上杆头，以示大罪，秦刑也。”可见枭首之刑是秦国的常用刑罚之一。这种刑罚不仅施用于民人，也施用于抗拒君权的上层官僚。例如先秦战国时期，秦国曾发生了嫪毐之乱，参与这次叛乱的“卫尉竭、内史肆、佐弋竭、中大夫令齐等二十余人皆枭首”（《史记·秦始皇本纪》）。卫尉、内史等官吏在当时的秦国都是秩禄达千石的大官僚，但犯了罪同样不能逃脱被砍头的惩罚。张斐《律表》说：“枭首者恶之长。”即对犯罪程度重的才用枭首的刑罚。

2. 绞杀。所谓绞，《说文解字》训作：“绞，缢也。”《释名》解释为：“悬绳曰缢，缢阨其颈也。”即用绳索悬吊受刑之人颈部而勒死之。它也是秦代常见的刑罚之一。《云梦秦简·封诊式》有“经死”的记载，按秦简对“经”的解释，是同“缢”相一致的。直到近现代，这一刑罚仍然常常出现在对犯人的处决上。绞杀的执行，其最大特点在于所要处决的犯人必定是罪行深重且怨愤超乎寻常者。

3. 腰斩。所谓腰斩，即是将人拦腰斩为两截。《释名》记载：“斫头曰斩，斩腰曰腰斩。”《史记·商君列传》记载：“不告奸者腰斩。”文献所记载的秦代腰斩刑的实行，最早的是源于商鞅变法时期。秦代的丞相李斯在秦二世时就是死于此刑。

4. 磔刑。所谓磔，按《史记》的说法是：“矺音宅，与‘磔’同，古今字异耳，磔谓裂其肢体而杀之。”就是说，磔有时也被称作矺。这种刑罚也就是明清以后人们常说的凌迟之刑，只是秦代的磔刑还没有达到明清时代的凌迟那样复杂。秦代的磔刑是将受死者以刀刃碎裂其身的一种极端残忍的刑罚，秦二世时就曾用此刑将“十公主矺死于杜”。汉代的文字学家许慎在考证磔刑时曾说：“辜之言枯也，为磔之。言磔者，开也，张也，刳其胸腰而张之，令其干枯不收。”（〔东汉〕许慎《说文解字》）这里的“辜”也就是磔，都是指将犯人碎割片戮、搜剔枯肠的刑罚手段。

5. 车裂。所谓车裂，即以数匹马（一般为四匹或五匹马）分别牵引人的四肢或头部并向各自的方向用力牵拉而致受刑人死亡的一种刑罚。《释名》解释说：“车裂曰轘。轘者，散也，支体分散。”它也就是后世人所说的“五马分尸”之意。秦国时期，著名的商鞅曾惨遭车裂，秦王嬴政也曾用车裂之刑处决了燕国派遣的刺客荆轲。秦代末年，恶贯满盈的宦寺赵高被车裂于咸阳。上述三例都是秦国或秦代时刑罚用车裂的确凿证据。

6. 戮刑。所谓戮，按《云梦秦简·法律答问》的解释是："戮者何如？生戮，戮之已乃斩之之谓也。"戮杀，即以刀具屠戮其身的刑罚，直至受刑者死去。可见，戮杀的过程也正是残虐的过程。但这一刑罚在秦汉时期更多的是用在受刑者死后而执行，也就是"戮尸"。后代所用的戮刑也基本是后一种含义。因此，戮刑的使用更多的是侧重于对死者的泄愤和羞辱，以及对与死者有关的家族、亲朋带凌辱性的惩罚。如秦始皇时，就将曾反秦而被斩杀的士兵施戮尸之刑，也是一则泄愤、一则警戒活人的一种做法。

7. 弃市。所谓弃市，是指在闹市区（即人员密集之所）处决犯人的一种刑罚。按《释名》的说法是："市死曰弃市。市，众所聚，与众人共弃之也。"秦代皇帝采纳李斯的建议，制定了"偶语《诗》《书》者弃市"的法令。秦二世时，为达到专制独裁的目的，剪除异己，将"公子十二人僇死咸阳市"，"腰斩（李斯）咸阳市"。（《史记·李斯列传》）。从秦汉到清朝的历朝之中，弃市之刑基本延续下来，其间只有少数几个朝代和政权没有实行此刑，也有的是属于官方有关文献未予记载，实际情形大概很少间断。之所以如此，是因为弃市之刑可以收杀一儆百之效，其对局外人的威慑恐吓作用十分突出，而并不在于怎样杀人。

8. 定杀之刑。所谓定杀，是指将活人投掷深水中沉溺而死的一种刑罚。《云梦秦简·法律答问》记载："定杀何如？生定杀水中之谓也。"受此刑罚的人大体有两类：一是患有麻风病者，即秦时所谓的沉疴、疠者。《云梦秦简·法律答问》条目载："今甲疠，问甲何以论?当迁疠所处之，或曰当迁迁所定杀。"二是有罪之人，如同简同条所载："甲有完城旦罪，未断"。两者合起来，也就是"疠者有罪，定杀"（《云梦秦简·法律答问》）。

9. 秦代刑罚中还有黥、劓、刵、宫、辟等五种。《汉书·刑法志》将其归为"具五刑"，原文说："汉兴之初，虽有约法三章，网漏吞舟之鱼，然其大辟，尚有夷三族之令。令曰：当三族者，皆先黥、劓、斩左右止、笞杀之、枭其首、菹其骨肉于市。其诽谤詈诅者，又先断舌，故谓之具五刑。"《汉书》的作者班固在此所说的情形，正是秦代具五刑的遗存。秦代刑徒和民人受黥刑者很多，如汉初的著名战将黥布，其原名为英布，因被罚为刑徒并刺字，故世人称黥布。其他四刑的受害者在秦代也是可以想象得到的。《云梦秦简·法律答问》记录有对奴婢小妾

“黥颜”的刑罚，即在面颊上刺字。此外，秦代也多有“城旦黥”的记载。《史记》上说秦代民人“道路以目”，正是说明了秦代以刑罚繁密深刻为特征的残暴极权统治的黑暗。“五刑”的具体情形是：黥为在面额上刺字；劓为削割鼻子；剕为斩剁脚趾；宫为损毁男女生殖器（如《云梦秦简·法律答问》记载：“臣邦真戎君长，爵当上造以上，有罪当赎……其有腐罪，赎宫。”就是一例。《史记·秦始皇本纪》中也记录了秦代有“隐宫徒刑者七十余万人”被用于修建阿房宫的史实。如此看来，受宫刑之众是秦代暴政的又一例证）；辟为各种残虐杀人之刑的总称。

10. 烹刑。所谓烹，即用鼎、镬等（类似今日锅一类的烹煮器具）将人煮沸致死的一种刑罚。《释名》释为：“煮之于镬曰烹，若烹禽兽之为也。”《汉书·刑法志》说秦朝有镬烹之刑，可见烹刑也是秦王朝用以杀人的刑罚之一。

11. 剖腹。即剖开人的腹腔，挑出内脏器官的一种刑罚。秦国时曾有剖腹之刑。

12. 凿颠刑。所谓凿颠，即以重器打击人的头顶部位并致人于死的一种刑罚。《汉书·刑法志》记载，秦代的大辟之刑中即有凿颠一项。

13. 囊扑之刑。即将人装入袋中打死。秦王嬴政在车裂嫪毐之后，打死太后与嫪毐通奸所生的两个儿子，即用此刑。

14. 流刑。即将犯罪之人充边流放的刑罚。流刑的起源比较早，还在夏代确立之前舜当政的军事民主制时代，就有舜“流共工于幽州，放欢兜于崇山，窜三苗于三危，殛鲧于羽山”的记载。文献中所说的“流”“放”“窜”“殛”均是流放之意，后世也有称“放逐”“迁”“徙”“贬谪”等，也是流放的意思。秦国时期，对犯罪之人处以流刑的记载比较多，秦法律条文中也相应有一些规定，如《云梦秦简·秦律杂抄》记载：“故大夫斩首者，迁。”对犯有谋反、坐奸不告者也处以流刑。如秦国重臣吕不韦就曾被秦王流放四川，另一个权臣嫪毐的门下舍人在嫪毐事发后也被集体迁罚。

15. 笞刑。所谓笞，也就是以鞭笞打之意。“笞”也作“挞”，《说文解字》对“挞”的解释是：“乡饮酒罚不敬，挞其背。”显然是鞭打之意。秦代使用笞刑比较多，《云梦秦简》的许多章节条文中就记录有如何使用笞刑的规定。

16. 三族之刑。秦代最为苛酷、牵连面最广的刑罚当属三族之刑。《史记·秦本纪》记载，秦文公时，“法初有三族之罪”。文献上也记录了秦国武公时“诛三父等而夷三族”。《汉书·刑法志》认为，三族刑起源于秦商鞅时期，所谓“秦用商鞅，造三夷之诛”。这种刑罚是说，如果一个人犯罪，就将祸及三族。所谓“夷三族”，也就是灭绝三族的意思。

17. 连坐之刑。它是指一人犯法则牵连邻里的一种刑罚，就形式上看有些类似三族刑，只是株连的对象不同而已。连坐强调的是连及与犯法者没有丝毫血缘关系的邻里之人，但连坐往往与族诛是交叉的，亲属之人如系邻里，也脱不了连坐的干系。《史记·范雎列传》记载：“秦之法，任人而所任不善者，各以其罪罪之。”这是指行政人员的连坐，而实际上秦的连坐范围相当宽泛，几乎从官吏到民人的所有触犯刑律者都可以用连坐法来施刑。

秦的刑罚细节还有许多，限于篇幅，只就其主要之点叙次于篇。即便如此，也仍然不难看出，专制主义的秦王朝刑法于民的残虐和暴政。可见，秦王朝短祚的历史命运是早已注定了的。

二、汉代的刑罚

“汉承秦制”，在刑罚内容上，汉朝从秦朝接收过来的许多刑罚仍在实行。但是汉朝又不同于秦朝，汉朝虽仍是专制主义统治的封建王朝，但比较起秦朝来，却不能说它是一个暴政王朝。汉代的许多皇帝也不是如秦始皇、秦二世一般的嗜杀成性，统治者在一定时期甚至做了许多恤民宽政的好事，这是我们在了解汉代刑罚时应当予以注意的。下面我只就汉代刑罚中那些不同于秦代刑罚的内容做一叙述和分析。首先来看汉代大概的刑罚有以下几种：

❖ 东汉刑徒墓

该墓地位于河南偃师大郊村，为东汉刑徒墓

1. 枭首刑。汉代仍沿用秦的枭首刑罚，但枭首刑的使用并不多见。《汉书·彭越列传》记载，西汉的功臣武将彭越因谋反而受此刑。

2. 斩刑。仍为汉代常见刑罚之一，如汉代所行的弃市刑就以刀刃斩杀获罪者。

3. 腰斩刑。汉代的腰斩刑是主要的刑杀手段之一，《汉书》所载的晁错、吴章、赵广汉、霍禹等人均为受腰斩而死。

4. 磔刑。汉代的第四位皇帝汉景帝于中元二年（公元前148年）“改磔曰弃市”，《汉书》应劭注上说：“先此诸死刑皆磔于市，今改曰弃市，自非妖逆不得磔也。”可见汉代初年从汉高祖到汉文帝，磔刑还在使用，这是其一；其二，汉景帝虽然废除了磔刑，但对谋反谋逆之人仍可用磔刑来处决。因此，磔刑在汉代只可说是大大减少了，并没有从法律上根绝。

5. 车裂。车裂之刑在汉代的相关文献中不见有记载，汉代停止这种残酷刑罚的可能性是存在的。汉代尊崇儒家学说，强调礼治德化施民，个别在刑罚上做些调整甚至做些官样文章来，也是自然情理。

6. 戮刑。在汉代仍是以戮尸为主，但从所见文献来看，似乎也不是经常使用之刑，只对那些“谋反”之人使用。如东汉末年军阀皇甫嵩戮黄巾军领袖张角之尸就是如此。

7. 三族刑。西汉初年，三族刑仍在使用，直到吕后元年（公元前187年），才从法律上废除了此刑。但同磔刑一样，三族刑在汉代并没有真正停止过，此刑罚也是用来对付所谓谋反的大逆之罪，即惩罚威胁专制皇权统治之人的。如汉代的主父偃、郭解、晁错，甚至酷吏王温舒均遭此刑或罪当此刑。

8. 连坐法。这一刑罚，汉朝不仅从秦朝全盘继承下来，而且有了新的发展。先秦战国时期，连坐的使用还基本限定在非血缘关系的邻里之中，秦朝实行的什伍连坐之法也是就这一社会层面来说的。汉朝则强调和更为看重连坐之法的血缘宗亲性，即亲属连坐。因此，汉朝虽然表面上废除了三族刑，但汉代的连坐法已开始逐步向族刑靠近，向惩罚与犯法者相同血亲关系的宗族靠近，这是汉代连坐之法十分高明又狠毒的一招。

9. 汉代刑罚的一个重要特点是法外之刑的增多和滥施。汉代酷吏的出现，导致施刑者在施刑过程中可以随心所欲地任情枉杀，朝廷所定的法律在酷吏手中成了真真切切的一纸具文，所以《汉书》的作者班固抨击说："三尺（法）安出哉？前主所是著为律，后主所是疏为令，当时为是，何古之法乎！"汉代所施的法外之刑极端残忍：如焚刑，是将受刑之人活活烧死。西汉末年的王莽曾以"焚如之刑"诛杀大臣和政敌；如烹刑，西汉年间的郦食其就惨罹其刑而死；如以棍杖击杀人的笞刑，汉灵帝即用此刑毙杀了永昌太守曹鸾；如射杀之刑，即将犯人绑缚于树桩之上，以弓箭射杀。

10. 宫刑。汉代的宫刑也称腐刑，这种绝人子孙的刑罚由于名声太臭而在汉文帝时曾一度废止，但之后不久就又恢复了。汉代常以此刑替代死刑来惩罚他们认为是最可憎恨的人。如汉景帝时，"赦徒作阳陵者，死罪欲腐者许之。"到东汉光武帝时，宫刑的使用范围更加广泛，几乎没有哪一类罪犯可以不受此刑。如《后汉书·光武纪》载："死罪系囚皆一切募下蚕室，其女子宫。"宫刑的受施者也不仅是男子，女子同样难逃此厄运。这种刑罚对女子而言就是所谓"幽闭"之法，即用捶击胸腹的手段摧毁女子的生育功能。

11. 汉代的流刑自始至终未能根绝，如：高祖流彭越，文帝迁刘长谋，宣帝迁广川、清河二王；但汉代的流刑主要针对那些企图谋反叛逆的上层官僚及其依附者。

12. 现存的有关汉代文献中不见有关黥、劓刑的记载，三族刑也只在西汉初年实行了很短的一个时期，这是一个值得重视的现象。它说明，汉代统治者对秦代刑罚苛酷所造成的民怨人怒和社会矛盾的对立和激化已有很高的警觉，重民仁政的理念开始生根于一些皇帝和大臣的心中。因此对一些残损人的肉体和人格污辱刑罚的废弃就是理所当然之事。尽管这种努力在汉代所能达到的成效十分有限，但它所随之而来的社会反响却是不应当也不能够予以否认的。

❖ 汉代奴隶用碗

此件系甘肃武威雷台张氏墓葬出土的奴隶使用的陶碗

三、秦汉的刑徒

秦汉时期，刑徒的数量十分庞大，其中尤以秦代为甚。所谓刑徒，是指因罪而被迫从事劳役服作的刑事人员。刑徒的重要特点是必须从事劳动强度很大的工程建设。在这一点上，刑徒与劳役刑又是同义异称的一个名词。秦代刑徒之众，在整个中国古代史上都是十分惊人的。如秦代建造骊山陵墓和阿房宫，就曾使用了七十多万人，即《史记》所载“隐宫徒刑者七十余万人”。以秦代人口两千万计，仅此一处就达到近二十分之一，其他如修复道、新道者，修长城、开发岭南者，又不知有多少刑徒参与其间。秦代刑徒按其所从事役作的种类划分，可以有如下数种：

1. 城旦舂。《云梦秦简·仓律》对此记载道：“城旦之垣及它事与垣等者”，表明被判城旦的刑徒主要从事修筑城墙及一般墙垣的繁重劳动，这项劳动是由男性刑徒承担的。女性刑徒则从事舂米一类的体力劳动。秦代法律规定，无论男女，都要身穿红色囚衣，头戴红色毡巾，有些人还要戴枷锁，即所谓“城旦舂衣赤衣、冒赤氈，枸椟欙杕之”。(《云梦秦简·司空律》)。汉代刑徒中的城旦舂者，其命运大体类似于秦。

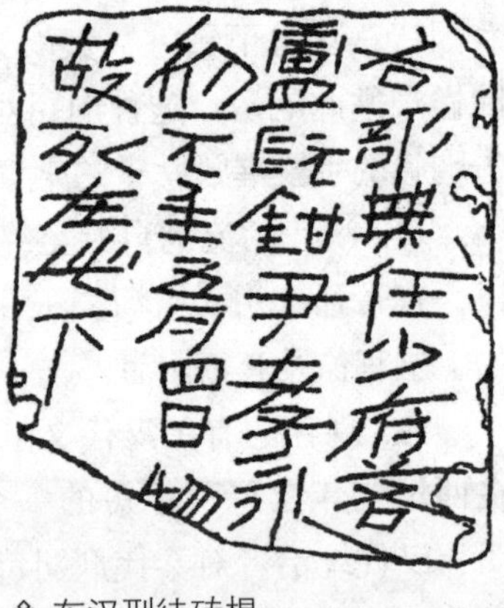

※ 东汉刑徒砖楬

砖楬是指砖刻墓楬，其刻文有繁有简，较完备的砖楬刻出死者的部属、狱名、刑名、姓名等

2. 鬼薪白粲。即以男性刑徒为宗庙祭祀之需而上山砍柴，称为鬼薪；以女性刑徒为宗庙祭祀择米，称为白粲。除打柴一项外，“鬼薪”刑徒有的还参加制造兵器等手工业生产。“白粲”刑徒则从事土木一类的工程建筑。汉代在这一项刑徒劳作中也基本上承袭了秦制。

3. 隶臣妾。男子为臣，女子为妾，同属国家奴隶身份。隶臣妾所从事的劳作比较广泛，大凡做工种田、家内服役及送信当差等项均有隶臣妾的活动。汉代则把隶臣妾作为官私奴婢来看待和使用。

4. 司寇。所谓司寇，是指刑徒所从事的是缉察盗贼的活动。秦汉时代，司寇对刑徒来说是比较轻的役作。汉代则将此刑主要用于那些有罪过的王侯官吏。

5. 下吏。秦汉时代将为官之人审判定罪并降级降职称为下吏。这些人一旦沦为下吏，也就沦为了刑徒。他们在劳作时也必须同刑徒一样着红色囚衣，戴红巾，系枷锁；即使有文化，也只能从事繁重的体力劳动。(参见《古代刑罚与刑具》，山东教育出版社1989年12月第1版》)汉代刑徒的数量目前还无法确知。汉代经文帝的减省刑法，对刑徒的处理较之秦有了很大的调整，首先是逐级递减，即由一开始从事刑徒中较繁重的劳役而逐渐减轻劳作强度；其次是对刑徒的服刑年限规定得比较明确且刑期呈逐渐缩短的势头。但汉代使用刑徒劳作的事实以及刑徒劳作的种类却与秦代没有太大的不同，所以汉代的轻刑政策是有局限的，这也是我们探讨这一问题时应该特别关注和认真分析的。

❖ 东汉的狱吏和囚徒

第六节 汉代的酷吏

历来谈及汉代的酷吏，犹如谈虎色变。汉朝当时人对酷吏有褒有贬，持平实公正之论者亦有之。仔细推究史实，为政中的酷吏与生活中的酷吏如不联系起来看，就不好给酷吏下一个结论。“酷吏”，是说汉代

❈ 东汉刑徒墓地图

官吏中那些以为政威猛、手段严酷而著称的官僚人物，所谓“吏之治以斩杀缚束为务”。（《汉书·酷吏传》）。这些人物性格各异，手段相殊，品德有别，结局互异，但在为政严酷这一点上倒是颇为一致的。

儒家重德教，反对滥施刑罚。孔子曾说：“道之以政，齐之以刑，民免而无耻；道之以德，齐之以礼，有耻且格。”（《论语·为政》）意思是说，以德治政是胜过以刑治政的。老子也说：“上德不德，是以有德，下德不失德，是以无德。法令滋章，盗贼多有。”（《老子·德篇三八章》）老子所言就更为直接而鲜明了——越是把法令定得繁苛，就越难保证社会治安的平稳。《汉书》作者班固对此持赞同观点，并认为，“法令者，治之具，而非制治清浊之原也。”（《汉书·酷吏传》）就是说，法令是用来治理社会的工具，却不是治政的根本。汉代人所持对酷吏的否定观点是基于酷吏们残虐无道、滥杀无辜的凶恶事实，而这样的事实在汉代确是不少的。《汉书·酷吏传》记载，西汉初年，身为景帝中郎将的郅都在随皇帝游上林苑时，适逢景帝宠姬贾夫人上茅厕，一头野猪尾随而入。景帝示意郅都前去搭救，郅都却不动。皇帝急了，竟然要自己手持兵器上前救助，郅都连忙跪下说：“死一个爱姬还可以再进呈一个爱姬，如果陛下身亡，却如何面对国家和您的母亲呢？”仿佛贾姬的女儿身就不是父母所给。这种见死不救、视人命如草芥的冷酷之举，恰好暴露了郅都的凶残嘴脸。宁成是汉代景帝、武帝时期的又一名酷吏，在武帝时因酷虐而声名狼藉，不得已而回到老家南阳。即便如此，也还是本性难收。他曾发誓说，做官做不到二千石的高位，经商赚不到数千万的大钱，还有什么资格同人相比呢？宁成归乡后大肆购买田地，驱使贫民，不过数年时间迅速暴富。史载，宁成“贳贷陂田千余顷，假贫民，役使数千家。数年，会赦，致产数千万，为任侠，持吏长短，出从数十骑。其使民，威重于郡守”（《汉书·酷吏传》）。可以想见，有这样大的资产，这么多的家内仆役和打手，车马骑乘，兵锋所指，如有谁敢和宁氏斗法，他就是活得不耐烦了。以此之故，宁成在地方上根本不把地方主事官吏放在眼里，宁成的暴富也是靠了酷虐的手段。酷吏的极端残暴性还表现为视国家法律为儿戏。在皇权制下，专制成了皇帝最大的特权，所谓“君让臣死，臣不得不死”，“溥天之下，莫非王土；率土之滨，莫非王臣。”（《诗经·小雅·谷风之什·北山》）

各级官吏在各自的辖区和职权范围内也争相效仿，形成了梯级式的层层专制，大专制带小专制，大皇帝领着一群“小皇帝”，大小皇帝的权力以及附着于权力之上的个人私愿成为事实上的国家和地方法律，中国古代政权与法权合一的深刻道理就在于此。《汉书·酷吏传》记载，西汉景帝、武帝年间的另一个酷吏周阳由，“由居二千石中最为暴酷骄恣。所爱者，挠法活之；所憎者，曲法灭之”。同周氏对抗者，可以让你到十八层地狱去走一趟，即便你有一千条理由，想不走也不成；同周氏亲近者，天大的罪过也不过是微疵小过，阎王爷想招也招不去。一爱一憎，一挠一曲，一个无法无天的社会机制造就了汉代酷吏这样一个特殊群体，也就丝毫不是什么奇怪之事了。

由此，汉代的酷虐之事也就愈发增多，所以文献上说：“自宁成、周阳由之后，事益多，民巧法，大抵吏治类多成、由等矣。”（《汉书·酷吏传》）汉代谣谚说：“宁见乳虎，无直宁成之怒”。时任御史大夫的公孙弘对汉武帝评说宁成时曾讲：“其治如狼牧羊，成不可令治民。”可谓对宁成其人深察洞悉。民间百姓畏惧宁成超过了对老虎的恐惧，可见宁氏的酷虐已到了令人发指的地步。

《汉书》记载当时的酷吏义纵时曾这样写道：义纵就任定襄太守后，“掩定襄狱中重罪二百余人，及宾客昆弟私人相视者亦二百余人。纵一切捕鞠，曰‘为死罪解脱’。是日皆报杀四百余人。郡中不寒而栗，猾民佐吏为治。”《孟康注解》释为：“一切皆捕之也。律，诸囚徒私解脱桎梏钳赭，加罪一等；为人解脱，与同罪。纵鞠相赂饷者二百人以为解脱死罪，尽杀之。”《颜师古注》上说：“鞠，穷也，谓穷治也。”不论犯罪人的起因、轻重，一概捕杀，刨根穷治，其滥杀无辜竟到了近似疯狂的程度。汉代酷吏中甚至有人在治狱时诛杀犯法者的同宗同族，牵连众人，以至于“相连坐千余家。上书请，大者至族，小者乃死，家尽没入偿赃。……至流血十余里”（《汉书·酷吏传》）。咸宣“治主父偃及淮南反狱，所以微文深诋杀者甚众，称为敢决疑”。（《汉书·酷吏传》）。在治狱过程中，又采用设密告箱“投缿购告言奸”，使得一帮市井无赖之徒、恶少乡棍之流任情诬陷善良之人以邀功领钱，敲诈民人。酷吏在审讯犯人时，必用各种刑法大施淫威，以至于受审者抗刑不过，屈打成招，所谓“奸猾穷治，大氐尽糜烂狱中”，非死即残。当时身为汉朝光禄勋的徐自为控告酷吏王温舒说：“悲夫！夫古有三族，而王温舒罪至同时而五族乎！”（《汉书·酷吏传》）酷吏们重刑百出，杀人如麻，结果就是“郡中无犬吠之盗”，村落空旷，四野萧索。另一方面却是，酷吏“其治，所诛杀甚多，然取为小治，奸益不胜”。就是说，靠杀人来威慑是有限的。

汉代酷吏们在治政上崇尚威猛，但在个人的操守上却各有不同，由此而对汉代社会构成的影响也就有相当大的差异。大体说来可以分为贪毒和清廉两个方面。以前者而言，如王温舒就是一个贪心极盛、肆意搜刮并巴结权贵的官吏，他的威猛之举也多半是围绕这个中心的。史载：“温舒多谄，善事有势者；即无势，视之如奴。有势家，虽有奸如山，弗犯；无势，虽贵戚，必侵辱。舞文巧请下户之猾，以动大豪。”“其爪牙吏虎而冠。于是中尉部中中猾以下皆伏，有势者为游声誉。”（《汉书·酷吏传》）一张低三下四的谄媚面孔，一副傲杀民人的凶恶嘴脸，同时聚集在王温舒身上。王氏和他的部属懂得权势的重要，也懂得如何去利用这种权势来达到个人的目的，所以不过数年时间，“其吏多以权贵富”。汉代官商的相当一批人即来源于此。杨朴为官残暴，“士卒暴露连岁……而造佞巧，请乘传行塞，因用归家，怀银黄，垂三组，夸乡里。”（《汉书·酷吏传》）借着国难，巧诈生伪，把大量的财物收入腰包，并且无所顾忌地在乡邻中夸示豪富。什么人敢吃豹子胆？也是皇权制下的酷吏，假公济私，奸邪利己。如咸宣，“其治米盐，事小大皆关其手，自部署县名曹宝物，官吏令丞弗得擅摇，痛以重法绳之。居官数年，一切为小治辩，然独宣以小至大，能自行之，难以为经。”（《汉书·酷吏传》）咸氏揽索珍宝，也不比王、杨逊色。如田延年，在办理转输粮草之时，“大司农取民中车三万两（辆）为僦，载沙便桥下，送致方上，车直千钱，延年上簿诈增僦直车二千，凡六千万，盗取其半。”被人告发后，时任大将军的霍光询问田延年有无此事，意在从轻开脱他，但田氏竟然信誓旦旦地说：“本出将军之门，蒙引爵位，无有是事。”田延年死活不认账，弄得霍光自讨没趣，一怒之下竟要查个究竟，真是天大的讽刺。光天化日之下，如此大的钱款数额，如此丧心病狂地发国难财，“怀银黄”的杨朴与“以权贵富”的王温舒及其部属比起田延年来，不过是小巫见大巫了。

汉代另一个与田延年同名不同姓的酷吏严延年，则是“坐杀不辜”，其“宾客放为盗贼”。严氏的宾客偷盗事发后躲进豪族大姓高氏之门，就是官吏也不敢破门抓捕，案子自然也就不了了之。当时严氏所管辖的涿郡“浸浸日多，道路张弓拔刃，然后敢行”。社会治安已到了混乱不堪的地步，而造成治安危乱的祸首正是所谓一郡的父母官严延年。严氏本人执法难测，主观随意性极大，史载：“众人所谓当死者，一朝出之；所谓当生者，诡杀之。吏民莫能测其意深浅，战栗不敢犯禁。”因此，皇帝有时鉴于酷吏的名声太臭，也不得不对他们进行一些约束，为“浩荡皇恩”要回一点面子。史载：“左冯翊缺，上欲征延年，符已发，为其名酷复止。”（《汉书·酷吏传》）更有甚者，酷吏中如田广明竟借已降都尉发丧之际，奸污其妻，其卑劣至极，令人发指。

汉代酷吏的残暴自不待言，它是专制皇权的本质特征，皇帝的杀伐独断通过酷吏之手得以实现，酷吏们充当了执行专制政策的马前卒，有人也会趁机大捞一把。皇权一天不根除，酷吏也就不可能在社会生活和社会政治中消失，秦汉以后中国历代的专制皇权都不乏酷吏们的身影，这样一种事实足以说明这样一个道理，即真正的最大最凶恶的酷吏是皇权和皇权的最高代表者皇帝。

在否定酷吏的前提下，对汉代酷吏个人的性格行为、品德结果要作具体的分析，这就是我们要说的第二个方面——酷吏的清廉诛暴。酷吏并不都是贪虐成性的，在汉代特定的历史时期并针对社会政治和生活所面对的一系列问题，应该说，对清廉的酷吏还是应当从正面和积极意义上去认识并肯定他们的作用。有些人也还具有两面性，比如郅都，他见贾姬危而不救，原是出于他对皇帝的护卫忠心，但是刻虐的举止不能不令人反感。另一方面，“都为人，勇有气，公廉，不发私书，问遗无所爱，请寄无所听。”（《汉书·酷吏传》）别人贿赂他，他不接受；有人请托他办私事，他不听从。郅都本人在任职上也从不为自己办不应该办的事情。他常说：“已背亲而出，身固当奉职死节官下，终不顾妻子矣。”这样的言行确是难能可贵的。郅都同时“行法不避贵戚”，以致列侯宗室见了他都侧目而视，号曰“苍鹰”。为政不避权贵，也体现了郅都刚正清廉的一面。赵禹也是一位干练的廉吏，“用廉为令史”。《汉书·酷吏传》说他“为人廉裾，为吏以来，舍无食客。公卿相造请，禹终不行报谢，务在绝知友宾客之请，孤立行一意而已。见法辄取，亦不覆案求官属阴罪”。当时“吏务为严峻，而禹治加缓，名为平”。义纵在河内郡任上，“族灭其豪穰氏之属，河内道不拾遗。”“直法行治，不避贵戚。”酷吏中也有一些人治政相对比较公正，史载：“赵禹、张汤为九卿矣，然其治尚宽，辅法而行。”（《汉书·酷吏传》）尹齐为汉代御史，曾跟随张汤学习和办案，史载“汤数称以为廉”。尹齐打击豪强恶霸及追捕盗贼同样是不遗余力，逃窜的盗贼即使躲入太守大人之家，尹齐也会派兵搜捕斩杀，所谓“斩伐不避贵势”。到尹齐病故时，其“家直不满五十金”，的的确确是一位廉吏。所以，《汉书》将其载入《循吏传》中。

我们说酷吏中的许多人具有两面性，还在于这些人本身虽是酷吏，许多行为也不正当，但他们又究奸查伪，即便是同僚上司也不庇护。如严延年，就曾“劾奏（大将军）光擅废立，亡人臣礼，不道”，又曾“复劾大司农田延年持兵干属车”。霍、田二人是严延年的上司，但出了问题，严延年是不容情的，而且也需要点胆识。即便像宁成、王温舒、田延年等一班恶吏，其打击豪强贵戚和权势之家有时也是不手软的。《汉书》的作者班固说，宁成“其治效郅都，其廉弗如，然宗室豪桀人皆惴恐”。这个评价是客观公允的。就是说，宁成在惩治权贵作奸犯科上毫不手软，但在其清廉自守上却比不得郅都。宁成在打击权贵上十分坚决，因此“外戚多毁成之短，抵罪髡钳”。武帝时的周阳由“吏治尚修谨”，也有比较好的一面。而像王温舒，虽为政严酷，为民所恶，但王氏屠灭地方豪强恶霸则无所回避，“捕郡中豪猾，相连坐千余家。”因为这个缘故，王温舒治下的广平郡治安情况明显好于相邻郡县，史称：“齐赵之郊盗不敢近广平，广平声为道不拾遗。”“尽十二月，郡中无犬吠之盗。其颇不得，失之帝郡，追求。”应该说，王温舒逐盗还是颇为坚决认真的。其他如杨朴、田延年等当朝酷吏也是如此。史载，汉室宗亲昌邑王淫乱，朝中以大将军霍光为首的公卿大臣中无一人敢议论废黜昌邑王之事，此时田延年挺身而出，“延年按剑，廷叱群臣，即日议决”。这样做不是没有风险，但田延年做了。而平时满口朝廷国家、儒教礼治的一班大员却明哲保身，装聋作哑，这大约也映衬出田延年为人的另一面。

酷吏中也不乏素质较高之人。史称，严延年“为人短小精悍，敏捷于事，虽子贡、冉有通艺于政事，不能绝也。吏忠尽节者，厚遇之如骨肉，皆亲向之，出身不顾，以是治下无隐情”，其为政为人“务在摧折豪强，扶助贫弱。贫弱虽陷法，曲文以书之；其豪桀侵小民者，以文内之”。其结果，使“豪强胁息，野无行盗，威震旁郡”。

汉代酷吏在汉代社会曾经起过极大的作用，这种作用当然来自于正反两方面。对专制政治的否定就是对酷吏的否定，也是对残暴屠戮、滥杀无辜的否定。我们今天强调法治的意义正在于对昨天历史的深刻反思。但在同时又必须看到，汉代酷吏的形成是有其深刻社会背景的，每个人的情况又有不同；汉代酷吏个人所奉行的理念，所接受的家庭和社会影响，所面对的社会现实，所出自的生活环境以及由此而形成的性格特征和所接受的文化教育都相去甚远，因此酷吏们的个人行为就有比较大的差距。在汉代维护国家统一，防止地方专权，铲除乡曲恶棍，摧折公卿大族肆意妄为，安定一方平安方面，酷吏是起了一定作用的，但由此而造成的负面影响却是深刻而巨大的。

至于对“盗”所下的定义，则需要分析鉴别。汉代是一个流民不断的社会，又是一个土地兼并日趋激烈的社会。大量自耕农民失去土地，背井离乡成为流民，流民饥寒交迫、走投无路之时便会铤而走险，汉代社会这样的“盗”确是不少。将酷吏“逐盗”列为一项政绩，就需要判明所逐之盗是什么样的盗，对流民和饥民不应简单地定性为盗，但不排除确有地痞无赖、流氓恶棍之类的鸡鸣狗盗之徒，酷吏对后一类人的惩治无疑是对的。

对酷吏做两方面的分析，也正如班固所说：“其廉者足以为仪表，其污者方略教道，一切禁奸，亦质有文武焉。虽酷，称其位矣。”（《汉书·酷吏传》）

第七节　汉代的流氓

流氓在中国古代史上约略出现于西周时期，经过先秦时期动荡的社会变化，到秦汉时期已经在一个相对松散的社会层面上构成了一个不可小视的社会势力。汉代的流氓来源、流氓成分、流氓活动及对汉代社会的影响都比较复杂，从社会生活和社会文化的角度来审视汉代的各类流氓现象，对于深刻理解和研究汉代社会应该是不无裨益的。

所谓“流氓”，是指不事生产和劳动，闲散游荡于社会上，从事背离传统道德行为规范并在行动上瓦解和破坏公共社会秩序的不务正业之徒或集团。汉代的流氓个体和流氓群团都具备这个特点，但在表现方式上又不尽相同。我所要叙述的汉代流氓，并不包含在官府的重压之下铤而走险的反抗者，即两汉文献中以官府之口而定论的“贼”或“盗”，也不是汉代文献中为之立传的“游侠”或“刺客”，而纯粹是就汉代社会而言属于消极因素的不良分子。

还在秦末汉初之际，从社会最基层的亭里之中，就可以看到这些流氓之徒的活动。如西汉的开国皇帝刘邦，年轻时就不愿意也不去从事生产劳动，并且“好酒及色”，“狎侮诸客”，刘邦的老父痛骂其为无赖。晋代葛洪所著的《西京杂记》这样描述：“平生所好，皆屠贩少年，酤酒卖饼，斗鸡蹴踘，以此为欢。”可见刘邦其人性情言行已是一个足色的流氓无赖。元代睢景臣曾写有一首很著名的套曲《高祖还乡》，曲中借乡民之口道出了对这位新皇帝的点评：“你须身姓刘，你妻须姓吕。把你两家儿根脚从头数”，“春采了桑，冬借了俺粟。零支了米麦无重数。换田契强秤了麻三秤，还酒债偷量了豆几斛。”所以，乡里街坊都搞不懂，为什么一个无赖转眼之间竟成了皇帝老子，“只道刘三，谁肯把你揪捽住，白甚么改了性、更了名唤作汉高祖！”（参见完颜绍元《流氓的变迁》，上海古籍出版社1993年12月第1版）偷鸡摸狗，恃骗行诈，堂堂的汉代高祖皇帝着实令人难以相信他竟是如此为人，但这的的确确是信史。即便在做了皇帝之后，刘邦也仍然不时地也是情不自禁地在各种场合流露出昔日的流氓霸气来。刘邦手下的功臣武将中，如韩信、英布、彭越等人在最初之时乃至此后也多属无行无信之人。在社会剧烈动荡的关节，这样一群人具有可以充分利用各种主客观条件，来充当历史的改写者的。这样说并不等于否定汉高祖和他的功臣对历史的贡献，而在于说明历史的真相。正如魏晋名士阮籍所发出的浩叹："时无英雄，使竖子成名!"

汉代流氓的主要来源是社会下层，如英布在加入刘邦集团之前就是布衣出身。如韩信，文献上说他"始为布衣时，贫无行，不得推择为吏，又不能治生商贾，常从人寄食饮"（《史记·淮阴侯列传》）。可见其出身也不高。其他大量被刑、流放、从事苦役以及遭受黥墨之刑的人不但地位不高，而且即便能够不在重刑之下丧命，也多是没有生活出路。因此，以偷盗行抢为手段的人也是大有人在，但这些人同政府所说的反抗之"盗"是不同的。前者中有很多人横行乡里，鱼肉百姓，敲诈勒索，已经不是单纯的为求生存的问题。他们以力相倾，以酷虐无德相标榜。汉代学者扬雄曾说："君子绝德，小人绝力。"（《法言·渊骞》）这里的小人，正是指汉代的一群流氓地痞之徒。汉代流氓的第二个来源是大批流民中的极端分子，这些人因丧失土地而进入城市。小农经济的闲散性使得这样一些人怠惰游手，在一无钱财、二无技能、三无勤劳的社会背景下，极易走上各种非法和丧失道德良知的谋生之路。汉代流氓的第三个来源是破产的贾人，即从事买卖交易之人或是虽有一技之长，但不足以供养自己和家庭所用的失业匠人。汉代流氓的来源中还有一个重要的方面，即豪强之家的子弟、宾客或是部曲、手下之人，以及各级官僚豪绅阶层的子弟同僚、家丁仆役、行差打手之类。这些人即《汉书·召信臣传》所说的"府县吏家子弟，好游遨，不以田作为事"之流。汉代从中央到地方，从城市到乡村，流氓的滋事兴作大多是这一类人所为或与这一类人有关。所谓纨绔子弟中，大约没有几个不是流氓无赖之徒的，他们是受特权和官家保护的公开流氓。从这个意义上说，汉代的官家流氓才是造成汉代社会治安问题的最痛切的原因。

汉代流氓的活动和对社会的危害可以从以下几方面来认识：

1. 流氓是政治活动中的马前卒和消极因素。在西汉初年地方封国与中央抗衡的政治角逐中，大量的流氓亡命之徒被郡国的藩王收为死党并为其在政权斗争中充当打手。《汉书·吴王刘濞列传》记载，吴王刘濞曾在此时大量收纳一批无行亡命之人，让他们威服郡国，横行天下。这一群流氓“迫劫万民，伐杀无罪，烧残民家，掘其丘垄，甚为虐暴”，完全是一批有目的集合而成的乌合之众。正因为如此，也就不足以同汉代中央政府的军队相抗衡。

2. 从中央到地方的许多官僚机构及官员本人借流氓势力壮己之威。在各大城市中，官府和官僚们操纵并控制了一批批流氓无赖在市肆中横行，收钱掠物，盘剥商贾。如汉代的商业中心长安城，分别设置于长安城中央大街东西两侧的较大集市计有九处，散居于城中各区的小市尚不在计算之列。史载：“长安炽盛，街闾各有豪侠。”（《汉书·游侠列传》）这是什么样的豪侠呢？是以欺行霸市为目的的流氓团伙。如在城西柳市的恶势力头领万章，就是官府庇护下并为某些官员私人充役的打手。《汉书·王尊传》详尽记载了各市肆中流氓恶势力的代表人物，除万章外，还有东市贾万、剪市张禁、酒市赵放等人。这些流氓团伙，“皆通邪结党，挟养奸轨，上干王法，下乱吏治，并兼役使，侵渔小民，为百姓豺狼。”到西汉晚期，流氓头子樊少翁不仅控制了豆豉市场的交易，甚至通过向当朝贵族王莽行贿，竟堂而皇之地做起了市场管理的长官来。官匪一家，汉代的流氓只要买通了官府，就可以逞其所欲，所谓“朋党宗强比周，设财役贫，豪暴侵凌孤弱，恣欲自快”。一些地方诸侯王纠集地痞流氓，挖坟盗墓，残害民人。《西京杂记》记载：“广州王去疾，好聚无赖少年，游猎毕弋无度。国内冢藏，一皆发掘。”

3. 各种刑事案件屡见不鲜。汉代时文士贾谊在上《治安策》时就痛陈西汉初年的政局之危，其中一点就是再三强调了社会治安的严重形势。汉初经济残破，治安状况极差，偷盗时有发生，连皇帝宗庙里的门帘祭祀器皿也被割取和盗走；光天化日之下，公然在市场中抢劫财物；也有人冒充官府，公然超征达数百万的赋税，甚或有人伪造公文，行骗仓府之粮高达几十万石；更有人掠卖妇女，绑架勒索，聚众斗殴，挖坟盗墓。到东汉时，流氓的活动逐渐向城市靠拢，流氓也已成为相对固定化了的一种社会职业，流氓的数量也大为增多。东汉学者王符在其所著《潜夫论》中说：“虚伪游手者什倍于末技”，“天下百郡千县，市邑万数，类皆如此。”如东汉时期的流氓诈骗者“事口舌而习调欺，以相诈给”。东汉时更出现了以替人行刺为赚取钱财目的的职业杀手，如《古今图书集成·学行典》卷二九八引《魏略》就记载，专营此道的杨阿若，“常以报仇解怨为事，故时人为之号曰：东市相斫杨阿若，西市相斫杨阿若。”

拦路抢劫也在社会混乱的东汉末年成了司空见惯之事，绑票勒索十分猖獗。《后汉书·桥玄列传》就记载，桥玄的10岁小儿子大白天被人劫走，桥玄被通知出钱交换人命。汉代文献说：“初以安帝以后，法禁稍弛，京师劫质不避豪贵。”不管你是多大的富翁，不管你在京师有无皇帝老子的庇护，流氓若想绑架勒索，即便光天化日，你也在劫难逃。东汉时特殊的一幕是仇杀的风行，清代学者赵翼在《廿二史札记》中记载了大量有关东汉人仇杀的事例，并为此著文说：“不理之于官，而辄自行仇杀，已属乱民。然此犹曰出于义愤也，又有代人报仇者。”所谓“代人报仇者”，也就是以职业身份出现的流氓打手。

4. 一批地方恶少成为汉代社会基层民间治安的最大破坏者和汉代民风的败坏者。《汉书·李广利列传》载：“（武帝）太初元年，以广利为贰师将军，发属国六千骑及郡国恶少年数万人以往。”在一个郡国辖区，竟可招募到品行恶劣的流氓无赖者达数万人，也就不难想象该地治安会好到哪里。颜师古在《汉书》里两次提到汉代的恶少，其共同点不外是指品行不端、不仁义礼让的无赖子弟，即地痞小流氓。这些地方恶少平日里逐狗驰兽，身着奇装异服，争讼斗狠，赌博滋事。《西京杂记》说：“无赖少年游猎毕弋，国内冢藏，一皆发掘。”挖坟盗墓，攫取钱财，连冥间之人亦不放过。《后汉书·桓谭传》记录汉代学者桓谭的话说：“富商大贾，多放钱货，中家子弟为之保役，趋走与臣仆等勤，收税与封君比入，是以众人慕效，不耕而食。”这说明，汉代的恶少多半出自中等人家，这些恶少小小年纪不去好好读书或是从事正当的生产经营活动，却偏偏成为大富商的凶奴恶仆，干着催逼租税、苛索钱财的勾当。恶少在汉代由于其年龄因素或社会经历浅薄，其行为本身常常带有极大的盲目性和冒险性，他们中的很多人做事超越社会伦理道德的规范并不计后果，是汉代社会秩序的瓦解者和破坏者。汉代民谣以十分痛切的笔调歌赋道：“安所求子死，桓东少年场。生时谅不谨，枯骨后何葬。”汉代民人的愁苦叹息之状是如此强烈地激愤着和感怀着。王符在《潜夫论》中曾痛斥一类人“怀刃挟弹，携手遨游”，也是指恶少中又一类闲散逸志的流氓恶棍。《北堂书钞》引《东观汉记》记载，东汉的都城洛阳城里就遍布着挟弹丸游勇的放浪流氓，所谓“三辅皆好弹，一大老从旁举身曰：噫嘻哉！东京（洛阳）时挟弹成俗，父老叹息”。可见东汉的社会风气已败坏到何种地步。

5. 汉代流氓黑恶势力的形成。汉代黑社会团伙性质的流氓特点大约与今天的流氓黑社会所差不多，即富有严密的流氓帮规和流氓组织，并在很大程度上勾结一些政府官员，以揽财聚宝为目的，以杀人越货和横霸一方为手段，并在一定程度上染指国家和地方政权的行政事务。

前述西汉前期吴国境内的流氓势力就已经明显地表露出这一征兆，这些流氓充当吴王的死党和打手，垄断乡曲的经济命脉，甚至狂妄到要和汉王朝分庭抗礼。东汉时期，伴随着外戚和宦官集团在政治上的交替上升，汉代流氓的升降命运也基本确定了。尤其是宦官的残虐，更为后人所不齿。宦官以其变态的凶残本性率领并驱使着一批流氓集团的头领，再由这些流氓头子指挥着一群大小流氓，构成流氓团体的严格纪律，并统一行动，亦肆虐于政坛和民间。这样的流氓黑社会的老大人物，往往不是流氓本身，而是凶恶远胜流氓的外戚和宦官首领。如东汉外戚势家，居位大将军梁冀的府中就有为数众多的亡命之徒为其效力。东汉宦官集团的“五侯”单超、徐璜、具瑗、左倌、唐衡等人，其手下也是遍养“死士”。他们都是流氓黑社会的保护伞和操纵者。史载，梁冀“起别第于城西，以纳奸亡”（《后汉书·梁冀列传》），东汉“五侯宗族宾客虐遍天下，民不堪命”（《后汉书·宦者列传》），讲的都是这样的事实。

汉代流氓的各种活动都是草菅人命、横掠钱财的罪恶活动。无论在古代或是今天，流氓的本性都注定了他们有奶便是娘。这一群不义之人同时是一群无耻之徒，他们为自己的一得之利而可以将曾信誓旦旦标榜的道德人伦视作弃物。“男盗女娼”一词，是古代先贤对流氓之徒的精确表述和提炼。尽管在汉代文献中常常出现流氓以“侠”自称的情况，但流氓的本性注定了他们不可能与豪侠或游侠同日而语。“侠”具备并恪守着传统文化中至高的道德追求，他们既不卖身也不出卖灵魂，他们可以慷慨赴死，但绝不是为争一己私利。相形之下，流氓的人格是在十八层地狱之下。

第八节　汉代选举制度

汉代选举制度的主体是察举制。所谓察举制，是指参加选举者经过有关人士的考察而被举荐上奏的选官制度。这一制度的创立在西汉时期。

西汉文帝二年（公元前178年）十一月，汉文帝下诏说："……举贤良方正能直言极谏者，以匡朕之不逮。"文帝十五年（前165年）九月又下诏说："诸侯王、公卿、郡守举贤良能直言极谏者，上亲策之，傅纳以言。"（《汉书·文帝纪》）正式实行了察举选官的办法。当然，文帝的这两个察举诏令还是比较粗线条的，还不足以成为此后更为系统有序的汉代察举制度，但至少从以下三个方面反映了察举选官的基本特征：其一，由皇帝颁布诏令，时间上则不确定，荐举的科目也因需要而定；其二，从中央官吏丞相、列侯、公卿大夫到地方郡守等官，分别按科目举荐人才；各地方则将被举荐的人才送到京师，由皇帝亲自进行策问，同时按举荐的科目对入选者进行考察；其三，根据策问的结果和评定的高下，政府分别予以授官。终汉之世，察举制在大的方面是不出这个范围的。

我们说察举制在文帝时代之所以比较粗线条，还因为在整个文帝时代察举制并没有成为经常的制度。察举制成为真正意义上的体制完备的选官制度是在汉武帝时代。《汉书·武帝纪》记载："建元元年（前140年），冬十月，诏丞相、御史、列侯、中二千石、二千石。诸侯相举贤良方正直言极谏之士。丞相绾奏：'所举贤良，或治申、商、韩非、苏秦、张仪之言，乱国政，请皆罢。'奏可。"可以看出，察举在武帝时代已有了统一的考核标准，就是排除了研习申商、韩非、苏秦、张仪学说的学者参加察举的可能性。《汉书·董仲舒传》的记载就更为明确，"自武帝初立……及仲舒对策，推明孔氏，抑黜百家，立学校之官，州郡举茂才、孝廉，皆自仲舒发之。"到此时，已明确提出了"罢黜百家，独尊儒术"的思想主张。过去，人们常常注意到"罢黜百家，独尊儒术"的社会政治功能，而忽略了它也是汉代察举选官的一项政治标准。因此也可以说，察举水平的高低也就是儒学水平的高低。实际上，先秦诸子的很多人是主张尊贤的，儒家更是把尊贤放在了突出的位置上。因此，汉武帝时代的尊儒在一定意义上是对汉高祖以来政治方针的延续，反映在选官用人上也是如此。《汉书·高帝纪下》记载汉高祖的求贤诏令说："盖闻王者莫高于周文，伯者莫高于齐桓，皆待贤人而成名，今天下贤者能岂特古之人乎？患在人主不交故也，士奚由进！……贤人已与我共平之矣，而不与吾共安利之，可乎！贤士大夫有肯从我游者，吾能尊显之。”西汉初建时，陆贾说：“居马上得之，宁可以马上治之乎？且汤武逆取而以顺守之。文武并用，长久之术也。”（《史记·郦生陆贾列传》）如果仔细分析和梳理他们之间的关系，就不难发现，从高祖到武帝，其用人选官的出发点与落脚点是一脉相承的，所以武帝的尊儒是汉初尊贤的继续，也是汉代尊贤政治的反映。

汉武帝时代察举制度的确立也使汉代取士选官的范围进一步扩展。文帝时察举主要在基层官员中选拔，而到了武帝时，则不仅包括官员吏卒，也可以从民间乡里中考察荐举。因此，平民出身的人就有了仕进的机会。在汉代，布衣官僚、布衣卿相在文献中的频繁出现也是武帝以后察举范围扩大的反映，如汉代名相公孙弘的例子便十分突出。不仅如此，在武帝时代，察举的科目也有所增加，如武帝时增加了“孝廉”和“秀才”等科目，并且将这两科作为常科。武帝时的岁举常科说明，察举已由汉文帝时代的不定期察举发展到定期察举，而且是一年一举。这比起后来科举取士的三年一开科还要频繁，不能不说是很有系统与规模的。

汉代的察举制分常科和特科两类。常科是常年按察举的科目，即所谓“岁举常科”。大体上分四种，即孝廉科、茂才科、察廉科和光禄四行科四科。什么是孝廉呢？即按照在家做孝子、出外做廉洁官吏的标准来考察举荐人才的科目。它是汉代察举最为重要的岁举常科项目，其出现时间为汉武帝元光元年（前134年）。在尊儒的察举宗旨下，汉代选官取士十分看重被选者的品德修养，这就将举孝廉放到了十分重要的选官层面上。具体地说，汉代察举孝廉由郡国每年向朝廷举荐，并且按照郡县人口的多少来确定被举荐者的人数。一旦被选中，其升迁的速度较快。故孝廉科成为汉代察举中的热门科目。汉代和帝时，采纳司徒丁鸿、司空刘方的建议，按人口比例分配察举名额，原则是满20万人口的郡每年由郡国向中央举荐一人，不满20万的郡国则每两年举荐一人，不满10万的郡国每三年举荐一人。黄留珠先生认为，实行这一办法后，每年可以获得孝廉约二百二十八人。（参见黄留珠《秦汉仕进制度》，西北大学出版社1985年版）茂才即从前的秀才，东汉以后为避光武帝刘秀的名讳而改称茂才。《汉书·武帝纪》记载：“盖有非常之功，必待非常之人，故马或奔踶而致千里，士或有负俗之累而立功名。……其令州郡察吏民有茂材异等可为将相及使绝国者。”这里说的茂才，是指优秀的人才。在汉代，能够举茂才者，一般说举主的社会地位都较高，除西汉时已有的丞相列侯等官员外，东汉时也包括了如三公、将军等中央文武官员，以及州刺史一级的地方官员。正因其地位较高，故得举中茂才者，俸禄待遇和职官级别一般也较高，低者可达六百至一千石，高者可晋级为二千石的公卿大员，所以中茂才者可谓凤毛麟角。根据《续汉书》的记载，每年举茂才的人数仅在二十人上下，可见察举茂才的艰难。所谓察廉，是指考察在任官员的廉洁与否。这一科目仅针对官员，实际所起的作用是在对官员的任职考核上，属于汉代职官队伍建设的范畴，但作为察举的一科来看，就有对官员抑黜和升迁的作用，其督导功能十分显著。所谓光禄四行科，是指光禄勋主持的对官员四种品行的考察科目。这四种品行一般说来指质朴、敦厚、逊让和节俭。这一科目的设置是同察廉科的设置相辅相成的，即从养成士风与监察督导士风两个方面来对现行官员进行考察和升降。

察举在汉代除设有常科之外，还有特殊设定的科目，即所谓特科。特科在时间上往往不固定，很多情况下是皇帝根据需要临时议决，形式上通常采取皇帝策问的方式。被取录者可以视情况破格升迁。汉代的察举特科有：贤良方正科、文学科、明经科、明法科、至孝科、有道科、敦厚科、尤异科、治剧科、勇猛治兵法科、明阴阳灾异科等。其中前四科是汉代察举特科中最为重要的科目。贤良方正科又是前四科中最重要的科目，在贤良方正的名下，诸如"直言极谏""亲民者""明政术达古今""有道术达政化""能探赜索隐者""幽逸修道之士"等考察内容都在其范围之内，所以得中贤良方正察举特科者，其声望都很高，汉武帝时代著名的董仲舒上"天人三策"便是如此。故此得中者的许多见解和主张对当朝政治的影响也往往十分重大。需要说明的是，察举特科中的许多科目彼此是相连或交叉的，科目之间的界限有时是很模糊的。像贤良文学科，就是将贤良科与文学科合二为一的科目，"治剧勇敢"与治兵法有时也是不分的。因此，特科的变动性和不确定性的特点十分突出。因其特科，所以很多情况下也就真的比较特殊。

汉代实行察举以选官取士，客观上是符合汉朝以儒家思想巩固和加强中央集权政治统治需要的，尽管不能说汉代由此选拔的官吏是支撑汉政权的根基，但经由察举选拔上来的士人和官员中的相当一些人对于维护汉代中央和地方各级政权的有效运转是发挥了积极作用的。特别是同先秦时代的“世卿世禄制”和并不规范的“客卿制”“养士制”相比，察举制都无疑地显示出其优越性。这种优越性就是分科目考察，经过层层举荐，并经由皇帝策问，在某种程度上已经具有了考试选择官员的雏形，但察举选官的不足与过失又是显而易见的。察举重在荐举，考试所起的作用甚微。宋代人叶梦得在《石林燕语》中说：“汉举贤良，自董仲舒以来，皆对策三道……当时未有黜落法，对策皆被选，但有高下尔。”正是说明了荐举在其中的重要作用，但荐举的主观随意性也就极难保证察举的客观公正，特别是以儒家学说和行为规范作为取士选官的依据，开了此后选士偏重儒学的恶例。直到科举制度的出现，这一基本的取士思想始终成为中国古代选官制度的核心和宗旨。察举不重考试，便很难客观地考察并选拔人才，由此而造成了汉代的许多豪门贵族和当权人物把持选举，操纵士人进退，并形成以此为契机的朋党关系和政治联盟。正因如此，到东汉末年，察举制已造成了选举的极度腐败与混乱。晋代学者葛洪在《抱朴子·审举》中记载当时的民谣说：“举秀才，不知书；察孝廉，父别居；寒素洁白浊如泥，高第良将怯如鸡！”可见，此时民间对察举的认识已到了自它出现以来的历史最低点。也正因如此，才有随后出现的九品中正制，以至科举制的出现。

汉代的选举制度除察举常科和察举特科以外，还有作为补充性的征召、辟除、博士弟子课试、任子、赀选，以及自荐、计吏拜官、以材力入官、以方伎入仕等特殊形式的入仕途径。

所谓征召，是指皇帝以特殊征聘的方式来选用当时社会上有名望或才学品德兼优的人士作为皇帝的顾问官，也有的授予官职以直接处理政务。这种方式也就是汉代人所谓征聘卓异人才。被征召者往往受到极高的礼遇，如《汉书·枚乘传》记载：“武帝自为太子闻乘名，及即位，乘年老，乃以安车蒲轮征乘。”可见，征聘的规格是很高的。一般而言，征聘并不经常举行，所征召的人数也很有限，征召所取的士人从学业上看也是很广泛的。这里有两条文献材料可以说明这个问题。一是《汉书·平帝纪》记载：“元始五年（公元5年），征天下通知逸经、古记、天文、历算、钟律、小学、《史篇》、方术、《本草》及以《五经》《论语》《孝经》《尔雅》教授者，在所为驾一封轺传，遣诣京师，至者数千人。”另一则是《后汉书·张衡传》所记载：“衡善机巧，尤致思于天文、阴阳、历算……安帝雅闻衡善学术，公车特征拜郎中，再迁为太史令。”由此不难发现，汉代征召的范围是很宽的，这一做法与一般意义上的古代取士选官有很大的不同。通过征召上来的士人，有些人就不是冲着官位来的。他们中的一些人是学有专长，特别是有科学成就的，张衡就是一个突出代表。

所谓辟除，是指汉代中央和地方选任属吏的制度，辟除即选任升迁官员。秦汉官制在中央以三公九卿为重，尤其是三公，具有操纵选举的大权，所以三公辟除僚属也就是很自然的事了。东汉人崔寔在《政论》中说：“三府掾属，位卑职重，及其取官，又多超卓，或期月而长州郡，或数年而至公卿。”说明所辟除的官员来自各个层面，有些人甚至职位很低微，但一旦被官方辟除，便会青云直上、一路升迁，其速度之快、权位之高，实在是令凭察举仕进的人们咋舌兴叹的。

所谓博士弟子课试，是指经由中央和地方官学培养，经过考试选拔而进入仕途的。汉武帝时代立五经博士，为博士官设弟子员，这一制度便开始出现，人数从最初的五十人发展到二百人、千人以至三千人。东汉末年，博士弟子甚至达到三万多人。博士弟子一般在太学学习，因此也称他们为太学生。在学习期满后，博士弟子须参加考试，其结果“能通一艺以上，补文学掌故缺”，优秀者可做郎中，而“其不事学若下材，及不能通一艺，辄罢之”。(《汉书·儒林传序》) 可见，对博士弟子的考试和录用是相当严格的，这大约同汉代政府对学校的严格管理是有直接关系的。

任子制，是汉代政府所实行的一种对现任高官子女采取恩荫世袭的授官方式，即秩二千石、任职满三年的高官，可以有子弟一人出任郎官或类似职官，但并不常设。任子制属于按血统和世袭关系而授官职的一种世袭官制，尽管所授官职不高，但却明显地表现为皇帝对现任官僚子弟的一种恩荫政策。然而，由于任子制本身难以克服的缺陷，在汉代便一再遭到人们的反对。《汉书·王吉传》记载，王吉上疏请废任子制时说：“舜汤不用三公九卿之世而举皋陶、伊尹，不仁者远。今使俗吏得任子弟，率多骄骜，不通古今，至于积功治人，亡益于民，此《伐檀》所为作也。宜明选求贤，除任子之令，外家及故人可厚以财，不宜居位。”王吉所说的情况是并不过分的，他同时提出了相应的对策。但终两汉之世，任子制并没有被罢除。到东汉末年，由于朝政腐败，任子制也成为宦官左右朝政的手段之一，故随着宦官的覆灭而最终被废止。

汉代也实行赀选。赀者，钱财也。所谓赀选，也就是用钱财来买官，即纳赀。这种方式在此后的科举时代也仍然存在，捐资授官的对象和方式有不同，钱额有多有少，像商人在西汉初年本是地位很低的，但到了汉武帝时期，商人通过捐纳钱财，也可以做郎官；至于钱数，也有四万钱至十万钱不等的价码。这种量资授职的选官方式一向遭到世人的唾弃，由此而仕进者被视为铜臭之官。特别是到了东汉桓帝和灵帝时期，卖官已成为一种丑恶的官场风气，花样也越来越多。公开标价售官，如东汉灵帝时标明“公”一级的售价是一千万，“卿”一级的售价是五百万。《资治通鉴》评述：“每叹桓帝不能作家居，曾无私钱，故卖官聚钱以为私藏。”

汉代选举制除以上所说外，还有几种比较特殊的情况。首先是自荐，即以上书自陈的方式，自我吹嘘和标榜，以求得官方和皇帝的认同。除个别人外，很多人是沽名钓誉，并没有什么真正的才能。其次是计吏拜官，即中央政府年终考核地方官吏，根据政绩情况而予以升降。其三是凭材力入官，即勇武之士，类似于秦所实行的军功授爵，汉武帝时以军功入仕者大多都通过这条途径。其四是以方伎而选授，即具有特殊的技艺和才能，如善医患、善音律、善博戏等。

汉代选举制度也存在一个如何使用所选官员的问题。李双璧先生对两汉任用官员的方式提出了七种方式的说法：一是“假”，即代理之意，代理之官；二是“守”，即职官的试用阶段，如《汉书·平帝纪》如淳注说“诸官吏初除，皆试守一岁乃为真，食全奉”即此意；三是兼，即兼任他职，也称为兼官；四是领，也是兼的意思，区别在于“领”不是挂职衔；五为平，汉代只用于尚书一职；六是行，即以低级官吏行使高级官吏职权，一般多在某些职务空缺时使用；七是待诏，即等待皇帝授官的时期。（参见李双璧《入仕之途》，贵州人民出版社2000年11月版）

总的来看，汉代的选举制是较为丰富多彩的，形式也不单一，有些做法还表现出一定的灵活性。应该说，汉代选举制度留给后代的经验与教训都是可珍视的。选举制度在中国古代即是选官制度，专制皇权的政治机制决定了选官制的走向和归宿。所以，认识与理解中国古代的选举制度，也就必须以充分认识和理解中国古代皇权政治及其运行为出发点。这样的认识和理解是同样适用于汉代的选举制度的。

第二章

两汉时代的经济生活

第一节 两汉农耕生活

农耕生活是汉代人的主要生活方式之一，农耕生活涉及的内容丰富多彩。这里，我们主要将汉代人的农耕生活分为若干类型分别加以叙述，也许这样可以更为具体而详细地了解汉代的社会生活。

农耕生活最重要的因素是农业生产工具的先进与否。耕作技术最为直接地反映这一状况。早在春秋时期，我国即已出现牛耕，但就其使用来说并不普遍。《淮南子·主术训》说："一人跖耒而耕，不过十晦。"《盐铁论·未通篇》记载："民蹠耒而耕。"同书《取下篇》记载："垂拱持案食者，不知蹠耒躬耕者之勤也。"可见，文献中讲到汉代人的耕作时，所说起土工具仍然更多地说到耒和臿，而很少说到犁。汉代人所用的耒，已不单纯的是先秦时代的原始木耒，用《说文解字·耒部》的话说便是："耒，耕曲木也。"实际包含了臿、芣、耜三种工具。臿在汉代指铲土工具，因地域而各有专称，如《方言》卷五记载："燕之东北……谓之斛。""赵、魏之间谓之喿。"而《释名·释用器》则认为，锸"或曰销"。《史记·秦始皇本纪》张守节正义说："臿，锹也。"王祯《农书》也说："盖古谓臿，今谓锹，一器二名，宜通用。"从上面的记载可知，所谓臿、锸、锹，三者原本是一物。汉代臿的特别之处在于安装了金属臿口，《说文解字·金部》说："鐅，河内谓臿头金也。"可见

❈ 汉代农耕图

汉代农业耕作采用两牛一人的耕作方式，即所谓耦犁。这种农业生产方式既适应了自然经济的要求，也是当时世界上较为先进的农耕形态

在汉代，这种臿口被称作鐅。所谓苿，《说文解字·木部》说：“苿，两刃插也。”所以在汉代，双刃的臿就是苿。所谓耜，是指曲柄的苿，《考工记·匠人》郑玄注说：“今之耜，歧头两金。”《礼记·月令》郑玄注说：“耒，耜之上曲也。”汉代画像石上所反映的执耒之图正是如此。䦆，是指挖土的工具，《淮南子·精神训》记载：“今夫繇者揭䦆、臿，负笼土。”《说文解字·金部》说：“䦆，大钼也。”汉代的䦆也多为金属制，有全铁䦆、双齿䦆和三齿䦆，在个别地区还出土有类似五齿䦆的铁农具。汉代人也制造了碎土工具，并称其为耰。《国语·齐语》说：“深耕而疾耰之。以待时雨。”《庄子·则阳篇》说：“深其耕而熟耰之。”说明农人在田间耕作时十分重视耰的作用。《吕氏春秋》和《淮南子·氾论训》都指称它为“椎”，即用以击碎土块的木榔头。

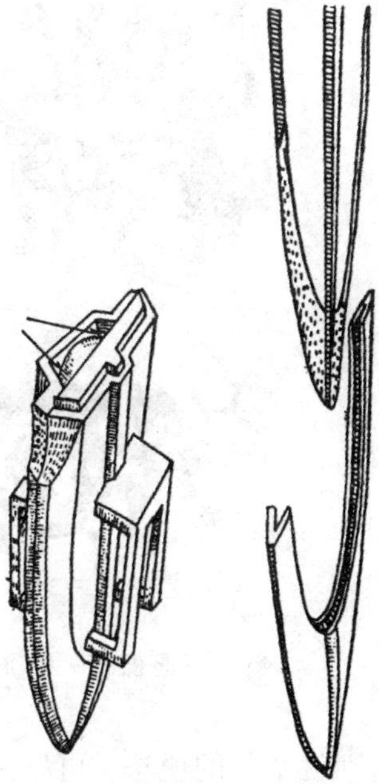

❖ 近代出土的汉代铁铧范复原图

汉代人从事农耕最重要的工具是犁。远在春秋时，我国已开始了以牛拉犁。到了战国时，铁制犁冠也已开始应用。西汉时，在前人发明的基础上又制造了犁壁，即所说的犁镜。这一改进措施，使犁耕不仅能翻土，也能碎土。最为重要的是，汉代人根据农业生产实践提出了更为进步的耕作理论，即不仅要反复地对耕地进行翻作，还要将耕地杂草一并翻压，以充分利用植物绿肥。《氾胜之书》记载：“春地气通，可耕坚硬强地黑垆土，辄平摩其块以生草。草生复耕之。天有小雨，复耕和之，勿令有块以待时。”可见这一理论对汉代及其此后农业生产的重要作用。汉代的犁耕，多数为二牛一犁的耦犁。汉代的犁，其制造已很精良，由犁底、犁辕、犁衡、犁梢、犁箭和犁评等部件组成，说明汉犁的构造已较复杂。

汉代在牛耕之外，也有马耕。居延汉简中记载有“延寿迺大初三年中父以负马田敦煌”的话，而在《盐铁论·未通篇》中更有“农夫以马耕载”的记载，在《盐铁论·散不足篇》中也有“故（马）行则服轭，

❖ 东汉画像石·牛耕图

止则就犁”的说法。可见，用马运输，用马出行，用马挽犁耕作在汉代是确乎存在的事实。

汉代农耕播种的方法主要有撒播、点播和条播三种。汉代为播种便捷而发明了耧。《齐民要术·耕田篇》引崔寔《政论》说：“武帝以赵过为搜粟都尉，教民耕殖。其法三犁共一牛，若今三脚耧矣。”这种耧，

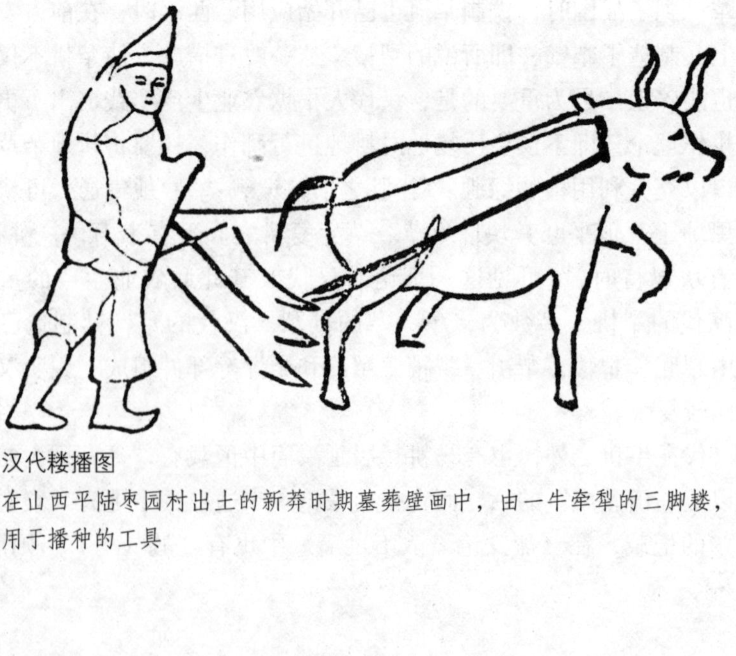

❖ 汉代耧播图

在山西平陆枣园村出土的新莽时期墓葬壁画中，由一牛牵犁的三脚耧，是用于播种的工具

就是当时所谓三脚耧。使用这种三脚耧，使扶耧者可以"且行且摇，种乃自下"。（王祯《农书》）。可以一边翻土，一边播种，而且播撒均匀，因而这种耧播的工艺在当时是很先进的。

汉代民人在农耕中十分注意耕田除草，所用工具主要为锄。汉代有的文献也写作"钼"，如《说文解字·金部》就记载："钼，立薅斫也。"汉代人在农耕中经常耕田除草，以保证禾苗的正常生长，耕田的作用由此而被格外重视。《盐铁论·申韩篇》记载："犀铫利钼，五谷之利而闲草之害也。"所以耘田除草便成为日常农耕生活的重要内容，当时的农业文献《氾胜之书》便经常讲到汉代农人"早锄""复锄""有草锄之，不厌数多"等情形。汉代的锄已基本上为铁制。与锄相类似的还有一种用于除草的农具，叫作耨，《释名·释用器》说："耨，似锄，妪薅禾也。"妪通伛，亦即弯曲之意，这里指弯腰除草的动作。《吕氏春秋·任地篇》说："耨柄尺，此其度也。"可知耨不过是长为一尺的除草用具，正因其短，也就只能"妪薅禾"了。比耨更小的除草农具叫镈，《释名·释用器》说："镈亦锄田器，……迫地去草也。"镈在汉代又称铲，《齐民要术·耕田篇》引刘宋·何承天《纂文》说："养苗之道，锄不如耨，耨不发铲。"后代人认为，农器愈精巧，效果愈好，因而可以达到精耕细作的目的。

❖ 汉代锄草图

此图见于山东泰安出土的画像石中，汉代锄草工具已为铁制

汉代人在对水田的耕作中已知道插秧，崔寔《四民月令》记载："五月，可别稻及蓝，尽夏至后二十日止。"别稻即插秧，过一段时间仍须除去水中杂草，即当"稻苗长七八寸，陈草复起"时，就要及时薅秧，即除去稻田中之杂草。但水中薅秧则通常是农人用双脚将杂草踩入泥中，而不是如同旱田除草的做法。这一点也说明汉代农人因事制宜的农耕思想。

井是古代社会的人们在日常生活中须臾不可离的，尤其对于在古代城市居住的人们来说就更是如此。除了人们日常生活用水外，农业灌溉也是需要凿井或修建相应的水利设施的。从现有的有关汉代墓葬和文物考古的发掘报告中可知，墓葬出土有大量的作为明器的陶井，这一现象在北方地区尤为突出。查瑞珍先生在所著的《战国秦汉考古》一书中说："除开辟水渠外，北方还大量利用水井灌溉。北京、安徽寿县、山西泌县都发现农田灌溉的水井群。如寿县西汉水井，在140米的狭长地带共发现9口，其中土井两口、陶圈井7口，井与井之间距离最近的只有7米，最远者为70米。近年在苏州城内也发现许多水井。"（参见查瑞珍《战国秦汉考古》，南京大学出版社1990年6月第1版，第174页）这说明，汉代的井不只是用来供人们取水饮用，更多的是用于农田灌溉。《居延汉简》记载，"第十三隧长贤，卅井水五十步，阔二丈五，立泉二尺五，上可治田，度给吏卒口"，可见确实如此。

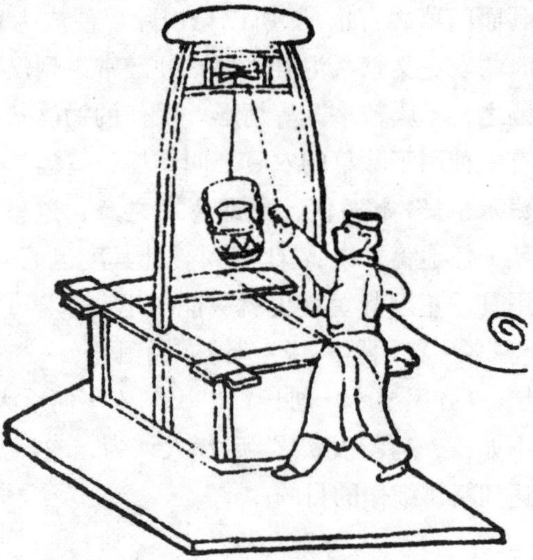

❖ 汉代辘轳井图

辘轳在汉代是一种滑轮，用来汲引井水。汉代画像石刻多有记载

在汉代，人们也使用桔槔和辘轳用于提水。辘轳也称椟栌或鞲轳。《苍颉篇》记载："椟栌，三辅举水具也。"《广韵·入声一屋》说："鞲

轳，圆转木也。”学者们认为，它是一种带有滑轮的提水装置。在汉代，普通人家也常用瓶或缶器来汲水，《仪礼·士丧礼》郑玄注说：“瓶以汲水。”《左传·襄公九年》杜预注记载：“缶，汲器。”《说文解字·井部》说：“井，八家为一井，象构韩形。”

除了一些小型的水利设施外，汉代也兴建许多大型的水利工程，如：龙首渠、白渠、新疆通渠、安徽寿县水堰等。其中，武帝时所修的龙首渠可谓规模盛大，《史记·河渠书》记载：“自征引洛水至商颜山下，岸善崩，乃凿井，深者四十余丈。往往为井，井下相通行水，水穨以绝商颜，东至山岭十余里间。井渠之生由此始。”在关中地区，流经泾河沿线的白渠也是汉代水利工程的一大景观。白渠的特点是有许多配套的水利设施。蔡邕《京兆樊惠渠颂》记载：“折湍流，款旷陂，会之于新渠；流水门，通窬渎，洒之于畎亩，清流浸润，泥潦浮游，曩之卤田，化为甘壤。”（《北堂书钞》卷三九引）这一水利工程使大面积“卤田”得到了灌溉，成为肥沃的“甘壤”。新疆地区的通渠很有名，《汉书·西域传》颜师古注引孟康语说：“大井六，通渠也。下泉流涌出，在白龙堆土山下。”所谓通渠，即引地下水到地面上以纳入所修渠堰中，有效地解决了水源问题。

汉代农耕生活中用于农作物收获的主要工具有铚、镰等。铚是指爪镰，《小尔雅·广物》记载：“禾穗谓之颖，截颖谓之铚。”镰是指连杆收割的农具；钰则指小镰。汉代的收割工具多为铁制，各地出土的镰具也基本上是铁制的。东汉时期，在四川一带地区还曾使用过大弯镰，当时被称作钹，是用来割草的工具。《六韬·农器篇》记载：“春钹草棘。”《说文解字·金部》说：“钹，两刃，有木柄，可以刈草。”都是讲钹的使用。

谷物收割以后，需要进行粮食的加工处理，如去糠秕、脱粒、磨米磨面等。中国古代较古老的脱粒器具是杵臼。《易·系辞》说：“断木为杵，掘地为臼。”汉代的杵臼既有石制，也有木制的，《汉书·楚元王传》记载：“杵臼雅舂。”颜师古注说：“为木杵而手舂。”即指用杵臼来舂谷。桓谭《新论·离事篇》记载：“宓牺之制杵臼，万民以济。及后世加巧，因延力借身重以践碓，而利十倍杵舂。”践碓的发明大大提高了生产效能，将用手举杵变为用足踏碓，不但使谷物脱粒的速度大大加快，而且减轻了人力负担。汉代有比碓更为先进的脱粒器具，当时称为砻，《说文解字·石部》记载："砻，䃺也。"明代农学家徐光启在所著《农政全书》中记载："砻，礲谷器，所以去谷壳也。……编竹作围，内贮泥土，状如小磨，仍以竹木排为密齿，破谷不致损米。"从上述记载来看，砻已具有后来碾磨的功能。汉代石磨的普及也使砻的功效接近于石磨，如《说文解字·石部》就说："䃺，石硙也。"段玉裁在《说文解字注》中也说："䃺，今字省作磨。"可见二者的性质是十分相似的。除了使用人力外，汉代也常用牲畜作为动力来牵引石磨，《后汉书·许劭传》就记载了许劭"以马磨自给"的情况，看来是以"马磨"作为求生职业的。说明了这种情况并不是偶一为之，而是带有一定的普遍性的。汉代人去糠秕则使用簸箕和飏扇，甚至也出现了效率很高的大型扇车，用来风谷去壳。

汉代的农作物品种极为丰富，先秦文献《礼记·月令》就记载了五谷的门类，即：麻、黍、稷、麦、豆。而郑玄在《周礼·职方氏》的注中，认为五谷是指黍、稷、菽、麦、稻。不论哪一种情况，汉代的农作物品种中都有存在。在湖北江陵凤凰山汉墓出土的简牍中，记载了诸如粢米、精米、稻稗米等多类稻米的名称达七八种，可见到了汉代，我国北方地区生产稻米的普遍。麦和稻米是汉代农作物中最为人们所重视的，《汉书·食货志》记载，西汉人董仲舒曾说："圣人于五谷最重麦与禾（稷）也。"汉武帝元狩三年（公元前120年），"遣谒者劝有水灾郡种宿麦"。（《汉书·武帝纪》）。东汉永初三年（公元109年），安帝"诏长吏案行在所，皆令种宿麦蔬食，务尽地力"。（《后汉书·安帝纪》）。有关稻田的情况，除上述情形外，汉代南北的广大地区遍种稻米。如《后汉书·张堪传》记载张堪任渔阳太守时，"于狐奴（今北京密云西南）开稻田八千余顷，劝民耕种，以致殷富"的事实。《后汉书·秦彭传》记载秦彭在山东一带"兴起稻田数千顷"。《三国志·魏书·刘馥传》记载，刘靖在河北"水溉灌蓟南北，三更种稻，边民利之"。可见，在汉代的广大地区，稻田的垦辟数量是相当大的一个数字。为此，汉哀帝时，贾让主张，"多穿漕渠于冀州地，使民得以溉田，……故种禾麦，更为杭稻，高田五倍，下田十倍。"（《汉书·沟洫志》）汉代民人已经懂得根据自然环境的相应条件因地制宜地选择和安排农作物的生产和生长，这是汉代人农业生产观念和农耕生活认识上的一个最重大的进步。

同稻米的多样性一样，田麦的种类也是多种多样的。汉代的农书《氾胜之书》就记载有大麦、小麦、“施麦”（春麦）、“宿麦”（冬麦）等类型。

❖ 汉代人力龙骨水车

汉代最重要的粮食产区以关中平原地区至黄河中下游的广大地区为主。这一地区人口密集，土地肥沃，水资源丰富，气候、植被等自然资源和自然环境适宜、优良，是汉代全国的主要经济中心区域。《史记·货殖列传》称赞关中地区是“膏壤沃野千里”，《后汉书·杜笃传》则说这一地区“保殖五谷，桑麻条畅”，《汉书·东方朔传》更盛赞这一地区“又有杭稻梨粟桑麻竹箭之饶”。故这一地区当时有“陆海”之称。正因为如此，所以关中地区成为汉政府当时主要的粮食供应基地，《汉书·食货志》记载：“漕转关东粟以给中都官。”就是指此而言。每年从这里转运的漕粮少者数十万石，多者达数百万石。

汉代巴蜀地区也是重要的粮食产区，成为汉政府赈灾救荒的粮食补给基地。西汉高祖时，曾令饥民“就食蜀汉”（《汉书·食货志》）。《史记·平准书》记载，当山东遭河灾时，汉政府“下巴蜀粟以振之”。《汉书·武帝纪》记载，当元鼎二年（公元前115年）“水潦移于江南”时，“方下巴蜀之粟致之江陵”。可见，巴蜀地区的经济地位在汉代有着十分特殊的社会意义。

汉代农业生产区域的扩展与分布出现了由中原向两极（即向南向北）延伸的趋势。东汉以后，特别是两晋南北朝时期，大量人口南移，经济中心也随之南移。而在北部边塞，由于汉政府实行实边政策，屯田守边，带动了北部地区经济的发展。因此，在南北两个方向上，汉代的农耕区域，以及与农耕相连的有关事项便迅速推广和传播。这是中华民族在自身的发展中，其经济、文化融合的必然结果。

汉代农耕生活的重要内容之一是农副业的发展，其中，蔬果占据着主要地位。在蔬菜品种上，汉代以葵为主。《灵枢·五味篇》中记载的“五菜”和《急就篇》中所说的十三种菜都以葵为首。其他如葱、韭、菠菜、芥菜、蕹菜、黄瓜、萝卜、蔓菁等蔬菜，遍布南北地区。至汉代，蔬菜中的主要门类已基本齐全。东汉崔寔在《四民月令》中记载，东汉田庄园圃所经营的蔬菜种类有瓜、瓠、芥、姜、蒜等二十种。农副业中的果类方面也是种类繁多，枣、粟、菱角、梨、柿、梅、杏、李、甜瓜、杨梅等，在汉代均有实物出土。荔枝在广西地区已有生产，《艺文类聚》卷八七引王逸《荔枝赋》记载：“超众果而独贵。”《西京杂记》也记载了南越王尉佗从南海将荔枝献给汉高祖刘邦的事实。西瓜子在汉代墓葬中已有发现，这说明，传统认为西瓜是元世祖时才由西域传入中原的说法是不正确的。汉代从西域引进了苜蓿、石榴、葡萄、胡桃等果类品种，使中原地区的果品更为丰富，《史记·大宛列传》记载：“汉使取其实来，于是天子始种苜蓿、葡陶肥饶地，……离宫别馆尽种

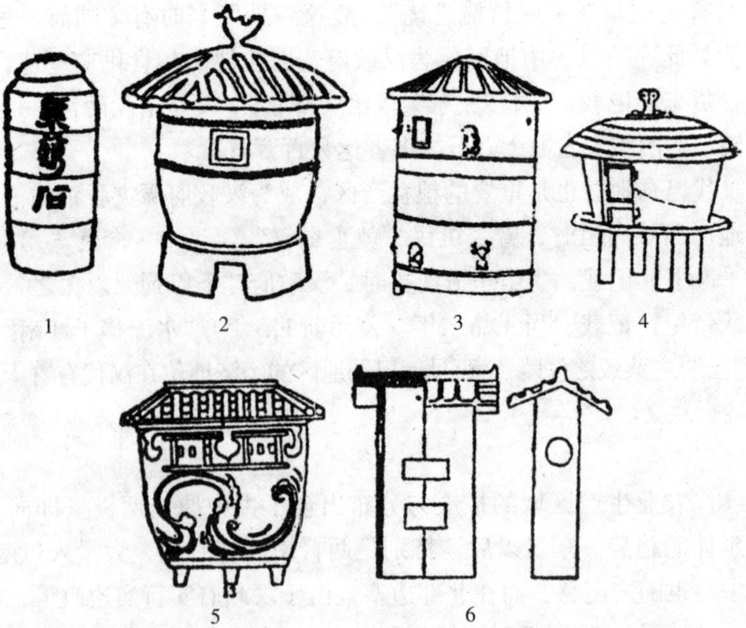
1 2 3 4 5 6

❖ 西汉各式囷仓图

囷仓为囤积粮谷的仓房。汉代粮仓已具有通风、防寒暑等多项功能

葡陶、苜蓿极望。”葡萄的种植，不仅增加了果品的门类，而且对此后酿酒业生产的扩大产生了巨大影响。它如柑橘、龙眼、甘蔗、枇杷、橙、槟榔、橄榄等水果一样，也在南方地区大量出产。除上述两项外，调味品也是汉代农副产品生产的一个重要内容。如汉代曾在多处出土了花椒，在马王堆汉墓中还发现有姜、桂皮和茱萸。桂皮不仅可做调味品，也可入药配方，《说文解字》记载：“桂，江南木，百药之长。”此外，用大豆做原料制作的豆豉、酱等类调味品在汉代也经常生产。

汉代民人也注意到利用温室来生产蔬菜，《史记·儒林列传》张守节正义中就有“冬种瓜”的记载。《汉书·召信臣传》记载：“种冬生葱韭菜茹，覆以屋庑，昼夜爇蕴火，待温气乃生。”说明汉代已出现了设备较为优良的温室。民间亦有温室种蔬者，《盐铁论·散不足篇》记载，当时的富人所食蔬菜常为“冬葵温韭”。至东汉时，温室生产的蔬菜已达20余种，《后汉书·和熹邓皇后纪》记载：“凡供荐新味，多非其节，或郁养强孰，或穿掘萌牙，味无所至而夭折生长，岂所以顺时育物乎！传曰：‘非其时不食。’自今当奉祠陵庙及给御者，皆须时乃上，”其后“凡所省二十三种”。

汉代农耕生活的丰富多彩为汉代物质文明的发展奠定了坚实的基础，汉代精神文明的卓越成就正是汉代物质文明的真实写照。正是在这个意义上，汉代农耕文化的内涵不但丰富，而且深刻，它决定并反映着汉代总体文化的发展情况，这是我们看待汉代农耕生活所不应忽视的。

第二节　两汉渔猎生活

在汉代，狩猎在人们的社会生活中除了作为获取生活资料的一种补充手段外，就仕宦阶层来说，更多的是作为一项体育或娱乐活动。后一种情况便时常表现为统治者的田猎驰骋，由此而造成的负面影响十分巨大。《汉书·东方朔传》评价道：“上乏国家之用，下夺农桑之业。”应该是一点也不苛刻的。至于孔臧所说的“妨碍农业，残夭民命”（《谏格虎赋》，《孔丛子·连丛子·上》），就更是对走马逐鹿的深刻批判了。

汉代人的田猎对象，大者如虎、熊，小者如雉、兔，均在捕猎范围内。《汉律》记载：“捕虎一，购钱三千，其豿半之。”（《尔雅·释兽》

郭象注引)《说文解字·豸部》说："能捕豺、貀，购钱百。"说明汉代官方对捕猎野兽是支持和奖励的。汉代人在狩猎中所使用的武器大致有戈、矛、弓、弩等，同时也使用猎犬和鹰隼用于狩猎。张衡《西京赋》所说的"迅羽轻足"以及《后汉书·袁术传》所说的"飞鹰走狗"，都是指在狩猎中使用犬和鹰的事实。

汉代人用于狩猎的武器除上述外，还有类似于后来称为陷阱的用具。例如在居延遗址中曾出土有一种捕兽器具，在器具的周围绑有尖木桩，很可能就是《周礼·雍氏》所说的"春令为阱、擭"一类的东西。《尚书·费誓》孔疏引王肃语说："擭，所以捕禽兽机槛之属。"可见，这种在当时被称为擭的器物，正是为捕捉猛兽而置的机关一类的器具。

汉代人狩猎最常用的是罟。需要说明的是，在先秦时代，罟是作为所有猎具的统称，而不是单独特指某一种器具。《周礼·兽人》上所说

※ 汉代狩猎图

图中描绘的是汉代画像石中所刻的野外猎捕群兽图像

的"兽人掌罟田兽"就是这个意思。而《尔雅·释器》中所说的"鸟罟谓之罗，兔罟谓之三置，麋罟谓之罞，彘罟谓之羉。"则是指捕捉不同的鸟兽而使用不同的捕捉器具，这里说的罟也就不是一般意义上的泛称了，而是具体到某一种特殊的器具。这些形状各异的捕兽器具，在已出土的汉代画像砖和画像石上均有生动的描绘。汉代人也善于使用网来捕捉野兽，《文选·西京赋》记载，"结罝百里"。同书薛注说："罝，网也。"可见罝是一种大型的网，而小型的网在当时被称作毕。《说文解字·華部》记载："毕，田网也。"《礼记·月令》郑玄注说："小而柄长

谓之毕。”说明毕是一种小型的网。这种小网是做什么用的呢?《国语·齐语》韦昭注说:“毕，掩雉、兔之网也。”说明是用来捕捉雉和兔一类的小型动物的；雉，俗称野鸡。《说文解字·鸟部》记载:“鴹，长尾雉，走且鸣。”说明了雉善于奔跑的特性。

对于空中的飞禽，汉代人则多用箭射来捕获。《汉书·司马相如传》颜师古注说:“以缴系矰仰射高鸟谓之弋射。”所谓缴，按《文选·鹪鹩赋》李贤注所说是指缚箭矢的丝线，以此将射中的飞禽拖回。汉代人常常在缴线的末端系有作为悬坠的物品，同时也使用类似后人放飞风筝所用的线轴，即绕缴轴。不过汉代人称其为觟觽，《说文解字·角部》记载:“觟，弋射收缴具也。”同书又说:“觽，弋射收缴具。”可见，两个不同的字代表的却是同一个意思。

❖ 汉代弋射图

此图见成都出土的汉代画像砖中，所示为用弓箭射鸟之形

除狩猎外，渔业也是汉代人重要的经济生活内容。汉代人使用的渔具大致有鱼钩、渔网、网坠、竹梭、罾、籗、渔叉等，其中竹梭是用来编织渔网的。罾是指一种装有绞车的抬网，其形状按照《汉书·陈胜传》颜师古的注说便是“形如仰缴盖，四维而举之”。《风俗通义》也说:“罾者，树四木而张网于水，车輓之上下。”(《初学记》卷二二引)说明罾是属于渔网之类的器具，且网形很大。所谓籗，据《尔雅·释器》记载，“罺谓之汕，籗谓之罩。”认为籗即是罩。那么，罩又是指什么呢?《诗·南有嘉鱼》正义引李巡说:“籗，编细竹以为罩捕鱼也。”这里说的籗即是罩，是指捕鱼的竹笼。渔叉也是汉代人经常使用的捕鱼

用具，《周礼·鳖人》记载："以时簎鱼、鳖、龟、蜃。"说明用渔叉猎获鱼鳖一类的情况古已有之，汉代当也不在少数。

汉代渔业的发展还体现在已经出现了几大重要的渔业产区。其一是沿海地区。这一地区沿北起上谷和辽东，南到南海的广大区域，以近海捕捞为主。其中山东沿海的齐鲁地区最为著名。《盐铁论·通有篇》记载，汉代这一地区是"莱黄之鲐，不可胜食"。同书《本议篇》说："燕、齐之鱼盐……待商而通。"可见其渔业发展的盛况。这种近海捕捞，不但能够为当地民人提供一定数量的海产品，而且可以将其输往内地，在一定程度上促进商品流通和社会经济的发展。因此，汉政府曾意欲实行渔业生产的官营化，但实行不久便又重归民间自行经营，如《汉书·食货志》记载："（武帝时）县官尝自渔，海鱼不出，后复予民，鱼乃出。"正是这种情况的反映。

其二为江汉地区。这一地区江河纵横，水网密布，鱼类资源丰富，先秦时期的《墨子》一书就曾有"江汉之鱼鳖鼋鼍为天下富"的记载。《盐铁论·通有篇》也曾说过"江湖之鱼……不可胜食"一类的话，说明这一地区渔业资源的丰厚。为此，司马迁在《史记·货殖列传》中记载："楚越之地，地广人稀，饭稻羹鱼"，而且"通鱼盐之货，其民多贾"。可见，江汉地区的民人不仅将其视为重要的食物来源，而且也成为经商逐利的重要手段。

其三是中原一带地区。《汉书·地理志》说这一地区的民人"好商贾渔猎"。

其四为川中巴蜀一带地区。据《汉书·地理志》记载，"巴蜀广汉……民食鱼稻"，可见这一地区早有从事渔业生产的传统。《太平御览》引曹操《四时食制》中的话说："郫县子鱼，黄鳞赤尾，出稻田。"林剑鸣等先生认为，"这是目前所知关于我国稻田养鱼的最早记载"（参见林剑鸣、余华青、周天游、黄留珠《秦汉社会文明》，西北大学出版社1985年9月第1版）。

其五为周边地区。此前在叙述渔业生产工具时曾多次提到甘肃居延地区出土有渔网、网梭等，在居延汉简中也有多处记载当地民人捕鱼贩卖的情况。而在东北地区，至东汉时，鲜卑人已开始从事渔业生产。《后汉书·鲜卑传》记载："（鲜卑）闻倭人善网捕，于是东击倭人国，得千余家，徙置秦水上，令捕鱼以助粮食。”表明鲜卑人已将捕鱼作为一项重要的食物来源而加以利用。《后汉书·西羌传》同时记载了西北地区西羌人的生活情况，其中便说到他们拥有“西海鱼盐之利”。在我国南方的许多地区，由于自然生态环境比较有利于渔业生产，故许多地区也有一定规模的捕捞生产。

汉代渔业技术的发展，还表现在如下两个方面。首先是渔业知识的丰富，《尔雅》一书记载了三十多种鱼的名称，东汉人许慎所写的《说文解字》一书中已有七十余种之多。可见，人们对鱼的认识种类越来越多，对鱼的分类也越来越细致。汉代人同时也注意到了环境对鱼类生存和生长的作用，《论衡·龙虚篇》就有“鱼食于浊游于清”的记载，《盐铁论·轻重篇》则说“水有猵獭而池鱼劳”。汉代民人在渔业生产中也注意观察鱼类的生长和活动规律，并形成了一定的科学认识。晋人郭璞所写的《江赋》中，就有“鲮鲨顺时而往还”的观察记录。尤其重要的是，汉代人对鱼类资源的保护十分重视，如注意到鱼讯期和非鱼讯期的差别，强调保护鱼苗，不滥捕滥捞，在某些时段禁止捕捞，为的是“不夭其生，不绝其长”（《荀子·王制》）。《吕氏春秋》一书就曾说：“竭泽而渔，岂不得鱼，而明年无鱼。”《盐铁论》认为，“鸟兽鱼鳖不中杀不食。”这些可以看作是汉代人对鱼类再生资源合理保护和利用的科学认识。

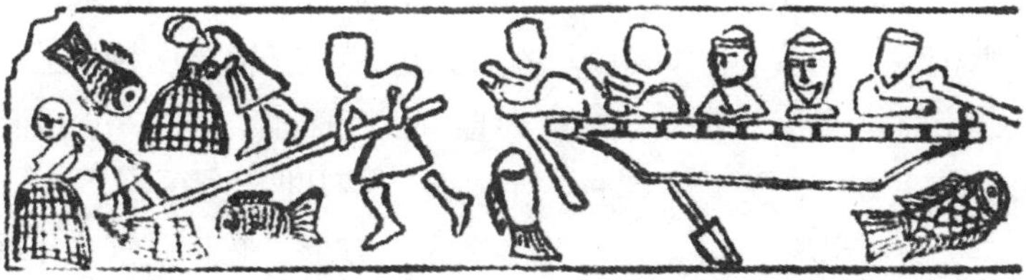

❖ 汉代捕鱼图

图中所示为山东沂南画像石中所刻的用竹笼和抄网扣捕鱼类的情形

其次，汉代除自然捕捞外，也重视人工养殖鱼类，利用水池陂塘合理饲养。《后汉书》曾记载：“起塘四百余里，数年而立。”《水经注》一书记载，襄阳侯习郁“依范蠡养鱼法作大陂，陂长六十步，广四十步，池中起钓台”，并且“引大池水于宅北，作小鱼池，池长七十步，广二十步”。司马迁在《史记·货殖列传》中说，从事“陂泽养鱼，一岁收得千石鱼卖也”，所收入“与千户侯等”。可见民人养殖鱼类的获利之丰。《西京杂记》记载汉武帝造昆明池，并于池中养鱼，使得“鱼给诸陵庙祭祀，余付长安市卖之，池周回四十里”。可见，这种人工养殖规模的巨大，已远非普通民人所能及的。

渔业生产在汉代尽管获得了很大发展，汉代文献也屡有关于渔业生产及对渔业的记载和认识，《齐民要术·序》引仲长统的话说：“鱼鳖之堀，为耕稼之场。”认识和评价不可谓不高，但封建时代自给自足的自然经济以及汉政府“重本抑末”政策的导向，使得汉代的商品经济和副业生产的发展受到极大的限制。就渔业生产而言，也仅是在一定程度和一定范围内得以发展，其客观的估价应当不宜过高。

第三节　汉代市井生活

汉代的市井生活十分活跃，从京师到地方郡国，都有一批商业十分繁荣的市场存在；在汉代的郡县乃至乡、里也遍布小型集市。汉代民人生活中的许多用品即来自于市场交易出售的各种货物。东汉学者王符在《潜夫论》中说：“天下百郡千县，市邑万数。”正是对汉代市井之盛的概括之辞。

汉代市井的盛况，集中体现在东西两京，即西汉的长安和东汉的洛阳。长安在史书上是被誉为“五方杂错”“郡国辐辏”的商业中心。据汉代文献记载，长安有“九市”。陈直先生在《三辅黄图校证》一书中考证这九市是：东市、西市、柳市、直市、交门市、孝里市、交道亭市等。长安九市方圆各为“方二百六十六步”，“凡四里为一市”（《三辅黄图》卷二引《庙记》）。可见九市的形制为正方形。它也是汉代市场的基本形制，如内蒙古和林格尔汉墓壁画所展示的宁城图样，即是将城中的市场绘成正方形。班固在《西都赋》中描述长安市场的繁华景象时说：“九市开场，货别隧分。”

长安市场中“市肆”的分布是按出售商品的种类排列划分的，像《汉书》和《后汉书》中提到的“酒市”就是这样。出土的汉代画像砖清晰地向人们展现了汉代市肆的排列情况，市肆成行分布，按经纬整齐排列。每个店铺都是一长列廊屋中的一间，十分类似于今天大型市场中的精品屋格局。在市场之外，纵横排列着众多的市肆民宅，是用来供给

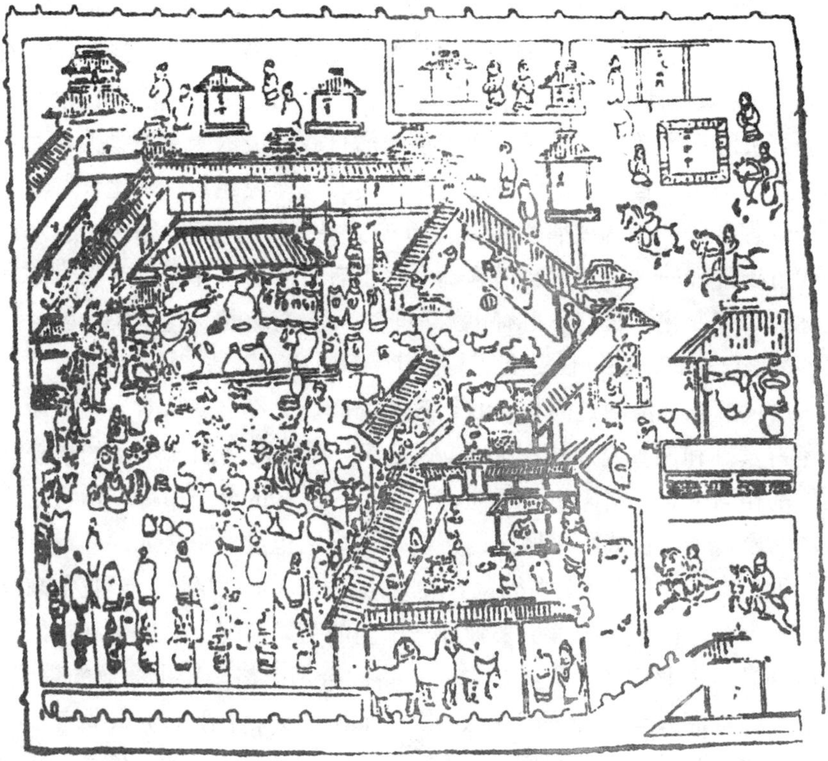

❖ 汉代市井图

此图见内蒙古和林格尔汉墓壁画，反映了汉代商业市场的交易和分布情况

商人居住的房屋，即《三辅黄图》中所说的“方市阛门，周环列肆，商贾居之”的情况。长安市场还有供给商人存放货物和商品的仓库，当时叫作“廛”。班固《西都赋》说：“阗城溢郭，旁流百廛。”《礼记·王制》篇郑玄注说廛也就是“市场邸舍”。汉代的商人为选择最佳的销售时机，必然要经常地储备一定数量的商品货物，即所谓“积贮倍息”或“囤积居奇”。因此，廛在市场交易中的作用就显得非常重要，汉代市场中廛（即库房）的面积也就占了相当大的比例。

长安的市场内建有市楼，汉政府派遣专门官员市令和长丞等官员来统一督察和管理商人在市场中的买卖经营等事项。市楼的作用是用来观察和监视市场内各列肆的经营活动，市楼上立有旗帜，所以也称作旗亭。张衡《西京赋》说：“旗亭五重，俯察百隧。”说的就是这个意思。当时的长安市场热闹非凡，班固《西都赋》说：“人不得顾，车不得旋。”长安市场的规模较大，所以汉代在长安分设东西两市的行政长官，叫作市令；而九市中的余下各市则分别设置市长，长安各市的令、丞等官员都归所属地域的三辅都尉来管辖。大约此时汉代政府比较重视市场官员的任职效果，为了不使市场内的行政官员依照上下级关系而互相串通，采用了官员分治的办法。这在当时应该说还是一种比较科学的市场管理办法，因为要管理市场，首先就要管好管理市场的行政官员。汉代市场管理的这一套双轨措施确实起了有效的监督作用。东汉时的官员称谓略有变化，长安不再有市令一职，而仅有市长，这主要是因为东汉的都城已东移洛阳。长安虽是大城市，但毕竟不再是京师重地了。

汉代的东都洛阳是同长安并驾齐驱的商业大都市。从对洛阳城所作的考古发掘和调查复原情况来看，“五都”居中的洛阳，市场的规模和功能都相当可观。洛阳市中不但有“酒市”那样的分类市肆，而且洛阳市场的设置不仅仅局限于城区内，在环城周围也设立了诸如“马市”那样的大型专业市场。《太平御览》卷八六一引《东观汉记》记载了东汉洛阳马市有“市正”的官员来管理马市内的交易情况，形成了独特的内外市格局，专业市场的分类也愈趋完备和合理。洛阳城市商业的繁荣，吸引了大批商人到此经商。东汉人王符说：“今察洛阳，资末业者什于农夫，虚伪游手什于末业。”（《后汉书·王符传》）这是此前长安也不曾有过的现象，说明洛阳的市场交易当是十分繁盛的。洛阳城外的工商业区俗称“南市”，规模和货物交易种类比起“马市”来还要大；而城内的市场中新增了“金市”。可见，东汉民人商业经营的品类已开始部分地转向贵金属的贸易经营。其后，在东汉明帝永平五年（公元62年）又在洛阳城东设立了“粟市”，而且其交易数量逐渐超过了前三个市。洛阳城内管理市场的官员名称较多，说明汉政府对市场的管理进一步细化而具体。文献上所见的洛阳市场官员有“市长”“市丞”“市掾”“市吏”等，此外还有基层的管理者“市卒”。东汉洛阳市场经营的商品种类极其繁多，除了出售农产品和手工业产品外，奢侈品的贩卖是洛阳市场的一大特色。诸如锦绣绮纨、犀象珠玉、琥珀玳瑁、金银珍玩、香料宝石之类，都可以在洛阳市场中见到。

汉代的其他地区商业市场也十分发达，文献上记载的成都、涿、蓟、温、轵、平阳、陶、睢阳、江陵、陈、吴、寿春、合肥、番禺、荥阳、邺、姑臧等地，都是一方的商业都会。许多边塞地区也兴起了集市贸易，《居延汉简》中有“市张掖、酒泉”之语，说明河西走廊的荒凉地区也存在市场的交易活动。《三国志·魏书·阎温传》裴松之注引《魏略》中还提到酒泉有“东市”“西市”（参见林剑鸣、余华青、周天游、黄留珠《秦汉社会文明》，西北大学出版社1985年9月版）之别。汉代一些周边远狭地区也有市的交易活动。史载：“天下扰乱，唯西河独安，而姑臧称为富邑，通货羌胡，市日四合，每居县者，不盈数日，辄致丰积。”（《后汉书·孔奋传》）西北地区主要是同少数民族的羌胡之人贸易往来。东汉时的巴蜀之地则有几十座郡县城市相继建成。

汉代民人的市井生活也深入到田野乡里。《太平御览》卷八二七引《七家后汉书》说：“张楷隐居弘农山中，学者随之，所居成市。后华阴山南，遂有公超市。”这是隐居乡村的学人自发形成的市。《后汉书·张禹传》记载：“（张禹）迁下邳相，……邻郡贫者归之千余户，室庐相属，其下成市。”这是民人慕循吏之名自发而成的又一种市。所以，汉代乡村集市的种类是多种多样的。

汉代市井生活的另一个重要方面是市的种类增多了，有些还很独特。如今天人们所熟知的夜市，在汉代就已经出现了。《太平御览》卷七三九引《风俗通》说：“夜栥，俗说市买者当清旦而行，日中交易所有，夕时便罢。今乃夜栥，明其痴騃不足。”东汉学者桓谭在所著《新论》一书中说：“扶风漆县之邠亭，部言本太王所处，其民有会日，以相与夜市，如不为期，则有重灾咎。”东汉的另一部文献《说文解字·邑部》中对“邠”字的解释里也提到夜市：“豳……民俗以夜市。”可知，夜市最初出现于一些如亭一样的乡村之中，在县、邑、亭这样一些基层的社会组织中夜市的发起是源于民俗，除了民人购物交易的需要外，也同地方乡俗的一些习惯信仰有关。

“胡市”是汉代出现的为同北方少数民族进行经济联系的商业市场。《后汉书·百官志》“护乌桓校尉”注说：“应劭《汉官》曰，拥节，长史一人，司马二人，皆六百石，并领鲜卑，客赐质子，岁时胡市焉。”《后汉书·鲜卑传》记载：“安帝永初中，鲜卑大人燕荔阳诣阙朝贺，邓太后赐燕荔阳王印绶，赤车参驾，令止乌桓校尉所居宁城下，通胡市，因筑南北两部质馆。鲜卑邑落百二十部，各遣人质。”它是东汉政府为加强同北方少数民族联系而在沿边地带特设的市场，通

❖ 汉代的市

此图系四川成都出土的汉代市场画像砖，从中可见市场分布的大致情形

过定期的集市贸易，扩大双方的政治、文化联系。所以它不是单一的经济交流。

“私市”，即私人建立的集市。西汉时期的市，严格来说都带有官办性质，设立市场要有上级主管部门严格的审查批准方可施行。但在东汉时，民间已经开始冲破官方的这种限制。《后汉书·张禹传》记载：“（元和二年）禹开水门，通引灌溉，遂成孰田数百顷。劝率吏民，假与种粮，亲自勉劳，遂大收谷实。邻郡贫者归之千余户，室庐相属，其下成市。”这是典型的自发成市的例证。前引张楷在弘农山中的市，也是私人之间自发形成的。在东汉的私市中有一个非常值得注意的现象，即会市的出现。《金石萃编》卷一三《史晨飨孔庙碑》记载：“（灵帝建宁二年）史君念孔渎、颜母井去市辽远，百姓酤买，不能得香酒美肉，于昌平亭下立会市。因彼左右，咸所愿乐。”这是在交通不便，距离官府所设的市较远的地方所建立的私市。小商贩在这里的活动显得很活跃，政府也没有严加取缔，事实上等于承认了它的存在。甚至在三国初年竟然也采用了“会市”的称谓，“（孙权）遣校尉陈勋将屯田及作士三万人凿句容中道，自小其至云阳西城，通会市，作邸阁。”（《三国志·吴书·孙权传》）“会市”是东汉一个特有的现象。这种小型私市的出现，说明在东汉时代的基层农村组织中也出现了商业活动，并且出现了新的市集，也表明王符所说的“天下百郡千县，市邑万数”的话不是没有根据的。汉代政府对市场的营销价格有一定的评估标准。阮元《积古斋钟鼎彝器款识》卷九《延光壶》铭文记载：“（安帝）延光四年，铜二百斤，直钱万二千。”《太平御览》卷八四五引《典论》说：“孝灵末，百司湎酒，酒千文一斗。”由于时间、场所的不同，更由于特定历史条件的差异，价格并不可能绝对一致。如东汉初年“黄金一斤，易豆五升”（《东观汉记·邓禹传》），而汉安帝时则“谷斗三钱”（《金石萃编》卷六《祀三公山碑》）。两相比较，价格的差异竟是如此之大。这种差异就不是靠政府官员的评估能确定的，而是受了市场交换规律的制约。但也存在汉政府强行定价的情况。如汉昭帝时曾规定酒价，“卖酒升四钱”（《汉书·昭帝纪》）；汉武帝时，为奖励民间养马，曾下令提高马价。《汉书·武帝记》说：“平牡马匹二十万。”但在汉代，政府限价往往也是短期行为和应付急需，并不是长期的措施。

汉代的一些地方官比较重视市的建设，《东观汉记·钟离意传》记载：“（钟离意）初到县，市无屋，意出奉钱帅人作屋，人齐茅竹或持材木，争起趋作，浃日而成。”官吏自己掏钱为民人建造市店，这大约也是少见的事例，但对于地方民人来说确是受益不少。

汉代对基层农村中的市场管理，主要是以一些自发的手段来进行调节。《东观汉记·江革传》记载：“江革，字次翁，客东海下邳，慵赁以养父母，下邳知其孝，市买辄与好善者，虽无钱，任贳与之。”这是择善而贾的典型例证。汉代乡村市场在售卖货物时讲求一视同仁的行业道德，并在可能的条件下扶弱赈困。《东观汉记·闵贡传》记载：“闵仲叔居安邑，老病家贫，不能买肉，日买一片猪肝，屠者或不肯为断。安邑令候之，问诸子何饭食，对曰：‘但食猪肝，屠者或不肯与之。’令出敕市吏，后买辄得。”可见，汉代地方官是重视经营道德和维护传统礼制的，所以才责令市吏加以干预，这对于净化商业风气确实起了积极作用。

汉代市井生活的一个重要特点是商品种类的极大丰富。汉代的市场不仅经营商业，同时也有许多手工业产品作为商品出售，如：珠宝玉器、陶器、铁器等。民间通过市场贩卖的商品有药材、牲畜、家禽、鞋制品、缯综、刀剑、蜜蜡、饮食、肉类、盐、果菜、酒类、棺具、书籍、文具等，几乎民用的各类物品都有经销。

《后汉书·党锢列传》记载："郡将小子尝出钱付之（刘），令市买果实，悉以买笔书具与之。"

《东观汉记·吕母传》记载："（吕）母家素丰，资产数百万，乃益酿醇酒，买刀衣服。"

《东观汉记·王涣传》记载："王涣为洛阳令，马市正数从卖羹饭家乞贷。"类似的记载在两汉文献中出现的频率极高。

汉代也有许多少数族商人（即"胡商"）来往于中原和北方，他们贩卖的商品主要是毛皮、毛织物、香料、珠玑等，西域制作的食品胡饼也在中原地区出售。甚至到东汉时，军队用的剑和盾也向私营企业家购买。（《全后汉文》卷四六）

汉代还出现了我国最早的书籍市场，即书肆。《后汉书·王充传》记载："王充家贫无书，尝游洛阳书肆，阅所卖书，一见辄能诵记，遂博通众流百家之言。"《后汉书·刘梁传》也记载："刘梁，宗室子也，少孤贫，卖书于市以自资。"需要说明的是，汉代市井生活中一个极不正常的社会现象是商人在户籍上被编入了另册。汉代从事贩卖商品货物的商贾如果要取得在市区内合法的居住权和经营权，就必须到官府去登记。汉政府对这部分商人单立户籍，即所谓"市籍"。有"市籍"的商人同汉代国家的"编户齐民"地位是不相等的。汉代实行抑商政策，所以商人也常常受到无端的歧视和污辱。

《汉书·高帝纪》记载："令贾人不得衣丝乘车，重租税以困辱之。"《汉书·景帝纪》记载："有市籍不得宦"。《汉书·哀帝纪》记载："贾人皆不得名田。"没有市籍而去经商，是被认为犯法的，但是汉代对商人的诸多限制措施也仅是在西汉时期发生了一些作用。到东汉时期，商业经济的发展以及汉政府对商业的认同就使得前期的诸项规定几乎变成了一纸空文，商人的地位也在实际意义上大大提高了。

第四节　汉代养马和相马

早在先秦时代，中国古代畜牧业就已基本形成了以马、牛、羊、鸡、犬、豕六畜为主要饲养和生产对象的农业时代的畜牧业经济。马为六畜之首，马的使用范围和领域比其他畜种要更为广泛一些，这是因为马不仅具有牵引车辆、运载货物、耕种拉犁的经济功能，而且在古代中国，马又是军事斗争和信息传递不可缺少的重要手段，也是沟通中外的基本载体。

在汉代，伴随中国版图的扩大和统一，对边地往来贸易的增加和文化交流的扩大以及陆路交通的兴建，马的作用愈显重要。在汉代的官方文献中对马的作用也给予了极大的关注和评价，《后汉书·马援传》说："马者，甲兵之本，国之大用。"这个评价已经把马在中国古代社会的作用提到了很高的地位。由于汉代农业耕作的特点，一家一户的个体小农要从事以土地耕作为主要内容的生产劳动，力役的分配使用就始终成为一个关乎生产好坏的因素，因此，汉代农业中如果离开了马和牛，汉代的犁耕农业也就很难维持。所以汉代养马业的兴盛与农业经济这种必需的客观要求是有直接关系的。

西汉初年长期战争的结果，使整个社会经济千疮百孔。马在西汉初年十分缺乏，文献上说，"自天子不能具钧驷，而将相或乘牛车，齐民无藏盖。"（《史记·平准书》）皇帝想要在全国找到同一种颜色的四匹马尚且难办，天底下数以千万计的小农又靠什么来作为犁耕的动力呢！所以西汉建立不久，汉政府便在沿边郡县大力发展官营牧场，这种官营牧场在当时叫作牧师苑。沿边郡县，特别是北部、西北部、西部以及西南地区有大片的草场，同时这些地区又有充足的水源供给。我国先民，特别是一些少数民族很早就过着"逐水草而居"的游牧生活，这种传统直到两汉时期也仍然变化不大。北方的匈奴、乌桓、鲜卑等少数民族甚至到魏晋时期也仍然如此。上述这些因素的存在，为汉代在沿边郡县大批量地增加马的繁殖和饲养提供了十分有利的客观条件。据《汉旧仪》统计，汉代的沿边郡县有牧师苑"三十六处，分布北边，西边，以郎为苑监，官奴婢三万人，分养马三十万头，择取教习，给六厩"。

与此同时，汉政府又在内地郡县广泛建立官营马厩，由官府统一管理并建立一批养马场，招募民人养马和驯马。仅在京师长安一地，就有所谓“天子六厩”。六厩养马的规模很大，文献记载各厩的数量达到“马皆万匹”。官营马厩中还设有制造养马器具和马匹装备的手工作坊，在作坊中有专门从事与养马事项有关的手工业者，这些人的身份属官手工工匠。汉政府也鼓励民间养马，并采取了相关的奖励措施。例如：民人养马，可部分代替赋税的征贡和徭役的支出；养马达到一定规模，官府还可提供相应的放牧区域和草场，减免赋税的额度也会相应增加。

西汉初年，经过六七十年的恢复和发展，社会经济开始全面复苏，一个重要的标志即是马匹的大量繁殖和马匹种群质量的提高。史载，到西汉武帝时，“众庶街巷有马，阡陌之间成群”，已经不再是汉初马匹荒稀的情境了。而在民间，养马业也有了蓬勃的发展，《盐铁论·西域篇》记载：“长城以南，滨塞之郡，马牛放纵，蓄积布野。”沿边郡县的私人养马数量迅速增加，汉政府鼓励民间养马的许多措施到此时都已开花结果。汉代政府在倡导养马的同时，也十分注重对马匹育种的技术使用，以更多地保留良马，繁殖和培育优秀马匹。北方草原地带的蒙古马，是我国北方马类种群中一种优良的马匹。蒙古马的特点是体健耐劳，形体不是很大但十分强壮，奔跑速度极快且耐力极强，非中原一般马匹可比。汉代政府有意识有计划地向中原地区引进这些优良的种马，经过若干年的交配、饲养和繁育，使得中原地区的群马质量大为改观。汉政府也从西北地区引进品种优良的乌孙马、大宛马等良马。

汉代在养马选种的同时，吸收和承续了先秦时代的牲畜阉割技术，阉割后的马匹发育和成长速度加快。这不但大大提高了马匹的经济使用价值，也可以通过这项技术裁汰一批劣马，使汉代的养马业在后续发展中不断进入良性的培育轨道。

汉代养马的进步同时表现为饲养管理技术的完善。从汉代的相关文献中可以看到，汉代人在饲养马匹时，注意到适时掌握马匹配种的季节；在马匹孕期中加强对怀孕马匹和幼畜的看护，特别是在使用时不使母马所负担的力役太大；对马匹食用的饲料进行深加工处理，并对饲料按燥湿鲜软等不同方法加以合理的储存保管。由此可见，养马育马的科学手段不断改进和完善。北魏贾思勰的《齐民要术》一书，是以总结我国古代农牧业特别是两汉农牧业为主的一部重要文献。贾思勰在谈及饲

❖ 汉代马厩图

马厩即马棚，汉代马厩已具有备鞍、制具、钉制马掌等多项服务制作功能

料的精细加工时写道："剉草粗，虽足豆谷亦不肥充；细剕无节，簁去而食之者，令马肥不啌。"这是强调并肯定了汉代马匹饲养精细加工的处理方法。汉代政府更以法律的形式对犯罪的官员处以斩铡饲草的责罚。《汉书·尹翁归传》记载："豪强有论罪，输掌畜官，使斫莝"，即犯法之人，罪行较轻的要去斩铡饲草。汉代政府保护养马业的意识也相对较强，《盐铁论·刑德篇》载："盗马者死，盗牛者加"，其处罚是十分严酷的。《居延汉简》中有"食用茭四百九十二束，夜用三百五十束"的记载，王褒《僮约》中有"夜半益刍"的说法，可见汉代人已了解到马匹需要夜间喂养的道理，并在实践中加强了夜间喂饲的管理。汉政府为保证马匹饲料的稳定供给，严禁民人和官府人等占食马粟，汉景帝时曾规定"以岁不登，禁内郡食马粟"，并规定违者"没入之"。就是说，如果违犯了这项规定，是要收监问罪的。

汉代历届政府和皇帝对养马都比较重视，马的自然价值和经济价值也都比较高。汉代文献中经常出现的重金买马、重货易马就是最好的证明。一些豪富人家和官宦人等甚至不惜重金访求名马、宝马。东汉末年，民间曾有"人中吕布，马中赤兔"之谚，可见对名马的认同在人们的社会生活中已达到普遍共识。这是汉代其他畜类所不具备也无法媲美的，故汉代以后中国古代文献和民间谣谚屡有"神马"之说也就不值得疑惑和难以解答了。如西汉文帝曾亲自饲养了九匹骏马，文帝就曾分别给这九匹马起了十分漂亮的名字。史载："文帝自代还，有良马九匹，皆天下之骏马也。一名浮云，一名赤电，一名绝群，一名逸骠，一名紫燕骝，一名绿螭骢，一名龙子，一名麟驹，一名绝尘，号为九逸。有来宣能御，代王号为王良，俱还代邸。"（《西京杂记》）这样多而又好的马匹在西汉初年的高祖时代是连想都想不到的。汉代在马匹的装饰物上也十分讲究，以下引用《西京杂记》的一段记载，可以略窥其情形："武帝时，身毒国（印度）献连环羁，皆以白玉作之，马瑙石为勒，白光琉璃为鞍。鞍在闇室中常照十余丈，如昼日。自是，长安始盛饰鞍马，竞加雕镂，或一马之饰直百金。皆以南海白蜃为珂，紫金为华，以饰其上。犹以不鸣为患，或加以铃镊，饰以流苏，走则如撞钟磬，若飞幡葆。后得贰师天马，帝以玟瑰石为鞍，镂以金银鍮石，以绿地五色锦为蔽泥，后稍以熊罴皮为之。熊罴毛有绿光，皆长二尺者，直百金。卓王孙有百余双，诏使献二十枚。"

到汉武帝时，养马业的发展已是很快了，因此才能有华丽多样的马饰品的出现。当然，这些被记载的装饰品一般人基本上无力购得，但它却反映了汉代养马业的一般情况，比如价值百金的名马的出现就是一个值得重视的现象。

汉代养马业的发达，还反映在市场交易中马匹的重要上。东汉都城洛阳的城外就专门辟有供马匹交易的市场——马市。据考古发掘，洛阳马市的周长要比同类的一般市场为大，市场布局中有交易处、马匹停留处、办理交易的管理处等；市场临近大路，往来十分便捷。这说明，汉代可供交易的马匹不仅数量众多，质量上也应不乏许多良马。

汉代人在科学育马的过程中，通过对马匹自然生理状况的长期观察和对马匹饲养的科学总结，逐步形成了识马相马的一套行之有效的科学方法，汉代人称此为相马术。《史记·日者列传》曾记载有“以相马立名天下”之人。东汉的马援也曾学习继承数代相马专家的经验，铸造铜马，以此作为相马标准的“马式”。西汉武帝时，也有“善相马者东门京铸作铜马法献之”（参见林剑鸣、余华青、周天游、黄留珠《秦汉社会文明》，西北大学出版社1985年9月第1版）的记载。相马的基本方法是，通过对马匹身体骨骼基本形状的观察，来辨识马匹的强壮与否，同时对马的站立、腾跃、奔跑、步态，以及马匹的反应、嗅觉、听力、目光进行逐项观察。特别是对马匹的毛色品种，皮毛的光洁度，皮毛的软

❖ 汉代驯马图

硬性及马匹的腿长、马尾的形状、马鬃的状况及臀围、胸围的比例，都有非常细密的分析和研究。通过比较研究，并考察被相马匹的生身母马甚至配种公马，从而得出对所相之马的科学结论。汉代人所总结的这一套科学养马方法，在西方则直到18世纪以后才出现。（参见谢成侠《中国养马史》）汉代的相马术是在汉代养马业长期发展中积累形成的，也是同汉代兽医学的发展分不开的。

在《史记》《后汉书》等文献史料中，多处记载了汉代兽医名家的精湛技艺。《居延汉简》和《流沙坠简》中还记载了一些治疗牲畜疾病的药方，如“治马伤水方”“治马头涕出方”等。这些都构成了汉代相马技术实践的物质基础。

第五节　汉代的货币

汉代货币的形制、轻重及使用情况前后差别很大，两汉之际又出现了一个王莽的所谓“新朝”，因此汉代的货币在不同的阶段具有不同的特点。

汉代的货币情况可以从以下大略的三个时期来谈。

一、钱币的使用情况

任何朝代所使用的货币都在不同程度上带有前朝货币的痕迹，汉代也是这样。为清晰起见，还是让我们来回视一下秦代钱币的基本情况。

秦代成型的钱币也不是秦朝时才有，战国时期特别是在战国后期，秦国的钱币就已基本成型了。秦国吸收了六国钱币的某些特征，创制了自己的钱币，基本形制是圆形方孔钱，钱的重量一般为半两，就是人们习惯所说的半两铜钱。从汉代各个时期的情况看，钱的轻重虽各有不同，但基本的形制还是以圆形方孔钱为主要类别。如：秦代的十二铢半两、榆荚半两，文帝时期的四铢半两、三铢钱，武帝时的四铢半两、三官五铢、建武五铢，以及后来使用的大泉五十、壮泉四十、中泉三十、幼泉二十等，都是圆形方孔钱。除此而外，当然汉代也还存在着像刀币、铲币及轮范一类的钱币形制，那是我在后边还要专门去谈的。由于

❖ 汉代银币图

有了比较成型的钱币模式，所以秦朝在统一中国后就把半两钱当作全国通用的标准货币来使用。从半两钱同它对应的价值形态来看，这种钱币基本上还是比较合理的，所以《史记·平准书》和《汉书·食货志》才说它“重如其文”。但是，秦的半两钱在铸造和流通中也常常出现大小并不一致的情况，真实的“重如其文”情况似乎还不多见。如陕西凤翔高庄战国墓出土的半两钱，最大的直径为3.2厘米，重6.75克，合10.1铢；最小的直径为1.15厘米，重0.2克，只合0.3铢。就是说，战国半两钱以重8铢左右的为多。宋代洪迈所著《泉志》一书“秦半两”条引敦素的话说：“常得此钱，径寸三分，重八铢。”而事实上，秦的半两钱应为12铢，这也就是说，大量的秦半两钱是减了三成略强。到秦统一之后，重量又有所减轻，平均重4~5铢左右。（参见孙机《汉代物质文化资料图说》，文物出版社1991年9月第1版，第80页）如此看来，秦半两钱中的名不副实情况还是相当严重的，这大概可以成为汉代钱币的一个基本来源。

西汉建立后，承秦之制，各类半两钱仍是流通中的基本钱币。但是西汉初年的情况很特别，经过长年的战争后，汉初经济十分衰弱。“自天子不能具钧驷，而将相或乘牛车，齐民无藏盖。”（《史记·平准书》）皇帝穷到连清一色的四匹马都难找得到，汉初经济的真实情形也就可想而知了。在这样的社会背景下，汉代政府认为，“秦钱重难用，更令民铸荚钱。”（《汉书·食货志》）西汉前期的铸钱之风甚烈，是与此有密切关系的。荚钱的直径大约在2.2厘米以下，重量在2克（即3铢）以下，而面文却还是“半两”。由于西汉初年政府放任民间自铸，有些钱币就更小，奸商大贾也就可以据此为自己谋得大利。像山东章丘出土的荚钱石范，钱的直径不过0.6厘米，实在是无法与此前的半两钱作等价兑换的。而钱币越轻小，物价就越昂贵，所以《汉书·食货志》说：“不轨逐利之民，蓄积余赢以稽市，物痛腾跃，米至石万钱，马至匹百金。”钱币所能代表的价值已降到了极低点，人们回过头来开始瞩目贵金属黄金了。到西汉文帝时，这种情况愈益严重，汉政府也就不得不放弃了原来通行的荚钱，重新铸造四铢钱，其名仍为半两。新铸的文帝四铢钱，直径大约是2.3厘米，重量为2.5~2.8克（合3.7~4.2铢）。钱币的造型也比较规范，比起秦代半两钱显得更为整齐。文帝时期虽然不许自铸钱币，但必须以西汉政府规定的钱币模式为标准，超越了这个标准就是犯法行为，按汉代法律规定，是要处以在面额上刺字的刑法，即所谓“黥刑”（参见孙机《汉代物质文化资料图说》，文物出版社1991年9月第1版）。汉文帝时期，政府强化了货币铸造和流通上的管理措施，特别是通过平定七国之乱，剪除强宗豪右和打击不法奸商等手段，遂使这一时期的钱币流通基本保持了稳定，以此遏制了物价的飞涨。当然，这其中不能不看到，货币的稳定需要以社会经济的全面复苏作为前提条件，货币在市场流通中是人们经济联系的纽带，并且也是社会经济生活的“晴雨表”，货币的作用是由社会经济的升降决定的。

汉代从高祖到文帝时，社会经济经历大约六七十年的发展，已全面进入繁荣时期。故《史记·平准书》记载道：“至今上即位数岁，汉兴七十余年之间，国家无事，非遇水旱之灾，民则人给家足，都鄙廪庾皆满，而府库余货财。京师之钱累巨万，贯朽而不可校。太仓之粟陈陈相因，充溢露积于外，至腐败不可食。众庶街巷有马，阡陌之间成群，而乘宇牝者傧而不得聚会。守闾阎者食粱肉，为吏者长子孙，居官者以为姓号。故人人自爱而重犯法，先行义而后绌耻辱焉。”这一时期，为保持钱币的法定重量，在钱币的使用中还需要称量核验。湖北江陵凤凰山168号西汉墓出土的“称钱衡”，就证实了这种做法。历史文献中所称道的“文景之治”，也正是在这样的环境下出现的。

西汉前期，除半两钱外，一些地区同时也使用着其他类型的钱币，如：山东地区出土的四铢方钱，辽东地区出土的一化圆钱，江苏涟水西汉墓出土的小刀币等。西汉前期，“盗摩钱质而取镕”（《汉书·食货志》）的现象也很突出，也就是磨取铜屑而使铜钱的重量减轻。如此一来，原来就成色不足的铜钱又减了许多，钱的本身价值也随之降低了。此外，在铸币的材料上，一些盗铸者也在铜钱里掺杂铁屑或干脆用铁来铸钱，而铁所能代表的价值量则远远低于铜所能代表的价值量。湖南衡阳凤凰山西汉墓葬遗址曾发现铜铁合金半两钱。假劣制币的出现，无论在货币的市场流通中还是在人们的货币心态上，都强烈地干扰了西汉政府正常的经济行为和人们的日常生活，并且也在更大范围内对西汉的政权建设构成了严重威胁。因此，加强对货币的政府垄断行为，清除假币和低劣制币，就成为西汉政府的急迫要务。西汉政府在打击假劣制币方面曾先后采取了一些行之有效又十分严厉的惩办措施。景帝中元六年（公元前144年）颁布“定铸钱、伪黄金弃市律”，严禁民间私自铸钱，只允许郡国铸钱。但是这一政策只是限制了一些小民，对于大钱商特别是像吴王刘濞一样的郡国藩王以及一些强宗豪右的不加限制，使得这一政策所能收到的成效并不大，“七国”敢于公然对抗中央政府。

除了社会政治的因素外，经济势力的膨胀是一个最重要的原因。因为有了钱，七国的豪右们可以雄张财势；因为有了钱，吴王刘濞也就敢于向中央政府叫板，并且要换换皇帝了。郡国可以自行铸钱，郡国的王侯和长官们自然高兴，但是对于一般的中小商人和市民阶层乃至小自耕农来说又意味着什么呢?《汉书·食货志》载贾谊的话说：“令禁铸钱，则钱必重；重则其利深，盗铸如云而起。”见利而趋是人性之所求，因而汉景帝时期盗铸之风仍然很盛，“弃市律”能起的作用实际上是很有限的。所以汉武帝才被迫在建元元年（公元前140年）“行三铢钱”（《汉书·武帝纪》）。三铢钱最大的优点是克服了名不副实的弊端，达到了“重如其文”。但很快的是三铢钱也被盗铸了，盗铸后的三铢钱其成色大为降低。据对衡阳公行山65号西汉墓所出土的三铢钱的观察，钱币重量仅0.2~0.5克，因此《汉书·食货志》说“有司言三铢钱轻，轻钱易作奸诈”，是一点都不过分的。在这样的情形之下，汉政府于建元“五年春，罢三铢钱，行半两钱”（《汉书·武帝纪》）。因其重为四铢，又有轮廓，所以后来的钱币史书称它为“有郭四铢”。

汉武帝元光二年（公元前133年）以后，汉政府同匈奴之间的战争一直持续未断，兵费剧增，府库空虚，在这样的背景下，盗铸钱币又猖獗起来，用《汉书·食货志》的话说是：“民亦盗铸，不可胜数。钱益多而轻，物亦少而贵。”这样，在元狩五年（公元前118年）又开始另铸五铢钱，但这时的五铢钱是由地方政府铸造的，所以也称它为“郡国五铢”，实际上等于将已收回中央的铸币权又还给了地方郡国。郡国铸钱的随意性很大，钱币的规格也不尽一致，所以也很难防止“盗铸”，甚至在一段时期出现了“犯法者众，吏不能尽诛”（《汉书·食货志》）的局面。

武帝元鼎二年（公元前115年）开始铸造“赤仄”五铢钱，赤通捇。《说文解字·手部》解释为：“捇，裂也。”《广稚·释诂》释作“裂，裁也”。在《史记·平准书》《史记·高祖功臣侯年表》《汉书·百官公卿表》中皆记载为“赤侧”，也就是裁削钱的边侧令其光洁整齐之意。这种钱币在河北满城1号汉墓出土的钱币中曾有发现，五铢钱币的边缘上，留存有明显的车削痕迹。以上这些钱币均是西汉武帝以前和武帝时期铸造流通的，但都没有解决盗铸的问题。汉武帝由此下决心废除各种钱币，命令上林三官统一在京师铸造新的五铢钱，即上林三官钱。所谓上林三官，是指水衡都尉所属钟官、辨铜、技巧三令丞，其中钟官主管铸造，辨铜主管检验成色，技巧主管刻制“模范”。

经过数次起落，汉代中央政府又重新将铸币大权收回，即文献所载的“天下非三官钱不得行”。（《汉书·食货志》）。孙机先生曾这样评价说，三官五铢范铸较精，一般重3.5克，是足重的五铢钱。其轮廓较深，文字有小篆气韵。（参见孙机《汉代物质文化资料图说》，文物出版社1991年9月第1版）《洛阳烧沟汉墓》一书将三官五铢分为第二型，并说：“从第二型到新莽钱出现，中间并无其他异样钱出现，故第二型里面不仅包括宣帝、元帝的五铢，就是成帝、哀帝、平帝的五铢，想来也是有的。”

从西汉武帝改行三官五铢钱，一直到王莽统治时期，铜钱基本上处于比较稳定的状态，盗铸虽然还不能根绝，但基本情况是大大减少了。西汉后期，土地兼并情况进一步加剧，大的豪强势力跨州连郡，社会矛盾已经十分尖锐。反映在经济领域，就出现了市场动荡、货币不实、物价腾涌的情况。为此，在西汉末年当政的王莽于居摄二年（公元7年）在五铢钱以外，又铸造了价值当五千的错刀、当五百的栔刀和当五十的大泉，铜钱的币面价值增大，原有钱币则大幅度贬值，普通民人所蒙受的损失十分惨重。因此，错刀、栔刀、大泉仅仅流通了很短一段时间便夭折了。其后，王莽于始建国元年（公元9年）停止了错刀、契刀及大泉五铢钱的流通，而另外铸造价值为一的小泉在市场流通。公元10年，“又实行了包括二十八品的宝货制，其中在大泉和小泉间增铸壮泉、中泉、幼泉、幺泉等，合称泉货六品。”（参见孙机《汉代物质文化资料图说》，文物出版社1991年9月第1版）然而，西汉末年的极度混乱的社会经济和社会政治局面已难以扭转，“百姓愦乱，其货不行”（《汉书·食货志》），所以无论是大泉还是小泉，都在实际意义上迅速走向贬值。

关于王莽改制中对钱币的数次兴废，有必要作一个简单介绍。特点之一是币制变更频繁，十三年之中就进行了至少四次币制转换，而又以公元10年第三次改革中规定的“宝货制”为最滥。宝货共计五物六名二十八品，即：泉货六品、贝货五品、龟宝四品、布货十品。一会儿兴五铢钱，一会儿又兴宝货泉，一会儿又废止不行，到后来甚至出现“民私以五铢钱市买。莽患之，下诏：‘敢非井田，挟五铢钱者为惑众，投诸四裔以御魑魅’。于是农商失业，食货俱废，民涕泣于市道。坐卖买田宅奴婢铸钱抵罪者，自公卿大夫至庶人，不可称数”（《汉书·食货志》）的局面。

王莽钱币改革的失败，是因为他不曾从经济本身出发，从经济社会发展的视角来规划和实行切实有效的经济政策和经济措施。他只是一味地在钱币上做文章，以满足当朝政治的需要而不惜榨取民力，也就是试图在流通中解决流通问题。虽然铜钱屡次兴作，制作也可称为精制奇美，“然而这些精致的铜钱却代表着一个混乱时代的滥恶的币制，真是钱币史上少见的奇特事例。”（参见孙机《汉代物质文化资料图说》，文物出版社1991年9月第1版）

❖ 汉代货布

货布为汉代货币之一种，在新莽时期重二十五铢，此时的货币单位及其兑现较混乱

东汉建立以后，光武帝初年仍基本使用小型的五铢钱，面额也不算大。传世的建武五铢钱，直径约2.5厘米，重量3.4~3.5克，钱文中的“五”字呈交笔弯曲。东汉末灵帝时，还出现了“四出五铢钱”，到献帝时也曾一度铸过五铢钱，其直径较小，字面和外廓较为模糊，所以人们又称它为“无文钱”。

整个东汉时期，钱币的变动幅度一般说来不是很大，经济也呈现出相对稳定的局面。只是到了东汉末年，盗磨钱币的情况才时有发生，主要是磨蚀钱币的周郭，也称作剪轮。私铸钱币的现象也有出现，所以除了剪轮以外，私铸者也会采用故意将钱铸小，减轻钱币的成色。可见，两汉时代的钱币波动，西汉要比东汉多，钱币本身的起伏实为社会政治经济在流通领域的直接反映。

二、特殊形制货币的出现与使用

两汉时期，市面上流动的价值形态不单独表现为规范的圆形方孔钱币，还伴随有货布刀币等特殊形制的货币，甚至在一段时期内也出现过以实物代货币来行使货币职能的情况。《后汉书·光武帝纪》记载："王莽乱后，货币杂用布帛金粟。"王莽时代的混乱局面导致货币的全面混乱，所以人们在通货膨胀、钱币贬值的情况下看重实物的价值是合情合理的。这一情形直到东汉光武帝初年也极有可能还在延续，洛阳西郊汉墓出土有大量东汉中叶的小货泉，似乎也不是没有缘由的。

此外，王莽还曾铸造过一种"布泉"，尽管文献失载，但在出土的汉代墓葬和遗址中均有许多这样的布泉被发现。在汉代，还有一种国宝金匮钱。这种形制的钱比较特殊，呈上圆下方形，上部圆钱环绕铸有"国宝金匮"四字，下部的中间部分竖写"直万"二字。一些研究者认为它不是钱，有的说它是符节，有的说它是王莽藏金柜上的专用之物，但从基本形制来看，应该说它是钱。

❖ 汉代国宝金匮

此钱币出土于汉代长安城附近，上为圆形方孔，下为四方形制

错刀的出现，据现有材料分析，只在王莽居摄年间第一次币制改革中发现，但并没有形成定制，有人认为其价值比率应以达到五千才可以制错刀。（参见孙机《汉代物质文化资料图说》，文物出版社1991年9月第1版）

相对说来，特殊形制的货币和实物代表价值的情况一般存在时间都不长，汉代规范钱币的使用仍是大量和普遍的。因为特殊形制的货币，其

所代表的价值和能够表现这种价值的机会一般也不会很多。大约汉代特殊形制货币的出现除流通所用外，也极有可能作为一种贵金属的储藏手段，抑或作为一种可供鉴赏的艺术品而出现的。

三、黄金的使用情况

两汉时期，均将黄金作为贵金属来看待，黄金所能代表的价值是铜钱和其他价值表现形式无法比拟的。

汉代文献屡屡出现赏金的记载，也是与此相关的。《史记·平准书》记载，早在秦代，“一中国之币为二等。”即黄金为上币，铜钱为下币。到了汉代也沿用这一说法，只是将黄金的单位名称由原来的“镒”改为汉代的“斤”。《史记·平准书》说：“一黄金为一斤。”《汉书·食货志》说：“黄金方寸，而重一斤。”马蹄金从形制上看，有圆饼形和蹄形两种。前者早在战国时期就已出现，汉代出土文物中也是常见之物。据孙机先生考证，金饼分大小两种：大的一般重250克左右，即一汉市斤；小的一般重15~16克，相当于前者的十六分之一，即一汉两。蹄形金又分为马蹄金和麟趾金两类。《汉书·武帝纪》记载，太始二年（公元前95年），“三月诏曰：有司议曰往者朕郊见上帝，西登陇首，获白麟以馈宗庙。渥洼不出天马，泰山见黄金。宜改故名。今更黄金为麟趾、袅蹄，以协瑞焉。”指的就是马蹄金。

马蹄金和麟趾金的制作十分精美，工艺化程度很高，所以这两种蹄形金应不是用于流通的金币，而应当作为象征祥瑞的工艺品。麒麟本为神话中的神兽，汉代画像砖中摹画其图有的似马，有的似鹿，但都具有明显的蹄形痕迹和蹄形之状。

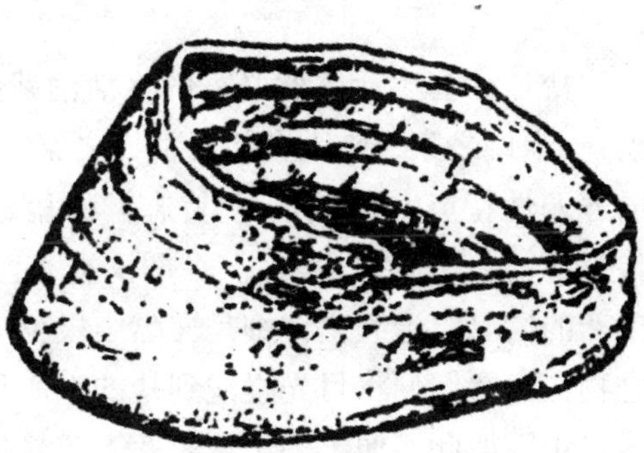

❖ 汉代马蹄金

汉代以黄金作为货币交换之用，《史记》记载说黄金为“上币”，形制不一，形似马蹄者称为马蹄金

黄金可以分割，这是现代人都晓得的道理，汉代的饼形金和蹄形金也有许多被切割成小块的。正因如此，

所以后来的研究者普遍认为，汉代的切割黄金是称量货币的标志，而不是作为流通手段的铸币。汉代文献中常以若干“金”或“饼”来作为计算单位。《汉书·惠帝纪》载：“视作斥上者，将军四十金，二千石二十金，六百石以上六金，五百石以下至佐史二金。”《史记·孝文本纪》也载：“尝欲作露台，召匠计之，直百金。”《汉书·薛宣传》中有“十金法”，颜师古注：“依当时律条，赃直十金，则至重罪。”此外，汉代文献还屡屡提及金饼的使用。可见，汉代人又常常把黄金同实际价值结合起来看。

黄金的贵重还表现在汉代从皇室到普通民人的聘物送往、婚丧嫁娶、家资储备上都常常用占有黄金数额的多少来衡量。汉代的许多贪官污吏也是以金来作为索贿贪占的依据。因此，黄金是所有货币之上的最高代表，很多时候也是充当交换手段的。任昉《述异记》曾讲到汉末“满市黄金而无斗粟”的现象。荒年灾月，粮谷奇缺，许多人拿出了珍贵的黄金，而且也拿得不少。

汉代货币的演变反映出汉代社会的各种现象和特征，两汉的兴衰史从这一个侧面也会给后来人以更多的启示。社会的各种联系都无法绕开经济生活和经济规律，汉代货币各个阶段的各种特点及其活动形式也正是从这个前提去理解才有意义。

第六节　汉代制盐业

盐是社会生活中所必需的生活消费品，先秦文献《管子·海王篇》说：“十口之家，十人食盐；百口之家，百人食盐。”反映了盐产品消费的普遍性特点。《汉书·食货志》称盐是“食肴之将”，《后汉书·朱晖传》称盐是“食之急者”。在两汉官私两种文献中都多次提到有关盐业生产的情况，记载之详细是文献中极少见的。盐既然是生活中不可或缺之物，商贾们便将目光投注到盐的生产和销售上，获利之大可以富比王侯。正因如此，便出现了私家商人与封建国家争夺盐利的局面，因而汉代中央政府对盐实行垄断的生产和经营。

汉代盐的种类，按出产的类型分，有海盐、池盐、井盐、岩盐等项。各地的自然条件差别很大，生产的盐在质地上就有不同。《史记·

货殖列传》记载："夫天下物所鲜所多，人民谣俗，山东食海盐，山西食盐卤，岭南、沙北固往往出盐，大体如此矣。"张守节《史记正义》说："谓西方咸地也。坚且咸，即出石盐及池盐。"可见，汉代的沿海地区主要食用海盐，内地则以食用池盐为主；而在巴蜀西南地区，则以石盐为主。按盐的产地划分，海盐生产分布于东南沿海地区，沿海岸线向北上溯可达齐鲁、辽东一带的渤海和黄海海域。其中又以齐鲁地区最为重要，它是汉代海盐的主要生产基地。汉政府在这一地区的渤海、千乘、北海、东莱、琅邪五郡先后设置盐官十二处，占西汉盐官设置总数的三分之一略强；在辽东、辽西、渔阳三郡各设盐官一处，而在江浙地区仅在会稽郡设盐官一处。南方的南海和苍梧也是各设一处盐官。

池盐的生产以内地为主，主要集中于河东和北部边郡。《说文解字》记载："河东盐池，袤五十一里，广七里，周百十六里。"可见生产的规模是很大的。《后汉书·章帝纪》记载，东汉章帝曾亲"幸安邑观盐池"，河东的盐产品被大量运销外地。西汉末年，南阳县的属官贾复曾"迎盐河东"。(《后汉书·贾复传》)。一些商贾之人也在这一地区私贩盐货，《后汉书·第五伦传》记载第五伦："自以为久宦不达，遂将家属客河东，……载盐往来太原、上党。"

汉代在池盐生产集中的北部边地各郡广泛设置盐官，如陇西、安定、北地、上郡、太原、西河、朔方、五原、雁门等郡就是如此。《后汉书·西羌传》记载，西北边郡的羌族拥有"西海鱼盐之利"。《汉书·地理志》记载，西汉末年曾将临羌县改名为"盐羌"。《三国志·魏书·徐邈传》也记载了三国时期"修武威、酒泉盐池"的事实。这些文献记载的事实足以说明，汉代的池盐生产在北部地区十分发达。

井盐的生产在汉代主要集中于巴蜀云贵地区。西汉政府在川滇之地所设的巴郡、蜀郡、犍为郡、南郡、益州郡等地，都设置了盐官来管理这一地区的盐业生产。《华阳国志·蜀志》记载，汉宣帝时期，"穿临邛、蒲江盐井二十所，增置盐铁官。"同书又说："江阳郡汉安县有盐井。"《华阳国志·巴志》则说："巴西郡南充国县有盐井。"西南边陲省份的井盐生产规模日渐增大，所以左思的《蜀都赋》才会留下"家有盐泉之井"的句子，说明民间从事井盐生产在汉代是非常普遍的。在今天成都的东汉墓葬中，多次出土了有关盐井的画像砖，从画面上可以见到高大的井架和人工制盐的生产程序。有的盐井很大也很深，所以《论衡·别通篇》说："西州盐井，源泉深也。"应该是有一定根据和道理的。

❖ 汉代盐泽图

汉代盐业生产规模的扩大是同汉代人对盐的需求增大相一致的。《汉书·赵充国传》记载："万二百八十一人，用谷月二万七千三百六十三斛，盐三百八斛。"《居延汉简考释》卷二和卷三分别记载了居延当地人们对盐的需求情况："出盐二石一斗三升，给令八戍卒七十一人，二月戊午"；"入盐八斗七升，给饼庭部卒三十人闰月食"。有关学者考证说，汉代每人每月对食盐的平均消费量当在3升左右，以汉代人口总数5000万来计算，每月需要消费盐150万斛，所以汉代许多地方诸侯王和私家商人都把煮盐贩盐看作生财暴富的有效途径。西汉年间的吴王刘濞，"东煮海水为盐，以故无赋，国用饶足"（《汉书·吴王刘濞传》）。

《盐铁论·复古篇》说，当时煮盐者的规模可以达到"一家聚众或至千余人"，用汉代文学贤良们的话说就是"盐与五谷同贾"（《盐铁论·水旱篇》）。盐和粮食作物的价格是不相上下的，由此，汉代私人盗煮盐的情况也就十分严重。尽管汉代政府基本上一直实行着盐专卖的政策，但是总的来看并不得力，并且也在相当一段时期对盐业生产实行了放任政策，即允许私人煮盐，政府则收取一定的盐税。如此一来，私人煮盐贩盐的势头也就大为增强了。如西汉末年的罗裒在巴蜀地区"擅盐井之利，期年所得自倍，遂殖其货"（《汉书·货殖列传》）。三国时期的孙权，一次就赐赠部下"盐五千斛以周丧事"（《三国志·吴书·朱桓传》）。由于盐生产规模的扩大和产量的普遍增加，盐的价格一般也比较低。《后汉书·虞诩传》李贤注引《续汉书》记载，当时的情况是"谷石千，盐石八千"，而"视事三岁，米石八十，盐石四百"。平均计算，盐价贱时每斤不足四钱。汉代各地盐的质量也在逐步提高。汉代文人徐干在描写这一时期盐业生产的盛况时说："若其大利，则海滨博诸，溲盐是钟，皓皓乎如白雪之积，鄂鄂乎若景阿之崇。"（徐干《齐都赋》，引《北堂书钞》卷一四六）汉代盐业的发展由此可见一斑。

❖ 汉代盐井凿井图

汉代食盐的生产过程和生产方法基本上是煮和晒。所谓煮盐，是利用以火煮沸海水和盐井中的咸水，待水蒸气蒸发消散后，以取得沉淀下来的固体盐晶，再经过进一步的煎制而做成可供人们使用的食盐。这种方法也是汉代最普遍的制盐手段。除此而外，汉代文献中也有有关煮咸土、煮咸石制盐的记载。《后汉书·南蛮西南夷列传》记载："地有咸土，煮以为盐。"《太平御览》卷八六五引《益州记》记载："汶山有咸石，先以水渍，既而煮之。"煮咸土和煮咸石看来多半出现于西南边地，它极有可能与西南地区的土壤构成和地质构造有关。汉代制盐的另一种方法是晒盐。所谓晒盐，是指借助日光释放的热能将咸水蒸晒而沉淀成盐。这一方法在汉代主要施用于池盐的生产和制成上。如晋代文人王廙在《洛都赋》中就曾说："河东盐池，玉洁冰鲜，不劳煮沃，成之自然。""不劳煮沃"，也就是晒制的盐不必再经过煎煮的程序。汉代文人郑玄在注《周礼·天官·盐人》时也提到了汉代时"出盐直用，不湅治"的情况。

我国今天的沿海盐场基本上都采用围田晒盐的方法来生产海盐。可见，汉代晒制成盐的技术工艺流传之久远和技艺之高明。对于井盐的生产制作，则首先是凿井取卤，然后将所取的卤水放置锅灶之上煎制。西南地区的盐井一般来说比较深，《论衡·别通》篇记载的“西州盐井，源泉深也”，就是指此而言。所以为提高取卤的效率，汉代在西南地区已逐渐采用机械提卤的方法。在四川出土的东汉画像砖上形象地刻画着这一过程的全貌：在盐井之上树立着木制高架，高架上安置着滑轮车，滑轮车用来转动系在绳索之上的吊桶。架子分两层，每一层上相对站立两人，两人用辘轳一上一下地提取卤水，然后将提取的卤水放入事先备好的锅灶上蒸煮，一时盛装不下的卤水则放置长方形的盐缸中储存。（参见刘志远《四川汉代画像砖与汉代社会》）

汉代煮盐的主要生产工具是铁盆，汉代人通常称它为“牢盆”。《史记·平准书》《索隐》引乐产的话说：“牢乃盆名。”《隶续》一书中记载了两件汉代牢盆的铭文，分别写明了这两件牢盆的重量：一件为“三百五十斤”，另一件为“二十五石”。这是已发现的汉代牢盆中形制和重量都比较大的一例。可以想见，汉代制盐的生产规模当是很大的。

汉代时期，煮盐所用的燃料除用薪柴外，也开始利用天然气作为煮盐的燃料。《华阳国志·蜀志》记载，临邛县有“火井”，“以竹筒盛其光藏之，可拽行，终日不灭”，“取井水煮之，一斛水得五对盐，家火煮之，得无几也。”在四川出土的汉代画像上，有数口盐锅支于灶火之上，灶火所用的燃料不是薪柴，而是来自于用管道相连的气体燃料。西南地区的地热资源十分丰富，汉代人完全有条件也有可能充分利用这一得天独厚的自然条件来用于生产和生活的需要。汉代也是我国乃至世界上最早利用天然气煮盐的朝代。

第七节　汉代的官商

官僚商人的出现，即所谓官商结合，是汉代商业经济发展中一个值得重视的现象。官僚商人是从西汉后期开始出现的，到东汉时便形成了有规模的官僚商人集团。

西汉武帝时，对官员的管理十分严格。政府官员不得经商，也不准利用手中的权力要挟和勾结商人，这也就是《汉书·食货志》中所说的不准“食禄之家兼取小民之利”。汉代政府一旦发现所属官员有违犯规定擅自从商的，则给予的惩处是十分严厉的。汉代政府为此将商人另立户籍，称为“市籍”。商人在汉代的社会地位很低，大约同贱民差不多。所以，官员经商从名誉上看也是很不光彩的。像汉代有名的酷吏张汤就是因为有人检举他和商人勾结而被迫自杀了。但是，警告也好，严惩也罢，最终都不能阻止汉代的官员们去向商人靠拢。汉代文献说：“今法律贱商人，商人已富贵矣；尊农夫，农夫已贫贱矣。故俗之所贵，主之所贱也；吏之所卑，法之所尊也。”（《汉书·食货志上》）可见，所谓“贱商”是一点都不贱的。商人靠手中积聚的钱财可以过着富比王侯的生活，尤其是当西汉中期政府发布“入粟拜爵”令以后，商人买官买爵已成合法，商人头上也开始罩上了官爵的光环。因此，大大小小的汉代官员们都把追商求富看作是致富发家的捷径。《后汉书·王贡两龚鲍传》记载，西汉元帝时，“诸曹侍中以上”往往“私贩”，即官员们大都做起了生意。因此，当时的御史大夫、汉代的大学人贡禹向朝廷奏请说：“近臣自诸曹侍中以上家亡得私贩卖”（《汉书·贡禹传》）。但是，这样的奏请对大官僚来说是不会有任何约束力的。《汉书·张禹传》记载，汉成帝时的丞相张禹，“内殖货财，……多买田至四百顷。”成帝时修建昌陵，一些朝中大官僚和皇帝近臣的家属子弟竟然垄断修建昌陵的各项采买业务并互相争斗，获得的暴利多达数千万铜钱。汉哀帝时，外戚曲阳侯王根在京师建造豪华庞大的宅第，住宅内设立有两个市场，公然在宅第内经商叫卖。西汉昭帝时，对商人实行放任政策，限制商人的均输平准政策也被废除。一些跻身上层社会的豪强富商不但陆续出现，而且也表现出明显的向官僚集团靠拢的趋向。

西汉权臣霍光当政后，便将大量的国家公田掌握在自己手中，然后以高额的租金转租给别人。霍光的儿子霍禹仗着他老子的权势，经营屠宰业并贩酒获利，在社会上有恃无恐，肆意妄为。霍光的心腹家臣张安世被当朝“尊为公侯，食邑万户”。但张安世公然藐视汉政府关于官员不得经商的有关规定和惩办条令，在他所属的地区内兴办产业，交易物资，只要是有利可图，哪怕是再小的生意买卖也从不漏掉。在张安世的府邸内，从事各种制作技艺的能工巧匠就达二百多人，这些人的身份实际上不过是任他使唤的家仆。张安世也由此在短期内迅速暴富。霍光及其家族和门僚的经营活动表明，一身三任的大地主大官僚大商人出现了，并且也成为官商结合为一体的开始。

但是西汉的那些富商大贾在政治上的地位和所能达到的权势仍然十分有限。这是因为，西汉政府一直牢牢控制着政治统治大权，商贾与官的结合还十分松散，公开的官商勾结也是不敢的。这种情形在汉武帝以前尤其明显，商人的政治背景和地方豪强的政治势力还不足以形成官商结合的条件。

东汉建立以后，情形大变，官商的地位开始逐渐明朗和确定。东汉的开国皇帝刘秀本人就是南阳的豪强商人地主出身，以商人地主为骨干的东汉政权对官员经商也就采取了一种放任和保护的政策。商人和官僚集于一身，使得商人在获利的同时还具有着前代商人在政治上所没有的荣显地位。历任顺、冲、质、桓四朝的大将军梁冀位列三公之上，封户达三万户。这样一个大官僚在东汉竟然“遣客出塞，交通外国，广求异物”，（《后汉书·梁冀传》），俨然成为一个有权势的大商人。东汉时期，在商业交易中出现了一个前所未有的奇特现象，汉代文献将它称作“辜榷”。所谓“辜榷”，《后汉书·灵帝纪》注引《前书音义》解释说：“障余人卖买，而自取其利。”即政府官员通过行使权力而垄断市场交易过程的某一行业、某类产品、某项销售以至限定价格等，来达到赚取赢利的目的。通俗点说，也就是垄断经营。什么人才能做到这一点呢？只有官员办得到，只有手中被赋予了政治和行政权力的人才办得到。《后汉书·灵帝纪》记载：“初置騄骥厩丞，领受郡国调马，豪右辜榷马，一匹至二百万。”这样高的利润，一般的贩马商绝无可能获得，只有豪右办得到，而这样的豪右如没有权势或官僚撑腰，也同样办不到。东汉晚期，手握重权的宦官人等依势纵横，染指商业。臭名昭著的宦官十常侍垄断市场，财利尽归他们所有。《后汉书·宦者列传》说，十常侍的“宾客典据州郡，辜榷财利”。可见，如果不是在朝中或官场上有很大的权势，纯粹的一介商贾，即使是富比王侯的大商人，恐怕也很难能够垄断市场。权与钱的交易、官与商的勾结，才是市场垄断的前提条件。

东汉官僚经商，已是一种常见的现象。《太平御览》卷八三八引《三国典略》说：“李岳，字祖仁，官至中散大夫。尝为宾客所说，举钱营生，广收大麦，载赴晋阳，候其寒食，以求高价。清明之日，其车方达，又从晋阳载向邺城，路逢大雨，并化为泥，息利既少，乃至贫迫，当世人士，莫不笑之。”像李岳那样根本不懂经商之道且近乎愚笨的官僚尚且如此热衷于经商获利，甚至做了赔本生意，成了世人笑谈之料，一般稍有头脑的官员更不可能坐视商利而无动于心。

东汉时期，在官僚当中也出现了私放公款的现象。即官员在自己的岗位上挪用公家钱财而到民间放高利贷，从中收取大笔的利钱，揣进自己的腰包。《后汉书·虞诩传》记载：“永平、章和中，州郡以‘走卒钱’给贷贫人，司空劾案，州及郡县皆坐免黜。”州郡的长官竟然挪用手下人的工资而到民间放贷获利，丝毫不顾及部下僚佐起码的衣食生活所需，说明汉代的官僚已将获利的视角转到了货币领域，这似乎是一条更为便捷的生财之道。东汉晚期，一些有钱财的商人为寻求政治靠山，选择了投靠宦官的道路。而宦官为了同外戚争夺政治权力，也愿意任用和吸纳一些失意官僚和下层豪强，包括一些商人，来作为自己的社会基础。而商人所处的地位，尤其是家有市籍的商人，却是被一些由“孝廉”“名士”出身，仕途顺达并自命“清流”的衣冠望族、官僚士人所不屑一顾的。商人们即使有钱也还是出身微贱，“贾竖之事，污辱之处”，就社会的普遍心理而言，对商人所持的鄙视态度是没有什么变化的。因此，商人要想不被别人压倒，就必须寻求政治上的庇护。商人奔走于宦官的门下，向宦官送礼送钱。宦官则纳贿无厌，垄断交易，变卖赃货。《后汉书·杨彪传》记载：“黄门令王甫使门生于郡界辜榷官财物七千余万。”宦官此时也兼任了商人的角色，这一角色是以为官做背景的。

有关东汉宦官掠取商利的记载很多。《后汉书·张让传》记载：“(张) 让有监奴典任家事，交通货赂，威形喧赫。”这是宦官头子张让驱使家中恶奴从事经商活动的一例。同书记载：“扶风人孟佗，资产饶赡，与奴朋结，倾竭馈问，无所遗爱，奴咸德之，问佗曰：‘君何所欲？力能办也。’曰：‘吾望汝曹为我一拜耳。’时宾客求谒让者，车恒数百千辆，佗时诣让，后至，不得进，监奴乃率诸仓头迎拜于路，遂共舆车入门。宾客咸惊，谓佗善于让，皆争以珍玩赂之，佗分以遗让，让大喜，遂以佗为凉州刺史。”《后汉书·张让传》引《三辅决录注》说：“佗字伯郎，以蒲陶酒一斗遗让，让即拜佗为凉州刺史。”不管用了哪种手段，这个商人孟佗做官的目的是达到了。东汉宦官的势焰何其嚣张，由此可见一斑。商人认准了这一点，便会想尽各种办法来达到接近宦官的目的。

东汉的许多商人除了走攀附宦官的路以外，也纷纷投效官僚士人的门下，以便谋官求职。史载："市贾小民，为宣陵孝子者，复数十人，悉除为郎中、太子舍人。"（《后汉书·蔡邕列传》）这些商人用手中的钱财行贿权贵，做了过去只有士人才能做的郎中等官，而且做官的人也不在少数。

后汉人张钧在给灵帝上书时认为，张角之所以能兴兵攻汉，而且天下之人纷起响应，是因为"其源皆由十常侍多放父兄、子弟、婚亲、宾客典据州郡，辜榷财利，侵掠百姓"（《后汉书·张让传》）。宦官经商在东汉已较普遍，这是东汉末年官商合流的一个突出特点。

东汉卖官卖爵的情况十分严重，从汉安帝和汉桓帝时起，就已卖官鬻爵。到汉灵帝时，已发展成为不可遏止的滥恶现象。《东汉会要》记载："光和元年初开西邸卖官，自关内侯虎贲羽林入钱各有差。"钱多的放官大，钱少的放官小。《东汉会要》又开列了卖官的价码："又私令左右卖公卿，公千万、卿五百万。"《艺文类聚》引《七家后汉书》记载："灵帝欲以羊续为太尉，时拜三公者，输东园礼钱千万。"《后汉书·崔寔列传》记载："中平四年，卖关内侯，假金印紫绶，传世，入钱五百万！……其富者则先入钱，贫者到官而后倍输。"汉代士人崔烈出钱五百万，买了司徒一职。皇帝后来召见时看他有钱，后悔当初少要了另外五百万，历史上的铜臭之名就出自这个典故。这样的卿守为政如何，自然不难想象。就是这样一个有铜臭之名的人，后来竟然做了太尉，主管国家的国防军备大事。在东汉晚期，即便是功绩声誉都十分隆盛的人，若不拿钱来，也休想做官。《后汉书·崔骃列传》说："是时段颎、樊陵、张温等虽有功勤名誉，然皆先输货财而后登公位。"如此的高价卖官，也只有有钱的富商能够买得起。明末清初的著名学者王夫之总结东汉历史时评价说："卖官之令行，则富者探囊而得，狡者称贷以营，旦市井而夕庙堂，……而立国之纪，扫地而无余。"（王夫之《读通鉴论》）此言揭示了东汉社会极度混乱的商业市场情况。买官的人中固然有士人，但更多的是富人商人。卖官鬻爵不但使官商结合的步伐大大加快，也进一步加速了东汉王朝的衰败过程。

汉代追商逐利之风的盛行，使社会世风对商业商人的认可度大为增强。西汉时的人们就普遍认识到"刺绣文不如倚市门"。汉代人的义利观在发生变化，汉代人对商政关系的理解也在逐渐深刻。汉民谣中说："古人欲达勤诵经，今世图官勉治生。""何以孝悌为，财多而光荣！"正说明汉代人不再囿于经学的束缚，而更为看重经济价值的存在。

东汉官僚商人的形成和发展，其主要之点并不在商。官，才是它的本位和根基，商服从于官。在皇权政治下，商的真正归宿并不是市场，而是土地，是小农制经济的变态的恶性膨胀。商人若不成为地主，就难得存在长久；商人若不和官相连，也是市场之波中的浮萍。因此，东汉官僚商人的发展，除了这个专制王朝本身的特定历史条件下所具有的因素外，又是古代皇权官营商业思想和传统流变的必然结果，是对极权政治下商业政策和独占商业的一个极有效的补充。这同样是理解中国古代商业历经数千年的途程而仍然不能够迈入自由商业市场的最重要的历史原因。

第三章

秦汉时代的文化生活

第一节　秦汉谣谚与世风

有关汉代事件的著述，除《史记》《汉书》《后汉书》及稍后出现的《三国志》外，还有为数不少的私家著作，如《汉纪》《后汉纪》《七家后汉书》《三辅黄图》《四民月令》等；但这些作品都仅是从一个方面或从断代史的角度而作，其中作者个人的认识倾向和思想观点十分鲜明，因而就不免带有一定的片面性和主观随意性。又因为两汉时期只重官学而轻视私学，相关的文献记载大多出自官府和在朝廷中任职的文人之手，因此能够反映社会生活面貌的大众文学和大众史学就显得很薄弱。尽管如此，民间所广泛流传的民俗谣谚还是为我们传递了汉代社会生活的许多内容和信息资料。今天看来，这些民谣民谚的价值完全是正史和私家著述不能替代的，很多材料甚至是独一无二的。

汉代民间谣谚涉及的内容和领域相当宽广，观察的视点既准确又尖锐，文笔简洁精当，其文词所表达的情感和哲理丰富又深刻，使人读后不能不对它产生系列性的联想和回味。汉代的民间谣谚又至为优美舒展，对人物性格和事件的刻画入木三分，是优美的文学亦是精当的史学，是汉代民俗风物的真实写照。

汉代谣谚的篇章中有许多关于从政为官的总结性格言。《古谣谚·韩婴引鄙语二则释诗》记载：“不知为吏。视已成事。”意思是说：如果一个人做了官却又不知该如何做这个官，怎么办呢？那也简单得很，看看前人是如何做的，你照着做就是了。这实际上是对汉代许多官吏为官不思进取、才庸学浅、只会依样画葫芦的辛辣嘲讽。汉代的官吏中有许多人既无军功又无真才实学，靠什么当了官呢？原来，汉代的郎官中有很多人是承袭父兄的官职而来的，就是现在常说的纨绔子弟；也有相当一部分人是捐了钱财买个官做。汉武帝时期曾为解决边地军粮实行过“入粟拜爵”，商人往边地输粮可以得到汉朝的封爵。爵位在汉代是同官职相连的，有了爵位就有得官做，所以汉代的许多商人靠入粟实边而获得了爵位，进而跻身于官僚行列。可以想见，如此的官吏会是什么样子。汉代谣谚说：“前车覆而后车不诫。”实际上就是针对上述一班人而言的。这则谣谚今天已成为中华民族流传千古的名句，不过在词句上有些调整，其含义未变。但却可以看出，汉代的一些为官之人，是根本不愿也不可能做“后车之诫”的。“前事之不忘，后事之师也”（〔清〕杜文澜《古谣谚·贾生引野谚》，中华书局1958年1月第1版）是汉代民人对往昔历史所作的最深刻总结，它强调了历史的继承性，更看重在历史的发展中应该丢掉什么抑或发扬什么。

“山居耕田苦。难以得食。直而为吏。身贪鄙者余财。不顾耻辱。身死家室富。又恐受赇枉法。为奸触大罪。身死而家灭。贪吏安可为也。念为廉吏。奉法守职。竟死不敢为非。廉吏安可为也。楚相孙叔敖。持廉至死。方今妻子穷困。负薪而食。不足为也。”（〔清〕杜文澜《古谣谚·优孟歌》，中华书局1958年1月第1版）它是对贪鄙之官的控诉。正是那些贪官们，生前不知廉耻，死后又为家族亲友聚敛了富比王侯的财富。民谚以“廉吏不可为”痛斥了贪吏的横暴，在这样的社会环境下，好官难做，好人难当，汉代的千百万民众实则在呼唤为官清廉的太平盛世的出现。这是何等强烈的反衬之笔啊！

汉民谣中又说：“谨上操下。如束湿薪；出居安能郁郁；欲投鼠而忌器；画地为狱议不入。刻木为吏期不对；何以礼义为。吏书而仕宦。何以谨慎为。勇猛而临官。”均是意在说明为官治政所将面对和所应应对的事件和策略。汉代皇权制下的社会民俗世风，由此可见一斑。

汉代谣谚中也不乏对清正廉洁之官的称颂之词。“大冯君。小冯君。兄弟继踵相因循。聪明贤知惠吏民。政如鲁卫德化钧。周公、康叔犹二君。”（〔清〕杜文澜《古谣谚·上郡民为冯氏兄弟歌》，中华书局

❈ 东汉鸣钟吹管酣讴竞路图

1958年1月第1版）“王阳在位。贡公弹冠。”（〔清〕杜文澜《古谣谚·汉世称王贡语》，中华书局1958年1月第1版）“邺有贤令兮为史公。决漳水兮灌邺旁。终古舄卤兮生稻粱。”（〔清〕杜文澜《古谣谚·魏河内民为史起歌》，中华书局1958年1月第1版）这些造福一方的好官是人民咏叹歌颂不尽的，是正义和美善的化身。民谚在此对汉代好坏官吏的描绘不正是表达了一种内心的声音吗？

先秦至汉代，中国传统文化十分强调尊贤礼士之风。汉代谣谚在这方面自然不能不有所传播。“相马失之瘦，相士失之贫。”（〔清〕杜文澜《古谣谚·褚先生引谚论东郭先生》，中华书局1958年1月第1版）是说不要因为读书人贫贱而不重视他。“人貌荣名，岂有既乎。”（〔清〕杜文澜《古谣谚·太史公又引谚论游侠》，中华书局1958年1月第1版）是说人才不是可以凭借外貌来衡量的。

《古谣谚·太史公引谚论佞幸》条说：“力田，不如逢年。善仕，不如遇合。”实际是说千里马和伯乐要相遇相知才行，也就是说，人才的发现和使用要有好的客观环境才行。“桃李不言，下自成蹊。”（〔清〕杜文澜《古谣谚·太史公引谚论李广》，中华书局1958年1月第1版）《古谣谚·时人为扬雄桓谭语》条载：“扬子云之篇，乐于居千乘之官。挟桓君山之书，富于积猗顿之财。”这是对当世学人何等崇高的评价。关于这则谣谚，司马迁在《史记·李将军传赞》中是这样解释的：“余睹李将军，悛悛如鄙人，口不能道辞。及死之日，天下知与不知，皆为尽哀。彼其忠实心诚，信于士大夫也。”士人以他的品德高洁赢得天下人的尊敬，又何须在意是否善辞令呢！相反，孔子说：“巧言令色，鲜矣仁。”（《论语·学而》）意思是说，善于花言巧语、谄媚奉承的人，仁德大概不会太多，也就不是什么好东西了。所以清代学者杜文澜才说：“此言虽小，可以喻大也。”这个“喻大”就是对天下才俊之士的“识”与“信任”。

作为史料价值极高的谣谚，在对汉代政局的评述上也有十分具体而精彩的段落。“诸吕用事兮刘氏危。迫协王侯兮强授我妃。我妃既妬兮诬我以恶。谗女乱国兮上曾不寤。我无忠臣兮何故弃国。自决中野兮苍天举直。于嗟不可悔兮宁早自贼。为王而饿死兮谁者怜之。吕氏绝理兮托天报仇。”（〔清〕杜文澜《古谣谚·赵王友歌》，中华书局1958年1月第1版）西汉初年，汉高祖刘邦死后，以吕后为代表的外戚集团独揽朝政，汉朝政局险象环生。上则谣谚对此妙笔刻画，使人们不难发现其间的政治风云变幻。

“曹参代之。守而勿失。载其清静，民以宁一。”（〔清〕杜文澜《古谣谚·画一歌》，中华书局1958年1月第1版）曹参为西汉初年继萧何之后的朝廷丞相，用现在的官职推比相当于国务院总理。在汉初六七十年的经济恢复和发展中，曹参遵循前任丞相萧何的治政方针，凡事无所变更，与民休养生息，因此就有了汉代民人的十六字谚语相传。如果参阅《史记》和《汉书》的相关“书”“志”“传”，我们会发现，《画一歌》无疑是一则准确无误的文献资料。

除治政方面外，有关教子育人、社会风情、尊老尚贤、民人生活、自然万物、婚丧嫁娶等，汉代的民谣民谚也是丰富多彩的。

“人而无恒，不可以为卜筮。”是说一个人做事不能坚持不懈，就不会有所成就。

“儿妇人口不可用。”是对世事人情的深刻总结。

“三岁学，不如一岁择师。”“孤犊触乳，骄子骂母。”“骄子不孝。”是说骄纵子女等于杀伐他们，骄纵者本人也不会有善终。

“人莫知其子之恶，莫知其苗之硕。”是说父母因疼爱儿女，很少去也不愿意去正视儿女身上的缺点过失。

“熊罴眼直，恶人横目。”是从直观上来观察、分析、区别善恶之人。

※ 汉代牧牛图

对动物习性的描绘有的很有趣，如："鸠食桑葚则醉。猫食荷则醉。虎食狗则醉。豺群噬虎。瘦如豺。狼卜食。薄荷醉猫。死猫引竹。鸳交颈而感，鸟傅涎而孕。天将雨。鸠逐妇。鹭鸶相逐成胎。鸮无舌。兔无脾。蚊有昏市。一亩之地。三蛇九鼠。"

对植物果木特色的记载有："梅华优于香。桃华优于色。白头种桃。桃三李四。梅子十二。梨百损一益。（木瓜）百益一损。荷华日舒夜敛。芡华昼合宵炕。藕生应月。月生一节。闰辄益一。"这些富有科学意义的总结今天仍然不失它的价值。

对各地风物人情，汉代谣谚也不乏神来之笔。如江浙一带："其山崔巍以嵯峨，其水溢沓而扬波，其人厹砢而英多。"扬雄赋记蜀地童谣："阳雀叫，鹎鹁央。商山四皓，不如淮阳一老。"楚地："牵牛径人田，田主夺之牛。"对商人经商和贾作，汉代谣谚的许多词句令人过目不忘。西汉初年就有所谓"用贫求富农不如工，工不如商，刺绣文不如倚市门"之语，如："百里不贩樵，千里不贩籴。"汉代因交通不便，所以商人转输货物劳顿，像柴薪和粮米一类的货物一则路远，二则各地均有，因而远途贩卖这些商品货物是赚不到什么钱的。"千金之子，不死于市。"因为富有，故可以财产抵罪。商人必须有精密的计算头脑才行，即"研桑心算"。"古人欲达勤诵经，今世图官勉治生。何以孝悌为，财多而光荣。"可见人们的思维观念在发生变化，重商意识越来越强。汉代世风从轻商到重商，呈现出微妙的社会变化。

对妇女生活的许多内容，汉代谣谚也多有记载。如《古谣谚·华容夫人歌》中唱道："发纷纷兮寘渠，骨藉藉兮亡居。母求死子兮妻求死夫。裴回两渠间兮君子独安居。"一幅丧夫失子之妇的凄苦画面跃然笔端。如："生男无喜。生女无怒。独不见卫子夫霸天下。"倡导男女平等，是对汉代溺婴恶俗的有力抨斥。"美人荧荧兮，颜若苕之荣。命乎命乎。逢天时而生，曾无我赢。彼妇之口，可以出走。彼妇之谒，可以死败。美女入室，恶女之仇。"活脱脱勾画出妒妇的心态特征和状貌言行。

对一代名士的歌颂也是汉代谣谚的一个主要内容。"谷子云笔札，楼君卿唇舌。"是讲谷永的一支笔可以产生生花之作，而楼护的精言论辩又可以使众人敬畏心服。《古谣谚》所记这方面的作品很多。

"五经复兴，鲁叔陵。"

"厥德仁明，郭乔卿。忠正朝廷上下平。"

"道德彬彬，冯仲文。"

"前有召父，后有杜母。"

"桑无附枝，麦穗两岐。张君为政，乐不可支。"

"廉叔度，来何暮。不禁火，民安作。平生无襦今五绔。"

"贾父来晚，使我先反。今见清平，吏不敢饭。"

"问事不休、贾长头。"

"弃我戟，捐我矛。盗贼尽，吏皆休。"

"行行且止，避骢马御史。"

"殿中无双，丁孝公。"

"张直自遂，南阳宁李。吏畏其威，人怀其惠。"

"万事不理，问伯始。天下中庸，有胡公。"

"徒见二千石，不如一缝掖。"

"关西孔子，杨伯起。"

"邑然不乐，思我间君。何时复来，安此下民。"

"五经纵横，周宣先。"

"荀氏八龙，慈明无双。"

"车如鸡栖马如狗，疾恶如风朱伯厚。"

"天下规矩房伯武。因师获印、周仲进。"

如此等等，不一而足，其间或是讴歌正直廉吏，或是赞叹道德文章俱佳的文士学人，或是树立疾恶如仇、关怀百姓疾苦的无畏勇士，或是奖掖勤政智慧、学富五车的贤官名相，其所占篇幅为汉代谣谚各项之首。这是为什么呢？它说明，汉代民人在生活中，希望出现更多的贤能爱民之官。这是他们的心底之愿，亦是他们的切肤之痛。所以，汉代谣谚中才会屡屡出现"安所求子死，桓东少年场。生时谅不谨，枯骨后何葬"这样的悲愤之作和"千人所指，无病而死"这样的抗争之词。毫无疑问，人民对安定生活的渴望，对汉代社会时局的关切不可谓不忧虑至极。在这样的层面上，也是不难体会到汉代世风的一个侧面的。

对两汉时期的选士用人制度，汉代谣谚揭示了它的本质特征。《古谣谚·桓灵时人为选举语二则》记载道："举秀才，不知书。察孝廉，父别居。寒素清白浊如泥，高第良将怯如鸡。"汉代政府自认为制定完备的察举、孝廉等选官制度，其执行过程中竟是选拔培育了这样一批文不知书、武不荷戟的庸碌之人。所由入仕的途径何来呢？除前述荫袭的郎官外，还有买官买爵而来。今人在阅读清史文献和作品时感慨于当时“捐纳”制度的黑暗，殊不知在先于清代两千多年的汉代即已存在这样的肮脏勾当。汉代政风如何，岂不是不言自明吗？

汉代谣谚对汉朝中央政权与少数民族之间的战争以及这种战争给人民造成的苦痛也作了如实的记录。《续汉书·五行志》载：“小麦青青大麦枯，谁当穫者妇与姑。丈人何在西击胡。吏买马，君具车，请为诸君鼓咙胡。”《华阳国志》载：“安汉吏取粮，令为之偿。”从这里不难看出汉代当时的西部地区同中原地区经济、文化的往来。

对汉代的当世贪官，民人谣谚做了大胆辛辣的嘲讽。“城上乌，尾毕逋，一年生九雏。公为吏，子为徒。一徒死，百乘画。车班班，入河间，河间姹女工数钱。以钱为室金作堂，石上慊慊舂黄粱。梁下有悬鼓，我欲击之丞卿怒。”汉代谣谚对农业耕作生产和水力兴修也多有记录。《氾胜之书》载“顷水比亩善”，是讲农耕时土地肥力的重要性，地不在多而在精，因而有此语。“子欲富，黄金覆。”“高田种小麦，终久不成穗。”是说种植小麦时要保持麦穗间的一定间隔，不可太过稠密，要适时锄耘，同时以锄下的杂草和杂叶杆护住麦根，如此可以得到成倍的收成。又《四民月令》记载：“二月昏，参星夕。杏花盛，桑叶赤”，是对桑作的季节得出的科学总结。“蜻蛉鸣，衣裘成。蟋蟀鸣，懒妇惊。河射角，堪夜作。犁星没，水生骨。”后来的农书《齐民要术》曾说“智如禹汤，不如常耕”，实际上是对汉代农业生产所作的经验总结，即一言以蔽之，农耕需要平时悉心护养，如果三天打鱼两天晒网，即使技术再好也是不成的。

对人们衣着冠服的描述，蔡邕《独断》引谣谚说：“王莽秃，帻施屋。”本来着帻的人，是自古以来卑贱没有地位之人所穿的服饰，但最初帻服是没有巾饰的，汉末的王莽因为秃头，不得已而戴了头巾。从这里，我们倒是对汉代民人的服装有了更直观的认识。同贪官、昏官相对照的是清廉、勤智之官，汉代谣谚记述了很多官吏中正面形象的事迹。《古谣谚》记载：“君不我忧，人何以休。不行界署，焉知人处。”这一条说的是东汉时的弘农县令吴韦占在任职期间劝善惩恶，打击贪黩，劝民垦耕，安宁一方，弘农县政通人和、粮食丰收的喜人景象，所以当地的儿童们最先唱起了这首谣谚歌。《古谣谚·京师为鲍宣鲍永鲍昱歌》写了东汉的司隶校尉鲍子都与其子鲍永、其孙鲍昱三世为司隶校尉之官，祖孙三人都恪守勤政廉洁之风，后来虽然被封为一等公爵，但出行往来却是骑乘极为普通的骢马，因而在当时的京都洛阳到处都有人唱："鲍氏骢，三人司隶再入公。马虽疲，行步工。"《古谣谚·汲县长老为崔瑗歌》载："上天降神明，锡（赐）我仁慈父。临民布德泽，恩惠施以序。穿沟广灌溉，决渠作甘雨。"时任汲县令的崔瑗开沟造稻田，一些盐碱之地经过整修冲刷变成了肥力很高的良田沃土。汲县百姓的生活也由此而安康，境内的许多有威信的老人们便写出了这首歌。在民人眼中，勤政为民之官是慈父，是上天降临世间的神明，这种神明所带给百姓的是德泽和恩惠。它也正是汉代世风的另一面——一个灿烂多姿的治世之面。汉代之所以成为中国兴盛的朝代之一，也正是由于有许多上述一班官吏的勤工勤政。谁对世风看得最清楚呢？是世间的民人。他们亲历沧桑世事，他们从社会生活的真实感受和经历中最为准确地把握着时代的脉搏，所以民间谣谚哪怕是三言两语，也常常是一矢中的，好坏都看得很清楚。类似的谣谚如："我府君，道教举。恩如春，威如虎。刚不吐，弱不茹。爱如母，训如父。""德行堂堂，邢子昴"等。这说明，汉代民人谣谚对勤政之官的歌颂与对贪庸之官的嘲骂同样是很少遗漏的。

对汉代建筑的描绘记载，汉代民间谣谚也多有所录。《古谣谚·繁钦引凤阙古歌》条载："长安城西有双阙，上有双铜雀。一鸣五谷成，再鸣五谷熟。"清代学者杜文澜据《三辅黄图》卷二记载："建章宫左凤阙高二十五丈。建章宫门北起圆阙，高二十五丈，上有铜凤凰。……建章宫中有凤凰阙，汉武帝造，高七十丈五尺。秦汉规模，廓然泯毁，惟建章凤阙，耸然独存。虽非象魏之制，亦一代之巨观。"像这样的大型而装饰复杂的建筑，可以看出汉代建筑工艺的天工之美。

在立志为人、处事修身方面，汉代谣谚所反映的史实也是十分丰富的。《古谣谚·贾谊引周谚》记载："君子重袭，小人无由入。正人十倍，邪僻无由来。"这同孔子所说的远小人、亲贤者道理是一致的，并且它也是汉代所倡导的一种风尚，因为汉代从总的方面来说是重儒教的社会。《古谣谚·刘向引谚》条说："诚无垢，思无辱。"将诚和思作为不招致毁谤和污辱的两个基本立向准则，也就是强调一要诚信、二要思

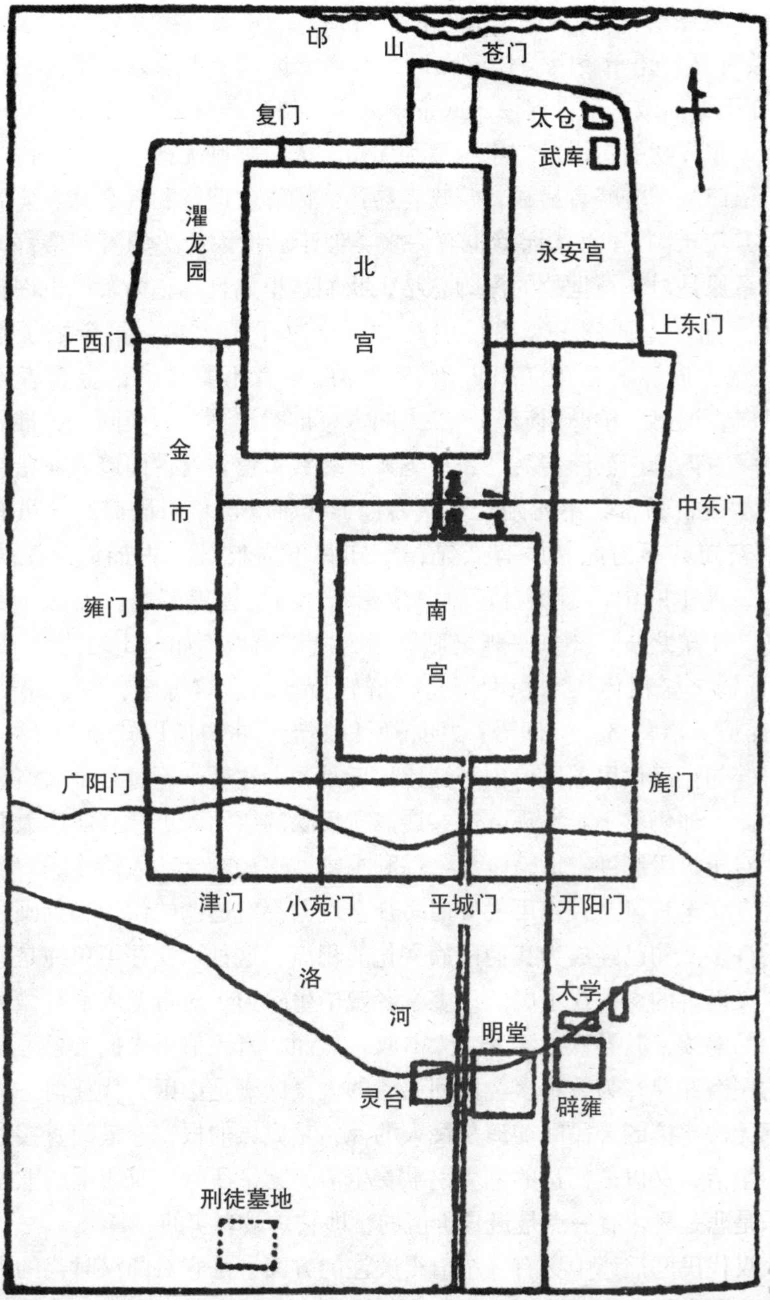
邙
山
苍门
复门
太仓
武库
濯龙园
北宫
永安宫
上西门
上东门
金市
中东门
雍门
南宫
广阳门
旄门
津门
小苑门
平城门
开阳门
洛
河
太学
明堂
灵台
辟雍
刑徒墓地

❖ 汉代洛阳城

考，既老实办事做人，又不人云亦云，踏实而有主见。《古谣谚·又引谚论长短》条："侏儒见一节而长短可知。"《古谣谚·徐斡引古人歌》："相彼玄鸟，止于陵阪。仁道在近，求之无远。"《古谣谚·傅玄引谚》："巧诈不如拙诚。"《古谣谚·武帝策问引古语》条载："良玉不辨。"《古谣谚·东方朔引古语》："水至清则无鱼，人至察则无徒。"《古谣谚·李固引语曰》："峣峣者易缺，皎皎者易污。阳春之曲，和者必寡。盛名之下，其实难副。"汉代谣谚也有许多类似于后世人所称的警句格言，这些辞章原是对人情世故的深刻总结，我们这里姑且称它为杂谚也许较为妥切。如《古谣谚·袁盎传引》："千金之子不垂堂，百金之子不骑衡。"《古谣谚·公孙弘引古语》："揉曲木者不累日，销金石者不累月。"《古谣谚·桓谭引谚》："二人同术，谁昭谁冥。二虎同穴，谁死谁生。"《古谣谚·蔡泽传》："长袖善舞，多钱善贾。"《古谣谚·晁错传语曰》："变古易常，不死则亡。"《古谣谚·韩安国传引语曰》："虽有亲父，安知其不为虎。虽有亲兄，安知其不为狼。"《古谣谚·王夫人传》："蓬生麻中，不扶自直。白沙在泥，与之皆黑。"《古谣谚·卫鞅传》："千羊之皮，不如一狐之腋。千人之诺诺，不如一士之谔谔。"又《古谣谚·张仪传》："积羽沉舟，群轻折轴。众口铄金，积毁销骨。"《古谣谚·诸葛恪》引俚语："明镜所以照形，古事所以知今。"这样的格言警句在汉代民谣民谚中可谓比比皆是，上述所举不过是个大概。即便如此，却仍然不难发现，这些谣谚所反映的层面和思想着实广大而深刻，对于等级制度、世事沧桑、逐利求富、道德纲常、人情冷暖、社会环境、文士骨风及人言可畏等诸多社会现象都有透彻的认识和刻画，其中的许多文句已经成为我们民族文化的积淀。这种积淀并不单纯是就一个意义而讲的，古代中国的许多学者曾毕生致力于对古圣先哲"微言大义"的解读，其卷帙之浩繁令人浩叹。然而，真正值得人们去思考和诠释的民俗经典却为数不多。民间谣谚的大气磅礴是中国古代任何一家学说都无法比拟的。民间谣谚是民人的魂，是民族的根，它最为直接地来自于生活，又以最畅达的笔墨讴歌着生活，无论所咏所叹所唱所歌是苦是乐是悲是喜，有一点是最具价值的，即它是最真实的。

汉代民间谣谚中更有一个值得关注的方面，是它对两汉时代的人民反抗斗争寄予了深厚的同情和真实的记录，如《古谣谚·更始时南阳童谣》记载："谐不谐，在赤眉；得不得，在河北。"对西汉末年农民起义及后来的失败做了中肯的分析。《古谣谚·东方朔为王匡廉丹语》：“宁逢赤眉，不逢太师。太师尚可，更始杀我。”可见汉末的政府军与农民起义军在民人心目中的地位，汉代统治者的残暴把大部分民人推向了赤眉起义军一边。所以汉代民人才唱出“千人所指，无病而死”。对欺压民人的赃官恶吏发出心底的诅咒，是对腐败王朝的诅咒。

汉代谣谚是汉代世风的真实写照，是了解汉代社会的信史。限于篇幅，撷取之数还不足以反映其全貌，对汉史感兴趣者，在阅读大量的汉代谣谚中也许会对汉代的世风世貌所悟更多，这是必要而又有意义的一件工作。

第二节　汉代书籍与文具品

一、汉代的书籍

汉代的书籍，是一个值得人们谈说的话题。汉代以前，书籍是写了一些，但总的来说不多，这有两个原因：一是用于书写的工具和材料太简单粗糙，像简牍这一类材料太笨重；丝帛又太昂贵，使用起来不方便。另一个是秦末焚书，被烧了不少。项羽在反秦时一把火烧了秦宫室，有多少图书在其中被烧也未可知。但这也仅是就官方来说的，而在民间，私人著书和藏书的情况尽管没有详尽的记载见于文献，但就汉代著录的情况来看，应当不在少数。

《汉书·艺文志》的一段记载颇值得注意。“汉兴，改秦之败，大收篇籍，广开献书之路。迄孝武世，书缺简脱，礼坏乐崩，圣上喟然而称曰：‘朕甚悯焉！’于是建藏书之策，置写书之官，下及诸子传说，皆充秘府。至成帝时，以书颇散亡，使谒者陈农求遗书于天下。诏光禄大夫刘向校经传诸子诗赋，步兵校尉任宏校兵书，太史令尹咸校数术，侍医李柱国校方技。每一书已，向辄条其篇目，撮其指意，录而奏之。会向卒，哀帝复使向子侍中奉车都尉歆卒父业。歆于是总群书而奏其《七略》，故有《辑略》，有《六艺略》、有《诸子略》、有《诗赋略》、有《兵书略》、有《术数略》、有《方技略》。”这个说明汉代书籍情况的文献记载，大约反映了以下几个问题：首先，先秦以来的民间书籍不在少数。《七略》的内容涉及很广，也只是一个目录。这样大的一个书籍数字，在两汉初年是不可能被当时人一蹴而就的，相当一部分书籍是先秦以来流传和积累下来的，但这种流传和积累更多地来自民间和私人著述，也不排除汉朝当时人造了一些伪书，像汉代的经今古文之争，原因就是因为伪古文尚书在作祟。其次，汉初“大收篇籍”，即鼓励民间向政府献书。这种鼓励在当时还表现为政府出资向民间藏书者购买，所以人们献书的热情很高，书籍的增多在汉初也就成为一种必然的现象。这种宽松的文化政策，想必对汉朝当时人的文化创作会有极大的促进和激励作用。再次，汉代政府“建藏书之策，置写书之官，下及诸子传说，皆充秘府”。可见汉政府对书籍搜集和管理的重视。汉政府设置相应的职官对图书的写作进行管理，同时又对政府的藏书做了统一规定。在武帝以后，特别是东汉时期，汉政府除设有太史令主管皇家图书秘籍之外，也建有诸如兰台、东观一类的藏书阁以收藏图书。可以说，中国古代图书馆阁和图书管理制度的建立，以及相关的职官制度和修史制度的确立当始于汉代。

汉代有了正规的目录学著作，这是汉代书籍发展的最有力证明。《汉书·艺文志》就是这样的目录学著作，而且是至汉代为止第一部目录学著作，影响很大。唐修《隋书》时编写了《经籍志》，其来源便是《汉书·艺文志》。我们今天讲汉代的书籍，其文献征引和史料来源也大多出自《汉书·艺文志》。

汉代的书籍究竟有多少，这是一个不太好确定的数目。首先，汉代的书家（即作者）是一个无法确定的数字；其次，按照学派和学派内部的分支，也是一个并非容易明确的数字，特别是民间藏书家和民间作者所持有的书籍到底有多少，便不好估量；再次，汉代成篇的书籍与成卷的书籍是一个什么样的关系，两者的差别是什么？还是双方可以互用，而且现存的书目是否真有其书？所有这些对于统计汉代书籍都是不能回避的问题。但是不是就因此而没有一个起码的大概数目呢？当然不是。以《汉书·艺文志》的记载，各家书目的情况大致是：“凡《易》十三家，二百九十四篇。……凡《书》九家，四百一十二篇。……凡《诗》六家，四百一十六卷。……凡《礼》十三家，五百五十五篇。……凡《乐》六家，百六十五篇。……凡《春秋》二十三家。……凡《论语》

十二家，二百二十九篇。……凡《孝经》十一家，五十九篇。……凡小学十家，四十五篇。……凡六艺一百三家，三千一百二十三篇。……右儒五十三家，八百三十六篇。……右道三十七家，九百九十三篇。……右阴阳二十一家，三百六十九篇。……右法十家，二百一十七篇。……右名七家，三十六篇。……右墨六家，八十六篇。……右纵横十二家，百七篇。……右杂二十家，四百三篇。……右农九家，百一十四篇。……右小说十五家，四千三百八十篇。……凡诸子百八十九家，四千三百二十四篇。……右赋二十家，三百六十一篇。……右赋二十一家，二百七十四篇。……右赋二十五家，百三十六篇。……右杂赋十二家，二百三十三篇。……右歌诗二十八家，三百一十四篇。……凡诗赋百六家，千三百一十八篇。……吴孙子兵法八十二篇。……右兵权谋十三家，二百五十九篇。……右兵形势十一家，九十二篇，图十八卷。……右阴阳十六家，二百四十九篇，图十卷。……右兵技巧十三家，百九十九篇。……凡兵书五十三家，七百九十篇，图四十三卷。……右天文二十一家，四百四十五卷。……右历谱十八家，六百六卷。……右五行三十一家，六百五十二卷。……右蓍龟十五家，四百一卷。……右杂占十八家，三百一十三卷。……右形法六家，百二十二卷。……凡数术百九十家，二千五百二十八卷。……右医经七家，二百一十六卷。……右经方十一家，二百七十四卷。……右房中八家，百八十六卷。……右神迁十家，二百五卷。……凡方技三十六家，八百六十八卷。……大凡书，六略三十八种，五百九十六家，万三千二百六十九卷。”

从上面的记载可以大致对汉代的书籍情况有一个总的了解。汉代的学术流派还是不少的，各学术流派在大方向相同的情况下也有许多分支派别，各自的学术观点和学术视角也有众多歧异。因此各家著书立说，使汉代的学术呈现异常活跃的局面。值得注意的是，尽管《汉书·艺文志》著录各家学派可谓众多，书籍总量也甚为浩大，但相当一批学派的著述是不被立于学官的。而且，汉代民间著述十分丰富，也远不是《艺文志》所统计的书目卷数，更多的材料是《汉书》的作者没有见到或是遗漏忽略了。中国古代文献书籍在传播过程中散佚和流失的情况是经常存在的，从这个意义上说，汉代书籍的真实情况显然比《艺文志》的记录要丰富得多。从《汉书·艺文志》的记载中又可以看出，先秦以来的各家诸子学派几乎都有所录，而且就各学派的细致分类，则又显然要比先秦时期超出许多。这说明，汉代的学术交流和学术争鸣还是相对较为活跃和自由的。没有这样较好的学术环境，也就不会有汉代书籍的繁荣局面。

汉代书籍的繁荣情况也表现在作为商品而流通的书籍已在汉代的交易市场上出现。《后汉书·王充传》记载："充少孤，乡里称孝。后到京师，受业太学，师事扶风班彪。好博览而不守章句。家贫无书，常游洛阳市肆，阅所卖书，一见辄能诵忆，遂博通众流百家之言。"这说明，从事售书的商人至少在东汉时已经出现了。从文献的记载上看，王充在书商的店铺里看了不少书，似乎诸子百家的各门类书籍都有出售。这应该不是一件简单的事，如果没有书籍业在汉代的大发展，无论如何不可以想象在汉代会有这样的书商。书商的出现，说明购书人的增多，更说明了书籍的流通、传播和普及的速度在加快。在中国古代商品经济长期发展缓慢的历史背景下，书肆、书坊等专业售书和制书中心的大量出现和存在，除了古代中国重教重学的风气因素外，也和整个时代文化的进步相关。中国古代文化更偏重精神层面，汉代就是一个突出的例子。这种精神文化的物化形式之一，便是汉代书籍的发展。

前面说过，汉代书籍的发展离不开政府的扶持和提倡。如果说汉代帝王中还有哪一位是对汉代书籍的发展起过大作用的，就应当说是汉惠帝了。西汉初年，汉惠帝下诏"除挟书令"，等于是将秦代的焚书禁书令彻底地废除了。从那时起，所有与书籍有关的相应措施才渐次恢复和完善。所以，惠帝时期既是汉代书籍发展的真正起始点，也是汉代书籍发展不同于前代的重大转折点。

二、汉代的文具品

汉代是中国文化辉煌的时代，四大发明之一的纸制品在西汉年间就已出现，至东汉时已达到成品纸张的批量生产。汉代时期的学术交流、诗赋歌颂、官私讲学和著文写书十分频繁，文化活动自然离不开笔、砚、纸、墨等文具用品的使用。汉代的文具用品种类齐全，许多文具品制作精美。文具品在当时不仅是作为文房公务的必备之用，而且工艺化程度很高，常被人们作为精致的工艺礼品馈亲送友。

汉代笔的品类以毛笔为主，有些制作较为简单的，是供一般民人或士卒使用的，这一类笔一般人就可以制作。如在今天甘肃武威出土的毛笔杆上曾刻有此笔系由“史虎作”的字样，也有落款为“白马作”的字样。可见，这一类由私人制造的毛笔并不少见。私人制笔的技艺不同，所使用的制笔原料也不相同，因此笔的规格相差很大。应劭《汉官仪》记载：“尚书令、仆、丞、郎，月给赤管大笔一双，篆题曰：‘北工作’。”像令、丞一类的中央级官吏每月要供给红色的毛笔一对，可见这样的笔在当时是十分讲究的。汉代毛笔的笔毛多用兔毛制成，讲究一些的笔则用野兔背上的紫色毛来做笔毛柱，而在毛柱的外缘用黄褐色的毛覆盖。紫毛笔在汉代也称作“紫霜毫”，《太平御览》卷六〇五引王羲之《笔经》说：“汉时诸郡献兔豪，惟赵国豪中用。”是说紫毫的产地不同，质量也就不一样了，赵国的兔毛在各地呈进的笔毛品种中是属于上乘的。《西京杂记》记载：“天子笔管，以错宝为跗，毛皆以秋兔之毫，官师路扈为之。以杂宝为匣，厕以玉璧翠羽，皆直百金。”皇帝所用的笔用宝石来镶嵌，而笔匣则不但镶有玉璧，也装饰有羽毛。《论衡·效力篇》说，当时的笔长为“一尺之笔”；有的笔还做有笔套，便于随身携带。官宦士人之家还有考究的笔筒，这些笔筒上雕刻有松枝、仙鹤及云海一类的图案。汉代的读书人也有随身携带毛笔的习惯。

汉代人写字以墨汁为主，汉代文献中也有用炭黑制墨的记载，曹植的“墨出青松烟”诗句说的就是这种情况。汉代人所用的墨是经过研磨成粉末状的物质，然后和以水质，制成浓淡相宜的墨汁才供书写之用的。在湖北云梦睡虎地还出土有秦代的墨锭，山西浑源西汉墓葬也出土有圆锥形的墨锭。制作墨锭的工艺比较复杂，同时又要掌握比较成熟的和胶技术。汉代时，陕西隃麋县以出产优质墨锭而闻名天下，所谓“月给隃麋大墨一枚，小墨一枚”。中央级官吏所用的墨锭也指定隃麋墨来供给使用。东汉时，制墨技术有了进一步提高，《初学记》卷二一引葛龚《与梁相张府君笺》记载这时的墨制品之精时说：“复惠善墨，下士所无，摧骸骨，碎肝胆，不足明报。”可见东汉的墨锭制作绝非寻常可比。孙机先生在描绘宁夏固原东汉墓出土的松果纹墨锭时说：“黑腻如漆，烟细胶清，手感轻而坚致，虽幽霾地下千八百余年，然而并未皴剥龟裂，其完整的程度几若新脱模者，信是汉墨极品。”（参见孙机《汉代物质文化资料图说》，文物出版社1991年9月第1版，第278页）东汉墨锭的这种工艺水准即便在今天看来也并不逊色，同时说明汉代优质墨的产地也不再局限于有限的个别地区，南北各地的制墨品各有特色，实难分出高下。

※ 汉代漆砂砚

见江苏邗江姚庄101号汉墓，马蹄形，色漆，状如细砂之感

研墨需用砚台，汉代称此为研杵。汉砚的形状多种多样。《初学记》卷二一引《砚赞》记载：“或薄或厚，或圆或方。”可知汉代的砚以圆形或方形为主，同时又有锥形、多面形、扁平方圆形等多种样式的砚池。汉砚的质地以石砚和陶砚为多，贵族之家也有用玛瑙作为制砚的材料。此外，在江苏邗江西汉墓中出土的漆砂砚，世所罕见，造型别致，马蹄形砚面与坚硬的木质砚池在髹黑色漆的映衬下熠熠生辉。据有关学者考证，漆砂砚的后部有盝顶水仓，水仓与砚池有孔洞相通。（参见孙机《汉代物质文化资料图说》，文物出版社1991年9月第1版）汉代石砚的装饰也十分讲究，有的石砚并配有铜制的砚盒，砚盒的形状多种多样，有些盒身被制成兽形，也有的砚盒上装饰镶嵌有绿松石、红珊瑚等名贵宝石。砚盒通体流光溢彩，古色古香，堪称汉代文具的精品之作。

汉代的石研钵是供研磨绘画颜料之用的。这种钵盘呈圆形，盘中并置有研石块一方，供研磨绘画颜料之用。也有供洗笔之用的水盂，用石材做成，呈多格形，便于不同颜色的笔涮洗之用。汉代人对砚的使用十分讲究，制作了向砚内注水的各种铜砚滴，砚滴的形状有仿照各种兽类和自然物体貌的，如四川出土的龟蛇合体的玄武形砚滴就十分考究。傅玄《水龟铭》记载：“铸兹灵龟，体象自然。含源未出，有似清泉。润彼玄墨，染此弱翰。”（《太平御览》卷六〇六引）指的就是这一类砚滴。汉代广西的梧州地区还出土有兔形的铜砚滴，砚滴的侧面有时还附有笔插。

汉代人为修改简牍上的错字，常使用书刀来刮磨修正。《汉书·礼乐志》颜师古注解释说：“削者，谓有所删去，以刀削简牍也。笔者，谓有所增益，以笔就而书之。”而在汉代以前，一般则用铜削来修简。汉代书刀也多以铁制为主，河北满城汉墓出土的铁书刀并装饰有银首，有的在书刀上错镂金饰，有的附以象牙鞘，制作精美。东汉画像石和画像砖上的人物绘画中常有佩戴书刀的画面，当时巴蜀所制作的金马书刀最为有名。《汉书·文翁传》颜师古注引晋灼的话说：“旧时蜀郡工官作金马书刀者，似佩刀形，金错其柎。”这种刀很锋利，系由钢铁制作，锻制的过程精细严密，所谓“巧冶炼钢”（李尤《金马书刀铭》），就是指此而言。成都开迴山出土所见的刀身带有错金凤纹的书刀，是目前已发现的最为完整的东汉书刀。

汉代的书写材料有纸张和简牍。简牍又分作竹简和木牍两种形式。《论衡·量知篇》载“截竹为简，破以为牒”即是指竹简的制作。以木质材料制作简牍比较费工费力，《论衡·量知篇》说：“断木为椠，破之为板，力加刮削，乃成奏牍。”可知制作木牍是比较费力的。一般说来，木牍比竹简要宽，基本上是单片使用，不像竹简那样串连成册。同竹简宽度相同的木牍则称作木札，《汉书·司马相如传》颜师古注说：“札，木简之薄小者也”，就是这个意思。

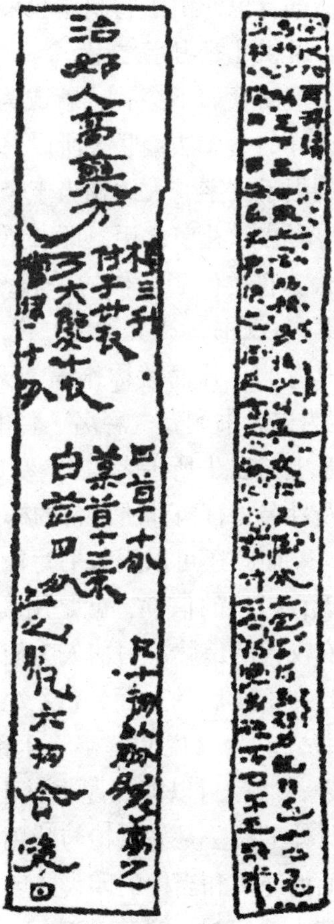

❖ 汉代的牍

牍即木板，以单片为用，可作书写书信等用。此件见甘肃居延出土之汉代信牍

木札或木牍也可以编联起来，古人对此曾有说明。《仪礼·既夕礼》贾逵疏证说：“编联为策，不编为简。”是说单片的竹简或木牍木札叫作简，而把单片的竹简木札编联起来就叫作策了。“策”同“册”是一个意思。简牍的长度不同，取决于简牍的书写内容。用于书写法律条文的简牍为三尺长，它也是汉简中最长的简牍，汉代有“三尺律令”“三尺法”，正是书写法令用三尺简的证明。而汉代人书写儒家经典，则一般用二尺四寸长的简，《论衡·谢短篇》载：“二尺四寸，圣人文语。”《孝经钩命决》说：“六经之策，皆称长二尺四寸。”汉代一般通用的简牍其长度为一尺。《后汉

书·蔡邕传》说汉简“长一尺”。所以汉代也称书札为“尺牍”，这一说法后来基本延续下来。簿籍则称“尺籍”。传记类和诸子群书称“尺书”，都是由一尺简牍而来的。汉代为了体现皇权的特殊性，皇帝的诏书特别用一尺一寸的简制成，称作“尺一诏”“尺一板”“尺一木”等，而且一支简上通常只写一列文字。皇帝所使用的简比较宽，也可看出“御简”是同常人所用的简明显不同的。

汉代少儿用来书写的简牍称为笘。《说文解字·竹部》记载，“颍川人名小儿所书写为笘”；也有将此称作篇的，即“书僮竹篇”。竹觚也是篇的意思，由于它制作起来比较容易，对形状的要求也不太严格，所以常常供儿童习字之用。

简牍如不穿孔，就成为单独的一片，也就是我们在前面所说的简。这样的简无法编联，所以只能用来记一些小事，也可以写一些简明扼要的提示文字，大约相当于今天的提纲。这种单片的简牍还可以作为进见尊者表示礼节之用，即《急就篇》颜师古注所说的“持之以见尊者”之意。它类似于后代的手版，汉代画像石上经常出现持牍晋谒的人物图案，《汉书·武五子传》说“持牍趋谒”也是这个意思。专门用作谒见尊者的单片简牍称作谒，又称刺。《汉书·高帝纪》颜师古注解释说，“为谒者书刺”。《释名·释书契》说：“谒，诣也；诣，告也。书其姓名于上，以告所诣者也。”在谒上往往写有进见人所要问候的礼节性言辞及姓名、官爵和所出自的郡县乡里之名。

简牍还可以用来书写信件，在湖北云梦睡虎地秦墓出土的两封我国现存最早的信件，就是用牍版作为书写材料的，《居延汉简》中也发现有汉代的信牍。写信人为使信牍的内容不被人知晓，往往用一块木板盖封在信牍版的上面，《说文解字·木部》将它称为“检”，即所谓“检，书署也”。《说文解字·木部》徐传说：“书函之盖，三刻其上，绳缄之，然后封以泥，题书其上而印之也。”可见检即相当于后来的信封。具体的做法是先将检与牍用绳索捆缚在一起，然后将绳子的一端穿过检面的绳槽和当中的印齿，印齿内填泥，泥上盖印。如此一来，信件是否被人开启过，就有痕迹可查了。因为开启信件，一定会破坏检面的封泥，所以要想不被发现是不可能的。可见汉代人对信件内容的防泄露是有很成熟的措施的。如果信件不是用单支简书写的，而是使用了多支简札，便将这些信札放入袋中捆扎，随后将捆扎信袋的绳子也缠入检齿内用封泥固封，其效用同单支简札是一样的。《后汉书·公孙瓒传》记载，袁绍“矫刻金玉以为印玺，每有所下，辄皂囊施检”。在马王堆一号汉墓出土的竹简上，就有施检缄封的实例。

❖ 汉代的封泥

指封存信函所用的泥状物。不同官署和个人所用的泥质各不相同，但均有封检之用

汉代的封泥主要是用来封存信札、官方文件及皇帝诏书的，根据用途的不同，所使用的泥料也就不同。如皇帝所用为“武都紫泥”，《西京杂记》记载：“中书以武都紫泥为玺室，加绿绨其上。”一般官员多用“好青泥封书”；泰山封禅的玉牒，则用“金泥银绳”。主管封泥的官员，据《续汉书·百官志》说为守宫令。封泥经风干后，一般都比较坚硬。有些封泥在使用之前还往往经过淘洗。所以真正的封泥，在泥面上一定有缄封之绳的印痕，没有印痕的当系伪作。汉代用来贮存封泥的器物有铜制的泥筒，其中以陕西华阴东汉墓出土的泥筒保存最为完整。

汉代文具中对印的制作和使用比较广泛。印在汉代有两种意义：一种是表明身份之用，所谓“印，执政所执信也”。（《说文解字·印部》）。汉代文献常说的官吏佩印绶就是指此而言。另一种是用作封检书信，所谓“印，信也，所以封物以为验也”。汉代对官印有一定的要求。由于作为封检之用的填泥印齿的面积有限，所以官印不可能太大，汉印大约尺寸在2~2.8厘米之间，也就是《汉书·严助传》所说的“方寸之印”。汉代称方形官印为通官印（《汉旧仪补遗》）。也有的长方形印章，尺寸仅为方寸印的一半，因此又称这种印为半通或半章，《后汉书·仲长统传》李贤注引阚骃《十三州志》说：“有秩、啬夫，得假半章印。”这种印多是地方乡官等低级官吏使用的。官印一般用铜制成，御史大夫及相当于二千石以上的官吏使用银制印章，丞相和诸侯王用金印，皇帝则用玉做的玺印。民间私人所使用的印多属个人名章，有的还附刻有官职。

帛书是指用绢丝等珍贵织锦作为书写材料的称谓。我国早在先秦时代就已经有帛书了，《墨子·明鬼篇》中有“书之竹帛”的记载；但是绢帛的价格较高，一般人很难用得起。即使到了汉代，情况也仍然没有太大的变化。东汉人崔瑗在《与葛元甫书》中就说“贫不及素”（《北堂书钞》卷一〇四引），意思是：帛素太昂贵，他本人写东西从不用它。这倒不是说崔瑗一定穷到连帛都买不起的程度，也不是说贫穷到生活都难以维持，而是说明帛素的价格确实很高，一般人经常使用的确不是一件容易事。20世纪70年代，考古工作者在长沙马王堆汉墓中发现了保存在漆箧中的大批帛书，共计12万余字，为墨写帛书的出土精品。

由于绢帛昂贵，所以汉代人从很早的时候起就在积极寻找和研究一种可以替代绢帛的书写品，这促成了纸的出现。据考古发现，西汉时期我国已有比较成型的纸制品问世，不过西汉时期纸制品的生产原料主要是麻絮、麻布、绳头等。这些被废弃的物质经过简单的切割、舂压、打浆和抄造，虽然制作出了初步的纸张，但是纸纤维的交织状态差，纸面也比较粗糙，用作书写还不是很方便。西汉时期，能够作为较高水准代表的纸制品是1986年在甘肃天水放马滩西汉墓中出土的纸制品。放马滩的纸其表面已比较平整，上面有用细墨线绘出的图形。到这时，纸张才算真正作为文具品而被人们使用了。进入东汉以后，纸的使用范围迅速

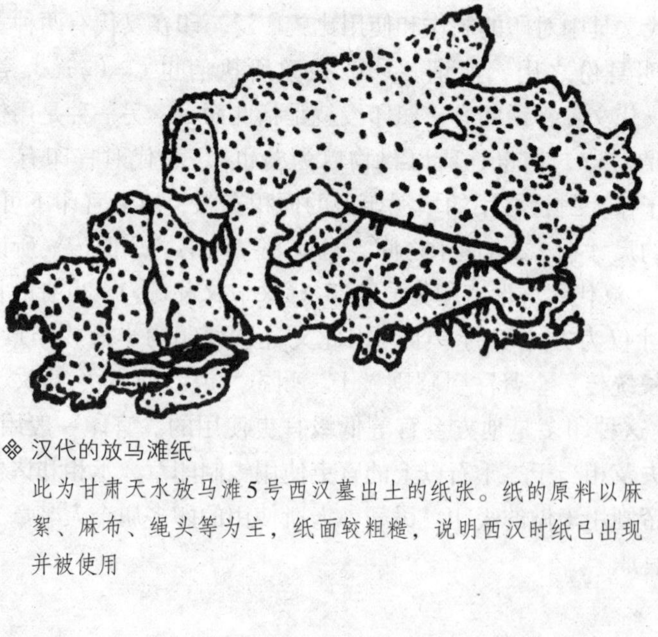

❖ 汉代的放马滩纸

此为甘肃天水放马滩5号西汉墓出土的纸张。纸的原料以麻絮、麻布、绳头等为主，纸面较粗糙，说明西汉时纸已出现并被使用

扩大，并逐渐取代简牍和绢帛而成为人们书写之用的主要材料。《风俗通》记载："光武车驾徙都洛阳，载素、简、纸经凡二千两。"可见纸制品在东汉的数量应当不在少数。到公元2世纪，蔡伦主持制造新的纸张，其原料的使用除西汉原有的麻布、绳头等项外，又加进了树皮和渔网。用树皮造纸是东汉时代一项创新的制纸技术。树皮本身即含有树胶成分，纸的纤维度增加了，并且也是首次使用了木浆纸的技术。具体做法是：在石灰发酵的基础上，反复舂捣、沤制脱胶，同时用强碱液蒸煮。针对渔网网结硬的特点，采取强化的机械处理和化学处理的方法，并将这一套制作工艺应用到麻纸的生产过程，从而使纸的质量得以改进和提高。

20世纪70年代，考古工作者在甘肃武威旱滩坡出土有东汉晚期的纸制品，该纸上残留有用墨书写的汉隶字体。旱滩坡制纸用麻纤维作原料，但所制成的纸张却好于西汉初年粗糙的麻纸。它系单面涂层加工纸，涂层均匀，纸面平整，其纤维化程度很高，是迄今已发现的汉代制纸技艺中做工最为精良的制品。这种纸历经浸湿、切碎、洗涤、浸灰水、蒸煮、舂捣、二次洗涤、打浆、抄纸、晒干、揭压等多道工序，制作工艺的分工十分细密，专业化程度大大加强。

东汉时期，造纸技术、工艺的普及和改进使东汉优质纸制品产地迅速增加，出现了多个比较著名的纸张生产基地。唐代张怀《书断》记载，东汉时著名的造纸专家左伯是东莱人，这一带后来就成为中国最早的优质纸制品产地。魏晋时人徐陵在《玉台新咏》序中，推崇"五色花笺，河北、胶东之纸"，说明东汉的优质纸产地确是为数不少。汉代造纸业的发达是对中华民族悠久文化的巨大贡献，对世界文明的进步和发展也有着不可低估的作用。

汉代的刊刻石经技艺，是汉代文化发展的又一项重要成就，特别是刻石本身与后来的印刷术的发明具有直接的渊源关系。早在秦代，刻石就已经出现，秦始皇数次东巡及泰山封禅时都留下了许多刻石颂词。东汉时，刻石已经成为文化记录的一项重要手段。灵帝熹平年间，为纠正经书中出现的传抄错误，用石材作为刻写原料，将统一整理后的经书定本刻成文字，立于太学。前后历经数年，刻石46块。石面呈长方形，每面约35行，每行约75字。这就是中国古代学术史上著名的熹平石经。

❖ 汉代石经图

此为熹平石经之部分，反映了东汉太学时期刻铸经文碑石的历史事实

石经历经数年风雨，一直作为官方学术的经典之作。它的出现，对于中国古代书法艺术的发展也起到了十分重要的作用。魏晋时期，已有人采用传拓技术摹印石经文字，东晋的右军将军王羲之即从汉代石经学习书

法。到隋朝时，石经的摹本还被保留在政府所设的档案库里，史载："其（石经）相承传拓之本犹在秘府。"（《隋书·经籍志》）汉代石经在中国文化学术和文学艺术两方面的成就及影响一直沿续到今天。可见，它已不仅仅是作为文具品的一类受到人们的关注，而更为重要的是它伴生的文化精神的艺术灵光在千百年间回荡和闪烁的奇迹。

第三节　汉代人的审美观

汉代人对生活富于审美意识，并在音乐、绘画、舞蹈、诗赋、文章、歌咏、治学、评论、讲诵以及建筑工艺美术等多项形式中表达和提炼着最具生活实感和内心情怀的艺术要求和审美意识。

汉代音乐的成就表现为汉代人在发声的音乐世界中将外在的舞蹈形式协调地融汇其中，将中国古代极具创意的乐舞结合完美地通过艺术表演再现出来。今天人们所熟悉的歌伴舞表演，事实上正来源于汉代人的乐舞演出，只是唱诵的曲调内容和舞蹈动作古今的表达方式不同而已，就其表现形式是没有太大差别的。汉代人继承了先秦以来的这种乐舞相连的表演方式，并且在乐与舞的关系中不断探索和表达着汉代独有的生活艺术理念。

在先秦时代的文献记载中我们可以见到关于乐舞关系的最早说明，如《礼记·乐记》所说："比音而乐之，及干戚、羽旄谓之乐。夫乐者，乐也。人情之所不能免也。乐必发于声音，形于动静，人之道

❖ 汉代歌舞画像

也。”“干戚”是指武舞，“羽旄”是指文舞。先秦时人借助乐舞的动作表演表达了中国哲学对动态世界和静态居所的深刻认识，这种认识不仅是艺术的，也是哲学的。在这种以艺术形式表达哲学意念的社会层面上，就自然地把艺术的乐舞表演分作“雅乐”和“俗乐”。“俗乐”即后来被孔子和儒家称为“郑卫之声”（参见熊铁基《汉唐文化史》，湖南出版社1992年11月第1版）的音乐。如《论语·阳货》就曾记载：“子曰：恶紫之夺朱也，恶郑声之乱雅乐也。”《礼记·乐记》也记载：“郑卫之音，乱世之音也，比于慢矣。桑间濮上之音，亡国之音也，其政散，其民流，诬上行私而不可止也。”

照今天的话说，“郑卫之音”亦即“靡靡之音”，是懈怠人们情志的不健康音乐。因为不健康，也就不和谐。儒家以其哲学的“礼”来衡量和规范世间的音乐歌舞，儒家认为只有庙堂之乐才合于“礼”，所以这样的乐和舞才是“正乐”。但从民间而来的许多歌舞恰恰是源于民人最切身的生活，这种“俗乐”的许多曲目倒是真实反映了生活，所以所谓“郑卫之声”并不是低级趣味的，就连先秦时代的许多王侯也是这样认为的，如魏文侯就曾说：“吾端冕而听古乐，则唯恐卧；听郑卫之音，则不知倦。”听“正乐”竟至从一开始就强打精神，生怕自己睡着了，而听“俗乐”却是津津乐道，其中的艺术欣赏高低之别也就不难判断了。齐国的宣王甚至更直截了当地说，我实在是做不到对先王古乐的喜好，我只是爱好世俗的音乐。可见，音乐的雅与俗在中国古代更多地被赋予了哲学意味，但官方赋予的这种僵死刻板的哲学观念并不可能真正掩杀掉艺术的真实灵光。

汉代人在这样一种历史背景下，又是一种怎样的情形呢？《宋书·乐志》记载：“及秦焚典籍，《乐经》用亡。汉兴，乐家有制氏，但能记其铿锵鼓舞，而不能言其义。周存六代之乐，至秦唯余《韶》《武》而已。始皇改周舞曰《五行》，汉高祖改《韶舞》曰《文始》，以示不相袭也。又造《武德舞》，舞人悉执干戚，以象天下乐已行武以除乱也。……周又有《房中》之乐，秦改曰《寿人》，其声楚声也，汉高好之，孝惠改曰《安世》。高祖又作《昭容乐》《礼容乐》。《昭容》生于《武德》，《礼容》生于《文始》《五行》也。汉初又有《嘉至乐》，叔孙通因秦乐人制宗庙迎神之乐也。文帝又自造《四时舞》，以明天下之安

❖ 汉代倡讴伎乐像

图中所示为倡优和乐伎在殿廷上歌舞吹奏之场景

和。盖乐先王之乐者，明有法也，乐己所自作者，明有制也。”

从汉代政府来看，统治阶级上层虽然也自作宫廷乐舞，并且设置了相应机构“乐府”，主管官员有太乐令、太乐丞等，但乐府已与此前有极大的不同：其一，乐府为汉代所独创；其二，乐府作为汉代专门搜集、整理和制作音乐的机关，其主要职能和任务是搜集民间曲目和诗歌。雅乐和俗乐之分在汉代的界限十分模糊。史载：“至武帝定郊祀之礼。……乃立乐府，采诗夜诵。有赵、代、秦、楚之讴。以李延年为协律都尉。多举司马相如等数十人造为诗赋，略论律吕，以合八音之调，作《十九章》之歌。”可见，在汉代即使是庙乐，许多也来自于民间，李延年当职的主要任务也是采诗民间，并将所采诗歌加工制乐。因此，汉代的史书才会作如下记载：“今汉郊庙诗歌，未有祖宗之事，八音调均，又不协律于钟律，而内有掖庭材人，外有上林乐府，皆以郑声施于朝廷。”（《汉书·礼乐志》）在汉代的朝廷之上居然充斥着郑卫之声，这在先秦时代无论如何是无法理解的，也是为世道所不容的。

汉代的音乐表演形态纷呈，音乐与歌舞相结合。“击鼓歌唱，作俳优。”（《汉书·霍光传》）汉代人在表达乐与舞的关系中更多地吸收了民间的成果，声的旋律踏着质朴的民风俗语，给人以耳目一新的感受。由此不难发现，汉代人所推重的审美情趣既来自民间又回归民间。

汉代人在绘画、书法方面所体现的古朴浑厚之风至为凝重，它传递着汉代人独有的绘画审美意念。汉代的张衡、蔡邕、刘褒、赵歧等人均为一代名家，绘画种类多样。从目前所见的实物来看，就有帛画、木版画、漆画、画像石、画像砖等。汉代绘画的另一特点正像民歌一样，画家中有很多人并没有在文献中留下名字，绝大多数作品由无名氏创作而成，这在绘画史上也可以称得上是一个至为奇特的现象。汉代人绘画风格虽各有千秋，但基本画风仍是以反映时代的生活内容为主，笔法古拙，极少雕饰痕迹，在肆意洒脱之笔下又不失其描绘的细密柔畅。刚健之中有柔美，古朴之中见细腻，汉代人审美意境的深邃豪放是存在于深切的情感之中的。从现存的汉代画像中，我们正可以领略相去遥远的汉代先人的精神世界。

❋ 汉代礼器碑

全称《汉鲁相韩敕造孔庙礼器碑》，系东汉桓帝永春二年（公元156年）所刻。碑文记述鲁相韩敕修饰孔庙、制造礼器等事，是研究汉隶艺术的重要资料

汉代书法如同其绘画，凝练厚重。汉代人的书法作品较之前代书家更多一层大气磅礴的气势。汉代大书家钟繇集篆隶、行书、八分于一体，其字雄健落拓，独成一家风格，对魏晋以后的中国书坛影响极大。所以说，汉代人的审美观念在力求达到主观与客观统一的审美追求中，其绘画与书法创作在表达方式上是前后一致的，这在中国历代书画创作中似乎也不多见。它又同汉代音乐的发展一样，以一种艺术的再现表达着一种哲学理念、哲学精神。

汉赋是汉代独有的文学表现形式，尽管此后中国历代不乏散赋辞章之作，但无论从形式到内容到规模，都难以望汉代之项背。汉赋重韵，强调辞赋的音韵之美。汉代的五言古诗和七言古诗对汉赋的影响甚大，史载："辞赋大者与古诗同义，小者辞辩丽可喜。"（《汉书·王褒传》）但汉赋在流行中违背了汉代人的追求信仰，逐渐走向文风靡丽，却又是汉代人审美特征的一个特例。汉代赋家辈出，但赋家多为官人之家或出自官人，因此赋的政治色彩较其应表现的艺术色彩显得更加浓烈，赋因此而趋向夸示靡丽，大概也就不是什么奇怪之事了。

与此相反，汉代文章著述中的文学、史传之作却显得异常清新，汉代人统称它们为散文，如：贾谊的《过秦论》、桓宽的《盐铁论》、王符的《潜夫论》、崔寔的《政论》、司马迁的《史记》、东方朔的《答客难》等。这些散文，文笔清新流畅，以当代人用当代笔的写作风格，真实自然而又少用典故和古字，所以一般稍具文化者都可以看得懂。汉代人的这种文风在后代被视为行文的典范，唐宋古文运动以及唐宋八大家们所倡导的文学改革运动也正是要恢复汉代质朴明快的文学之风。可见，汉代文人在创作中也依然遵循着朴实自然的审美观念。

汉代人在品评时事人物时也多一语中的，很少曲晦之笔。《汉书》的作者班固由于行文多隐晦，且用典用古字较多，在当时就已引起人们非议。这样一个例子似乎也可透视出汉代人叙事状物、品评好恶的直率和了然。流传于今的汉代谣谚明白晓畅，如："古人欲达勤诵经，今世图官勉治生。""何以孝悌为，财多而光荣。"这样的句子也是一看便知其意，并无丝毫费解之意。汉代文风在散文中所表现出来的质朴无华的审美特征确是鲜明可亲的。

汉代民间讲诵十分流行。所谓讲诵，也就是一种口头表演的文学形式。在汉代，民人的讲诵多半以讲故事、说评话的形式出现。这种讲诵经常采取以口头表达和以白话叙述结合的方式进行。远乡近邻的很多人驻足听讲，市井热闹之区往往成为讲诵之所。这种艺术表演最贴近于大众生活，最直观地反映社会现实，同时也以其文艺所特有的功能传播着历史文化的知识及民人喜闻乐见之事。这说明，民间讲诵最真实地反映了民间的审美要求，这种审美要求不需要累赘的附丽，一个自然的表达就足矣。

汉代人的审美观还表现在他们于工艺制作上的独具匠心。汉代是中国"陶瓷工艺史上从陶到瓷的孕育成熟阶段，青瓷在汉代已经出现，并有实物出土"（参见熊铁基《汉唐文化史》，湖南出版社1992年11月第1版）。青瓷的制作工艺虽然复杂精致，但其外在的表现却给人以简练淡雅之感。汉代此时的瓷器制作尚无隋唐时代的那种绚丽色彩，足见汉代人的工艺制作也是从平实自然的审美要求出发，而并不刻意追求外表的过分绚丽的。

汉代的审美情趣在其他方面（诸如建筑、雕塑、服饰、居室等）都有自己独特的视角，详见各章节叙述。

汉代人的审美观不论在音乐、舞蹈、绘画、书法、诗赋、文章方面，还是在评论、讲诵、工艺美术方面都贯穿着一条基本线索，这就是古朴自然、不事雕琢之风。正因如此，汉代成为中国传统文化早期积淀的一个重要时代，汉代人无愧于这个时代。

第四节　汉代地图概说

地图在我国的起源很早，先秦文献《尚书·洛诰》记载："周公经营洛邑，遣伻来以图及献卜。"意思是说，周公为了经营洛邑，派遣一名叫伻的手下人带着占卜勘舆用的地图和卜筮所得的吉兆去晋见周成王。周代设有专职官员来管理与疆域有关的事情，其中也包括对地图的管理，如《周礼·大司徒》记载："大司徒之职，掌建邦之土地之图与其人民之数，佐王安抚邦国。以天下土地之图，周知九州之地域广轮之数，辨其山林、川泽、丘陵、坟衍、原隰之名物。"汉代学者郑玄认为，周公所献的地图即是所谓郡国舆地图，也就是山川地势图和行政区划图的总称。

汉代的疆域地图和行政区划分布图在中央政府内是由御史大夫负责掌管的。据《史记·武帝本纪》记载，汉武帝元狩六年，"御史大夫奏舆地图，请所立国名。"东汉光武帝在建武十五年封皇子时，也是由"大司空上舆地图"。汉代的地图从自然地理的角度看，已基本能够从比较大的范围提供地形地貌、土壤植被、水文地质等各方面的情况。

汉代地图的种类比较多，专业性或专属某一类的地图已陆续出现，如：从自然地理方面用以考察山川地势之用的地形图，陈兵布阵、战守攻备的驻军图，描绘城市邑镇和园庙陵寝的城邑园寝图等。在汉代画像砖石上还绘有大量的庄园分布图案。这些图案的特点是，用实物绘画的手法细致地勾勒出汉代庄园内部的详细情况，包括庄园的生产区域、居住区、花园区、日用品制作作坊区。图中还绘有房屋的朝向、大小及园墙的周长、形状。有的庄园较大，还绘有亭榭及守望楼和角门，实际上构成了一幅完整的实物绘画地图。我国此后的历代山庄园景图中，都多有这一类绘图出现。

汉代地图在军事上的应用十分广泛，军事家们和军队将领十分看重对地图的掌握和了解。先秦文献《管子·地图篇》曾说："凡兵，主者必先审知地图，辕之险，滥车之水，名山、通谷、经川、陵陆、丘阜之所在，苴草、林木、蒲苇之所茂，道里之远近，城郭之大小，名邑、废邑、困殖之地，必尽知之。地形之出入相错者，尽藏之。然后可以行军袭邑，举错知先后，不失地利，此地图之常也。"可谓把地图在军事上的应用说得十分透彻。汉代人深知这一点，所以《汉书·淮南王传》记载，淮南王刘安起兵之前，曾"日夜与左吴等按舆地图，部署兵所从入"。《居延汉简》中也记载了"徐路人等以治舆地图"的情况，徐氏所绘的地图显然是边塞图。这就是说，涉及山川地形的军事地图在汉代的军事战争中不仅内地存在，周边地区也存在。

发现于长沙马王堆汉墓的《驻军图》是一幅描绘汉代行军列阵的军阵图。它所包括的范围大约相当于今天湖南省江华瑶族自治县的沱江流域一带。该图的比例尺约为1:8万~1:10万，图中除绘有山脉、河流等外，还采用分层设色的制图方法，用深色笔线将驻军营垒、防区界线、军事设施、障塞、烽火台等相关的军事内容标注于第一层平面之上，而将河流、山陵等地理内容用浅色笔线标注于第二层上，使得当时的军备攻守情况清晰地展现在人们面前。它与现代专用地图的双层表示法在结构上是相同的。《驻军图》同时还绘有居民住宅分布的一般情况，图中显示的居民聚落点近50处，大部分居民图中并标注人口户数。汉代地图中对范围相对缩小的政区地理一般都需标明户口人数，《史记·龟策列传》记载："泉阳令乃使吏案籍视图，水上渔者五十五家，上流之庐，名为豫且。"可见汉代的许多地区方图不仅十分精详，而且从内地到沿海都注重对所辖政区的民户管辖和地图标记。

汉代对城市邑镇和园庙陵寝的地图绘制也非常精细。有关陵园区的宗庙祭祀十分强调庙坛的地理方位和周围地势山川的分布。马王堆汉墓出土的《城邑·和园寝图》，其幅面不是很大，而且图上无任何文字标识。该图以实物绘制为特点，将田园、山丘、土坑、河流、房屋、庙宇、道路等一一绘出，观者可一目了然。

有关地形地势的自然地理图例，是汉代地图绘制的主要内容之一。我国古代已知最早的地理图例出自于甘肃天水放马滩秦代墓葬，这幅地图被绘制于简牍之上。在放马滩同时还发现有西汉早期的纸质地图残

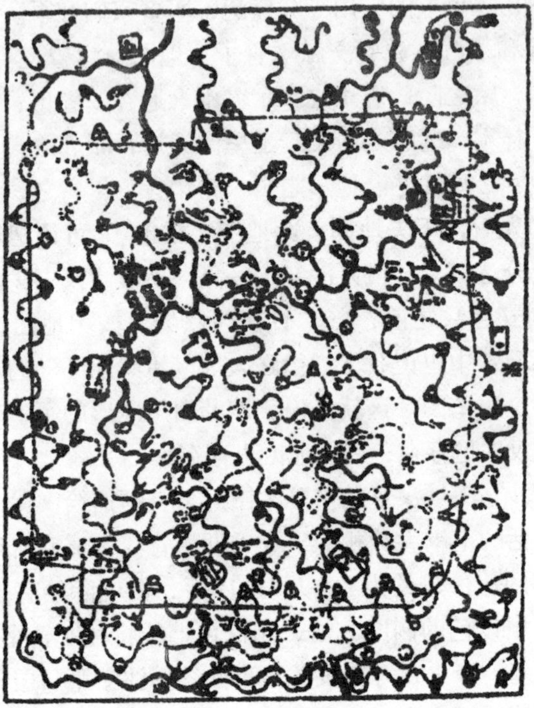

❖ 汉代驻军图

此图为长沙马王堆3号汉墓出土，设色分层标注重要山脉、河流、营垒、防区等军事情况，是我国较早出现的专业军事地图

片，依稀可见有关地理方位及山川分布的标注。

在今天湖南长沙马王堆西汉墓中出土了保存完好的《地形图》，该图展示的地理范围很大，包括今天广西、广东、湖南三省地域，向东可达到今天的南海海区。全图采取详略并用的原则，中心区的地理图示比较详细，有关地形、水系的主流支流和居民住宅的分布及公路、河道等项内容标注得细致而精确。而毗邻地区则基本以山川图示为主，小的河流及水道、民居等则采取简略的办法。

全图以地貌、水系、居民分布区和水陆交通网络为基本的绘制要素，其他相关的图例则依主次关系分别附注，有些地形构造和水流分布复杂的标注采用大比例尺的方法。这样做，一方面对中心区的地理特点可以看得很清楚，另一方面对当地的地质构造也可以有一个十分清晰的

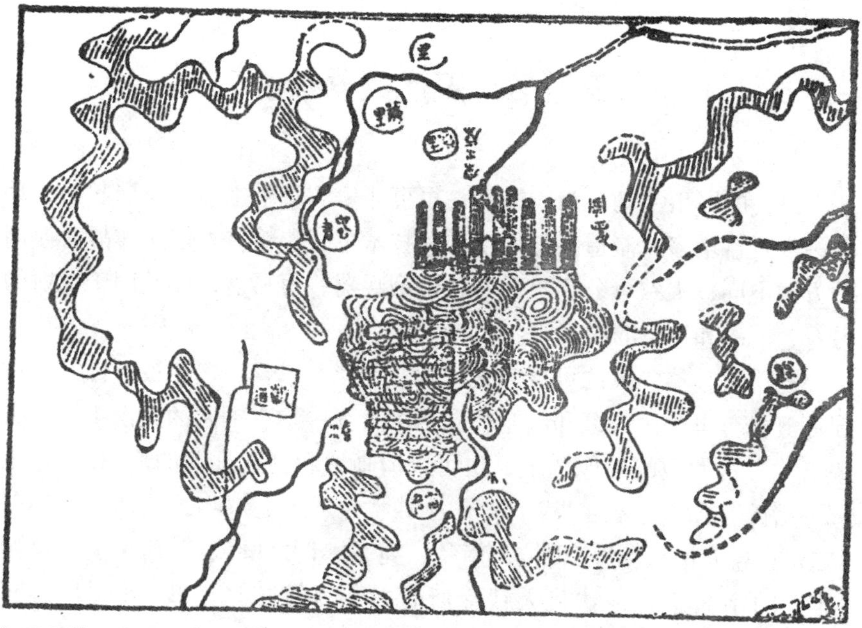

◈ 马王堆三号汉墓出土地形图复原图中的九嶷山地区（局部）

认识。可见，汉代人对地图绘制的技术处理是同对地理环境的综合性认识相一致的。汉代地形图的又一个显著特点是许多地图的测绘数据十分精确，如对今天湖南南部潇水流域、南岭地区及九嶷山附近地区的测量就是如此。这些地区山系重叠，水网密布，地形地貌十分复杂。汉代地形图所显示的实际测绘数据和观测资料，与今天所能证实的实际情况相差极少。这是汉代地质勘测与地图绘制工作已达较高水准的又一例证。我国考古工作者在探寻汉代遗迹的过程中，曾以马王堆出土《地形图》所标识的城镇乡邑的位置作为搜寻线索，通过实地勘查验证，找到了汉代的营浦、泠道、舂陵、南平、观阳等许多古城镇的遗址，足以证明《地形图》的准确可靠性。

汉代也有许多反映交通情况的地图资料。汉代通往域外的许多线路在文献中都有明确的记载，《史记》《汉书》《后汉书》等对西北的商路特别是丝绸之路的沿线驿站、经由地段、道路方向、风俗民居乃至气候状况的记录，都十分具体周详。汉代人对许多古道地貌的考察和勘测，对于汉代地图学的发展无疑起了极大的作用。

第五节　汉代兵器杂说

汉代的军事活动较为频繁，在军事斗争和军事生活中发展起来的兵器种类日益增多，制造兵器的工艺和技术也日趋精良。依照作战时使用的方式不同，大致可分为长兵器、中型兵器、短兵器，以及用于发射的弓弩、箭镞和护身的甲胄等。

先说长兵器，大约可分为戈、戟、矛、稍、铗、铤、铍、铩等。在江苏涟水三里墩西汉墓和山东临淄西汉墓葬中均有铜制的戈出土，在有关汉代考古发现的画像砖上，也可以清晰地看到这种戈的形制。《考工记·冶氏》郑注记载："戈，今句孑戟也，或谓之鸡鸣，或谓之拥颈。"《方言》卷九记载："三刃枝，南楚、宛、郢谓之匽戟。"所谓匽，是指"雄"的字面意思，清代人钱绎所著《方言笺疏》记载："《释鸟》：鶠，凤，其雌皇。戟之雄者谓之匽，犹凤之雄者谓之鶠矣。"可见，在西汉初年，戈的形制类似雄鸡长鸣之状。

戟是汉代长兵器的又一类型，前引《方言笺疏》说"戟之雄者谓之匽"，包括《论语·季氏》集解引孔安国注、《孟子·万章》赵注、《楚辞·国殇》王注也都记载："戈，戟也。"《说文解字·戈部》载："戈，平头戟也。"《方言》卷九称："凡戟而无刃，……吴、扬之间谓之戈；东齐、秦、晋之间，谓其大者曰镘胡，其曲者谓之钩釨。"上述记载，似乎给人的感觉是，戈即是戟，戟等同于戈。这样说来，戟和戈的区别是什么呢？区别就在于，戟在顶端部位装置有刺，即枪矛。《考工记·冶氏》记载："着柲直前，如镈者也。"柲指戟柲，也有的地区称棘戟。关于棘的用意，《方言》卷三记载："凡草木刺人，……自关而西谓之刺，江湘之间谓之棘。"可见，棘、刺同义。而戈则没有枪矛的装置。孙机先生在《汉代物质文化资料图说》一书中认为，"汉代士兵最常用的戟则是一种卜字形铁戟。这种戟只有前伸的直刺和旁出的横枝"。这说明到了汉代，随着冶铁工艺的提高，铁兵器的数量开始上升，铜制兵器逐渐降到次要地位。

矛是汉代重要的长兵器种类。同戟一样，矛在汉代也多为铁制。矛的最重要特点是，"矛鐏之銎皆为圆形，这是因为矛矜亦为圆形，与戈之必呈杏仁形者不同之故。”（参见孙机《汉代物质文化资料图说》，文物出版社1991年9月第1版）《释名·释兵》记载，矛，“下头曰镈，镈入地也。”即是说，矛镈是用来插立于地上的，因此，这种矛镈一定是呈尖状形的。汉代有很长的矛，《释名·释兵》记载：“矛长丈八尺曰矟，马上所持，言其矟矟便杀也。”《通俗文》说：“矛长丈八者，谓之矟。”我们在《三国演义》中看到张飞所持的丈八点钢矛，大约就属此类。

关于锬，《说文解字·金部》记载：“锬，长矛也。”而鋋，《史记·匈奴列传》索隐引《埤苍》：“鋋，小矛也，铁矜。”《汉书·司马相如传》颜注：“鋋铁把短矛也。”可见，所谓鋋，是指短矛。有关它的用处，《汉书·晁错传》记载：“萑苇竹萧，草木蒙茏，枝叶茂接，此矛鋋之地也；长戟二不当一。”说明短矛更多地适合在林木繁密和杂草丛生之处使用。《史记·樗里子列传》中载有“仇犹”，《韩非子·说林下》中作“仇由”，它是指什么呢？《释名·释兵》解释：“仇矛，头有三叉。”可见这种矛是带有三个叶片状的矛头，即先秦时《诗经·小戎》所载“厹矛”。而所谓“厹矛”，按毛传的解释是：“厹，三隅矛也。”所指正是尖端带有三叶之矛。

何为铍和铩？《云梦秦简》之《秦律杂抄》记载：“铍、戟、矛有室者，拔以斗，未有伤殴，论比剑。”《方言》卷九郭注记载：“今江东呼大矛为铍。”《汉书·高惠高后文功臣表》颜注则说：“长铤，长刃兵也，为刀而剑形。《史记》作‘长铍’，铍亦刀耳。”从上述文献记载可知，铍当属矛一类的兵器，其特点是具有长刃。河南密县出土的画像砖中清晰地刻画了手执铍的武士图像，可以看作是对汉代铍的直观反映。至于铩，《说文解字·金部》记载：“铩，铍有镡也。”指在铍矛头的下部安装有类似剑的镡。据马王堆汉墓出土的相关实物可知，铩在汉代分为短铩和长铩，比较而言，似乎更偏重长铩。《过秦论》说：“勾戟长铩”。《淮南子·兵略训》所载“修铩短从”都是就长铩来说的。张衡的《西京赋》说：“植铩悬瞂，用戒不虞。”他的《东京赋》说：“郎将司阶，虎戟交铩。”可见，铩这种兵器更多的被用作宫廷警卫和防守习练之具。

再说汉代兵器中介于长短兵器之间的过渡类型，即所谓中型兵器。中型兵器大致有钺、长斧、长椎、棁、殳、棓、钩镶等。钺在汉代有数种意义。首先，汉代继承了先秦以来有关钺的象征王权意义。《尚书·

牧誓》所说“王左杖黄钺”，《虢季子白盘》所说“锡（赐）用钺”，《礼记·王制》所说“赐用钺，然后杀”，均是指钺所代表和象征的权力与地位。《后汉书·郭躬传》记载：“永平中，奉车都尉窦固出击匈奴，骑都尉秦彭为副。彭在别屯，而辄以法斩人。……帝曰：‘军征，校尉一统于督，彭既无斧钺，可得专杀人乎？”说明汉代对于钺的认识在权力象征意义上同先秦时代并无二致。其次，钺在汉代又指一类刑具。《国语·鲁语》记载：“大刑用甲兵，其次用斧钺。”《释名·释兵》说：“斧以斩断，见者皆感惧也。”据此可知，钺是用来腰斩之用的，在汉代画像石刻上也有反映用钺来斩首的记载的。《汉书·英布传》和《汉书·王䜣传》所说的“伏斧质淮南市”及“䜣已解衣伏质”，都说明了汉代用钺来行腰斩刑的事实。所谓质，即锧，《公羊传·昭公二十五年》何休注解说：“鈇锧，要（腰）斩之罪。”再次，钺在汉代也指长斧一类的兵器，在《居延汉简》、银雀山汉简和河北一带的画像石刻中都有较详细的记载。

椎是怎样的一种兵器呢？《吕氏春秋·简选篇》记载：“钽耰白梃，可以胜人之长铫利兵。”高诱注说：“耰，椎也。”耰是指木制的榔头。汉代也出现了金属制的椎，并把它称为锤，如颜师古在注解《急就篇》时说：“铁锤以铁为锤，若今之称锤。亦可以击人，故从兵器之例，张良所用击秦副车，即此物也。”这种铁锤即是铁椎。棁是与椎极相类似的袖锤一类兵器，《淮南子》一书中称其为“袖棁”，颜师古注则训释说：“棁，小棓也，今俗呼为袖棁，官可藏于怀袖之中也。”

殳在汉代是指杖类兵器，无锋刃。《诗经·伯兮》毛传记载：“殳长丈二而无刃。”《周礼·司戈盾》郑玄注说：“殳如仗，长寻有（又）四尺。”《睡虎地秦简·法律答问》记载：“邦客与主人斗，以兵刃、殳梃、拳指伤人。”《广雅·释器》称：“殳，杖也。”《释名·释兵》说：“殳，殊也。……有所撞挃于车上，使殊离也。”《说文解字·殳部》说：“殳，以杖殊人也。”段玉裁《说文解字》注说：“殊，断也。以杖殊人者，谓以杖隔远之。”其用处在于以此来隔断行人。棓，是指类似于殳的一种兵器，段玉裁《说文解字》注说：“棓、棒，正、俗字。”棓和棒原是一件东西，只是称呼不同。

钩镶是指用来做钩和椎的两用兵器，中间安装盾牌，并带钩具以勾束敌人的武器。所以它是一种既可用于防御，又可用于勾杀的有效武器。在汉代出土的画像石刻中有清晰的记载。

汉代兵器中的又一大类别是短兵器。短兵器主要有剑、刀、拍髀和匕首。剑在先秦时期被称为“直兵”，关于其功用，《墨子·节用中》说：“为刺则入，击则断，旁击而不折，此剑之利也。”说明了击和刺是剑的主要使用特点。汉代不但有铁剑，也出现了质量上乘的钢剑，《汉书·景十三王传》中记载的“作七尺五寸剑”当属优质钢剑。汉代人佩剑，除用作防护之外，也有作装饰之用的，在官员和文人中尤其如此。

刀是汉代兵器中较为普遍使用的种类，《释名·释兵》记载：“刀，到也，以斩伐。到其所，乃击之也。”说明刀的功用主要在砍杀。汉代不仅有铜制刀，也有铁制和钢制刀具。刀器一般都带有装饰和彩绘，如鎏金错刀。汉代人除喜欢佩剑外，也喜欢佩刀，因其装饰精美。《续汉书·舆服志》记载了当时的佩刀“虎贲黄室虎文，其将白虎文”，可见佩刀的装饰之美。拍髀是何物呢?《释名·释兵》记载：“短刀曰拍髀，带时拍髀旁也。”汉代文献中也将它称作服刀，如《汉书·西域传》就说：“婼羌，山有铁，自作兵。兵有弓矢、服刀、剑、甲。”颜师古注说：“服刀，拍髀也。”因其刀身短，汉文献有时也称其为尺刀，如《汉书·李陵传》说：“军吏持尺刀，抵山入陋谷。”可见，拍髀即为短刀。而匕首则指短剑，《史记·吴太伯世家》索隐记载：“匕首，短剑也。”同书引《通俗文》说：“其头类匕，故曰匕首也。”在有关汉代的出土墓葬中，作为随葬品的匕首发现较多，一般为铜制或铁制，其制作和装饰比其他较大型的兵器更为精良。除了供防身护卫之用，作为工具和佩饰的作用似乎更为突出一些，河北满城汉墓出土的匕首在这些方面比较具有代表性。

除上面所述的兵器外，汉代兵器中属于发射器具的有弓、箭和与之相关的镞、箙、椟丸、盾、兰锜等。有关弓箭的制造技术，先秦时代即已取得了很高的成就，《考工记·弓人》记载了当时制弓已用干、角、筋、胶、丝、漆等“六材”。汉代的弓多为复合弓，也有少部分单体弓。《释名·释兵》记载：“弓，穹也，张之穹隆然也。其末曰箫，言箫梢也；又谓之弭，以骨为之，滑弭弭也。中央曰弣，弣，抚也，人所抚持也。箫、弣之间曰渊；渊，宛也，言宛曲也。”可见，对弓的各个部件此时已有详细的记录。根据汉代相关的文献记载可知，汉代比较重视制造和使用强弓，说明它在军事斗争中经常地被使用。有关箭的情况，北魏人阳承庆所写的《字统》说："大身大叶曰竹，小身大叶曰箭。箭竹主为矢，固谓矢为箭。"（《太平御览》卷三四九引）可见，箭常常与矢并称，"现存最完整的汉箭出土于居延甲渠侯官遗址，系西汉昭帝始元六年（公元前81年）所制。全长六十七厘米，装三棱铜镞，竹竿，有三条尾羽，镞和羽均缠丝涂漆以与杆相固着。杆末有缺口，名栝。"（参见孙机《汉代物质文化资料图说》，文物出版社1991年9月第1版）可见，汉代的箭矢，其制作工艺是很精良的。

所谓镞，应是箭的同名。汉代的箭镞以铜制居多，也有铁制的，其类型有三镰镞或四镰镞。所谓镰，《仪礼·乡饮酒礼》郑玄注记载："侧边曰廉。"《广雅·释言》记载："廉，棱也。"其中，"其三镰长尺六者，谓之飞宝。"东汉时代所说的飞宝箭，即指使用了这种飞宝箭镞的弓箭。《东观汉记》记载的"光武作飞宝箭以攻赤眉"，即是指此。孙机先生说："在汉代，这是杀伤力最强的箭。"并且，"由于汉代人常在强弩上使用它，……所以射程问题可以通过增强弩的发射力而得到解决。"（参见孙机《汉代物质文化资料图说》，文物出版社1991年9月第1版）

所谓"箙"，是指盛放箭矢的器皿。《周礼·司弓矢》郑玄注记载："箙，盛矢器，以兽皮为之。"《通俗文》记载："箭箙谓之步叉。"（《续汉书·舆服志》刘昭注引）说明了箙又可以称作步叉，但盛放箭矢的器具如果是圆形，则称作椟丸，《后汉书·南匈奴传》李贤注引《方言》说："藏弓为鞬，藏箭为韇丸。"《左传·昭公二十五年》杜预注说："椟丸是箭筩。"说明藏弓的鞬袋与藏箭的椟丸筒是完全不同的两种装置。

所谓盾，是防护自身的遮拦之具。汉代的盾以革盾为主，也有木盾，《释名·释兵》说："以木作之曰木盾。"盾在汉代又可称为干、櫓、盾等。此外，从有关出土的汉代画像石刻的记载中可知，铁制的盾在此时也出现了。沈从文所著《中国古代服饰研究》和周到、李京华所著《唐河针织厂汉画像石墓的发掘》中，均有汉代铁盾的相关记载与考察。依汉代冶铁工艺的发展水平，能够制造铁盾应该是并不奇怪的，至少是极有可能的。

所谓兰锜，是指摆放兵器的木架。《文选·西京赋》记载："武库禁兵，设在兰锜。"李贤注引《魏都赋》刘逵注说："受他兵曰兰，受弩曰锜。"就是说，放置弓弩的称锜，而放置其他兵器的则统称为兰。十分有趣的是，有关兵器的各种情况，除文献记载外，汉代的画像石及出土的汉代墓葬遗迹和随葬品，均从不同角度对相关问题进行了真实而全面的反映，在很大程度上弥补了文献资料的不足，而且其形象性的特点十分鲜明。

作为发射装置，在汉代还存在着弩和礮这样两种兵器。所谓弩，十分类似于弓，弓弩作为一个词连称也说明了它们功能的相似，《吴越春秋》所说“弩生于弓”就是这个意思。弩的主要特点在于，比起弓箭来，弩的发射装置更为灵活，射程更远。汉代弩机的机械化程度很高，《后汉书·陈球传》记载：“弦大木为弓，羽矛为矢，引机发之。远射千余步。”可见，汉代弩机的制作已达到了很高的水平。弩在汉代的军事活动中具有重要的作用，《汉书·李广传》说：“千弩俱发，应弦而倒。”《三国志·袁绍传》裴松之注引《英雄记》说：“强弩雷发，所中必倒。”都是说弩机在实战中的威力。汉代也组建了专门使用弩机的特种部队，汉代设有“强弩将军”，并有诸如“强弩都尉”“强弩司马”“强弩应机司马”等职官。《汉书·地理志》记载当时的南郡设有“发弩官”，意即主管操作弩机的教官。

与弩机相比，礮则是更为大型的发射武器，汉代也称礮为抛石机或炮。礮也称旝，《说文解字·㫃部》记载：“旝一曰建大木置石其上，发以机，以䭈敌。”汉代的礮可以发射很重的石弹，诸如“飞石重十二斤”“飞石重二十斤，为机发行三百步”等，都说明了礮在当时堪称战场上的重型武器——重炮。

在叙述有关汉代兵器知识的同时，应当而且有必要对军士的护身甲胄做一点介绍性的说明。道理自然很简单，军士如果不能够有效地防护和保卫自己，那么他使用兵器的有效性便要大打折扣。因此，作为汉代军士装备的甲、胄，自然应归入相关的兵器序列中。所谓甲，是指最初用皮革制成的用作防护的甲衣，据《吕氏春秋·贵卒篇》的记载，早在战国晚期，即已出现了铁甲，这种铁甲也被称为铠。《周礼·司甲》郑玄注说：“古用革谓之甲，今用金谓之铠。”秦代兵马俑中众多甲士俑的发现，正说明了着铁甲的武士在秦代已经出现的事实。铁甲在汉代又称作玄甲，《汉书·霍去病传》记载：“元狩六年（霍去病）薨，上悼之，发属国玄甲，军阵自长安至茂陵。”《史记·卫将军骠骑列传》张守节正义说：“玄甲，铁甲也。”这种铁甲在当时有不少骑士穿用，《东观汉记》记载："祭遵薨，……乃赠将军，给侯印绶，遣校尉发骑士四百人，被玄甲兜鍪，兵车军阵送葬。"（《太平御览》卷三五六引）铁甲在汉代已被广泛应用，是和汉代冶炼技术的提高不可分的。汉代最著名的铁甲是鱼鳞甲，因其甲片排列密集有序并呈鱼鳞状而得名。

所谓胄，是指汉代军士所戴之头盔。汉代军士戴革胄要比戴铁胄更为普遍。一般说来，胄上都有一些装饰物品，这种情况尽管文献所见不多，但汉代壁画及汉代出土的墓葬遗址却有大量的刻画，从一个方面弥补了相关文献资料的不足。《尚书正义》说："经典皆言甲胄。秦世以来始有铠，兜鍪之文，古之作甲用皮，秦汉以来用铁。铠、鍪二字皆从金，盖用铁为之，因以作名。"这也说明，秦代铁胄的出现已是不争的事实。"汉承秦制"，汉代铁胄的数量当也不在少数。

第四章

秦汉时代的城乡生活

第一节　秦汉时代的城市

秦汉时期，我国城市的分布是以中原地区为核心，呈放射状发展的。先秦战国时代，城市即开始大量出现，按照郡县制的行政区划，在县一级地区开始建筑城垣，城中布市。郡一级地区的城市则要比县为大。先秦时代，我国一些地区的城市规模已经很大，几十万人口的大城

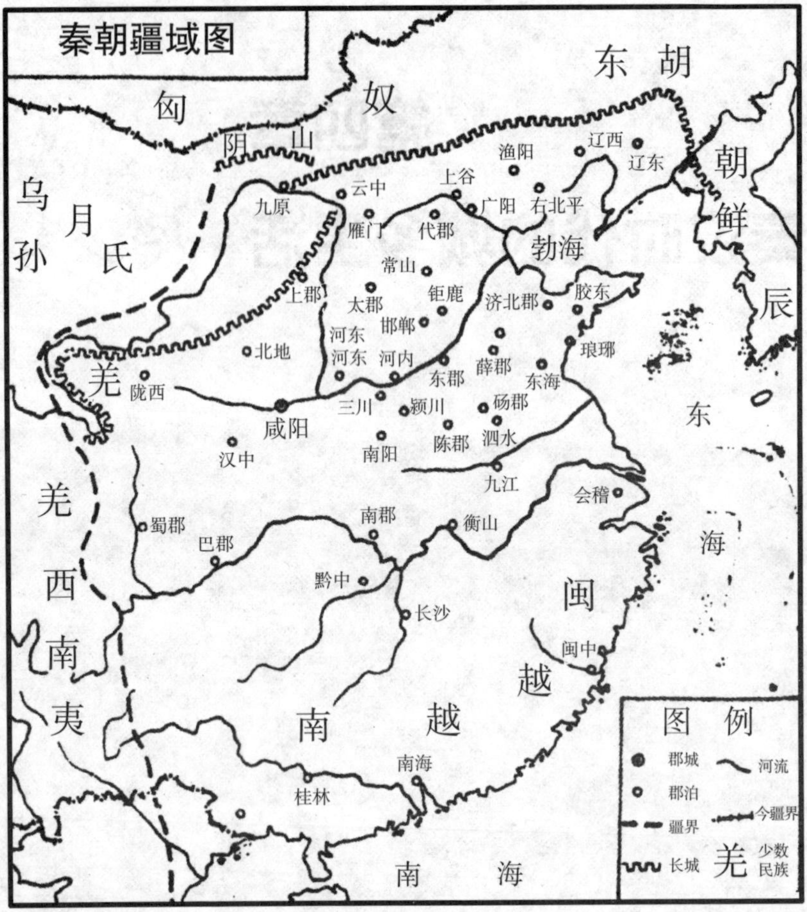

❖ 秦朝疆域图

秦代疆域东到大海，西越葱岭，南及南海，北至朔漠，幅员辽阔，版图广大

市已为数不少。到秦汉时期，我国统一的辽阔疆域以及这一时期经济文化的全面进步，使得许多新兴城市拔地而起，原有城市的规模和人口迅速扩大，交通、工商业也更为发达。城市的管理和建设布局开始系统化和条理化。

秦汉时期，沿袭了郡县立城的传统，因此秦汉所拥有的郡县数也就大体上成为秦汉所拥有的城市数目。但有一点应该明确，城市的规模是不等的，比如在县一级筑邑城，城的规格一般就不大，比今天的县级市恐怕还要小许多，应当属于市镇的规模。按照《汉书·地理志》和《后汉书·郡国志》的记载，秦代有“三十六郡、县邑数百”。那么，秦代较大的城市应该不出这36个，而数百个县邑之城在当时不过仅能算作较小的镇而已，并且这“三十六郡”的大小也是不同的，真正称得上大城市的并不很多。

两汉时期，城市的增加和发展比较突出。西汉平帝时，“凡郡、国百三，县、邑、道、侯国千五百八十七。”东汉顺帝时，“凡郡、国百五，县、邑、道、侯国千一百八十。”故郡县筑城的比例要比秦代为高，但大量的扩展还是地方小镇。就当时的实际情况而言，也只能如此。至于县以下的乡邑有市的存在，但却构不成城的规模。所以，东汉王符在《潜夫论·浮侈篇》中所说的“天下百郡千县，市邑万数”，只是就总体数量和总体规模而言。

秦汉城市的最初建立，很大程度上是基于当时军事斗争的需要。如：秦代为加强北部边防，在统一后不久，便派大将蒙恬率领数十万军队北击匈奴。《汉书·匈奴传》说，蒙恬和他的军队“悉收河（黄河）南地，因河为塞，筑四十四县城临河，徙适戍以充之”。

西汉武帝时也是为了防御匈奴，在今天的河西走廊地区构筑了著名的武威、张掖、酒泉、敦煌四郡城郭。有学者统计，河西四郡到西汉末年已管辖35个县；而到东汉时，河西县城的总数已为43城。（参见林剑鸣、余华青、周天游、黄留珠《秦汉社会文明》，西北大学出版社1985年9月第1版）秦汉城市在后续的发展中逐渐脱离了最初的军事目的，而开始将重心转向经济和文化方面。20世纪70年代，在今天内蒙古和林格尔东汉墓葬壁画中，出土发现了汉代上谷郡宁县（属于今河北以北）县城图，其中画有宁县县城的城墙、城门、街道、市场、衙署等多项建筑。从中可见东汉边地城市的功能已经颇为完善，城市经济也已十分发达。

秦汉时期，人口的增加和工商业的发展，是城市数量迅速扩张的最主要原因。据《汉书·地理志》统计，西汉末年人口总数已近6000万人。并且这也是当时政府所能掌握的数字，实际脱漏户籍者还未计算在内，人口的增长速度是相当快的。《史记·秦始皇本纪》记载，秦在统一以后，“徙天下豪富于咸阳十二万户。”汉代长安城按李悝“五口之家”的数字来计算，就是60万人。咸阳城是战国时期秦国的国都，人口至少也不应低于10万人，因此秦代咸阳城的人口至少也应在70万人以上，甚至不排除达到百万的可能。这么多的人口聚集城中，城市的相应建设也就可想而知了。汉代的国都长安城，其人口数也很大，《汉书·地理志》记载，长安“户八万八百，口二十四万六千二百”。这也是排除了居住城中的皇族、军队、刑徒以及家内或官府奴婢等人的数字。而且，《汉书》并没有交代上述数字是西汉的哪一个时期，也没有说明这80800户人都是些什么人。以中国自然经济的家内人口统计，按照李悝的标准，长安人口至少也应在40万人以上，这还不算我们所排除的因素。这又是什么缘故？如此等等，使我们在检阅如《汉书》一类的文献时不能不做细致的研究和分析。其他如洛阳城的情况也大体如此。《汉书·地理志》又详细记载了西汉元始年间郡县城市的人口。“计有：左冯翊之长陵有户五万五十七，口十七万九千四百六十九；右扶风之茂陵有户六万一千八十七，口二十七万七千二百七十七；河南郡之洛阳有户五万二千八百三十九；颍川郡之阳翟有户四万一千六百五十，口十万九千；同郡之傿陵有户四万九千一百一，口二十六万一千四百一十八；南阳郡之宛有户四万七千五百四十七；蜀郡之成都有户七万六千二百五十六；鲁国之鲁有户五万二千；楚国之彭城有户四万一百九十六。”《汉书》所载的这组数字也是出现了同样的问题；但仅就此组数字而言，秦汉郡县城市的人口也还是不少的。

秦汉的一些地方城市，人口数量有的也达到几十万，如齐鲁之地的临淄城，在汉代就曾达到50万人以上。秦汉城市人口的迅速增加还有移民和流动人口的因素。以东汉末年的邺城为例，先后移入该城的人口即有：李典的部曲宗族1.3万余人，梁习的数万人，杜袭的8万余人。所以曹操曾踌躇满志地说：“今邺县甚大，一乡万数千户。”（《北堂书钞》卷七七引魏武帝《选举令》）秦汉城市人口的分布特点还表现在，边远城市的人口较少，而中心城市或交通孔道中的城市人口分布较为密集。秦汉城市中都有哪些人居住其间呢？东汉人王符在《潜夫论·浮侈篇》中以洛阳为实际考察对象，作了如下记载："今察洛阳，浮末者什于农夫，虚伪游手者什于浮末……天下百郡千县，市邑万数，类皆如此。"换言之，在秦汉城市中，农人的比例极小，这部分农人也不应是一般农民，而应是农业地主；从事工商业的末技之人次之；官僚、贵族等纯消费人群的比例较大。由此可见，秦汉城市的商业和行政功能在逐渐增强，城乡分工的趋势进一步加快。当然，王符所说的"类皆如此"倒不一定都如此。洛阳为东汉都城，官吏和行政机构庞大也属必然。而其他许多中小城市，也包括一些大城市，城市的商业经济功能和文化功能应当成为主流，特别是众多的县邑乡镇就更是如此。

秦汉时期，城市的建设规模不断扩大，许多方面超过了前代。先秦时期，城市一般不大，有关城区的范围、尺度乃至墙垣的高度都严格遵循礼制和等级制的要求。《左传·隐公元年》记载，祭仲曰："都，城过百雉，国之害也。先王之制：大都，不过三国之一；中，五之一；小，九之一。"按当时的计量单位，城墙高一丈、长三丈为一雉。诸侯国的国都，其城区周长不能超过三百丈，其下的大都邑不能超过一百丈，中小都邑则不能超过二十丈和十一丈。《战国策·赵策三》记载："古者四海之内分为万国。城虽大，无过三百丈者；人虽众，无过三千家者。"可见，这一时期对营城筑区有十分严格的限制，超过这个限度，按礼制的说法就是图谋不轨。

秦汉时期，则全面突破了这个限制。根据考古发现和文献记载，秦汉时诸如咸阳、长安、洛阳等大城市，其环城周长最短为今天的15公里，最长为今天的30公里。（参见林剑鸣、余华青、周天游、黄留珠《秦汉社会文明》，西北大学出版社1985年9月第1版）最具典型意义的是《汉书·梁孝王传》的记载，文中说梁孝王，"广睢阳城七十里，大治宫室，为复道，自宫连属于平台三十余里。"这个例子比较特别，也丝毫看不到先秦礼制的影子了。

在城市规模扩大的同时，秦汉时期的城市规划和布局也在日臻完善。秦汉人在城市兴建中非常重视自然地理的位置、环境和水源等多项生活和经济的因素，同时也附以政治和军事的考虑。如西汉的晁错认

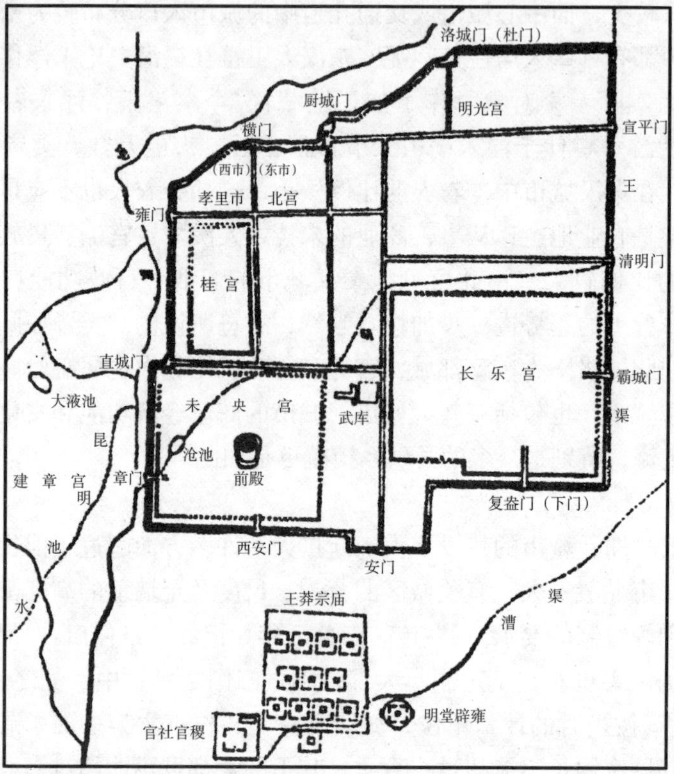

❖ 汉代长安城

根据我国考古学者的挖掘与技术复原，长安城在汉代已形成了我国城市的完整格局，城区内部的分布错落有致，以城市为中心的自然与人文景观独具特色

为，营建城邑时要“相其阴阳之和，尝其水泉之味，审其土地之宜，观其草木之饶，然后营邑立城，制里割宅，通田作之道，正阡陌之界，先为筑室，家有一堂二内，门户之闭；置器物焉，民至有所居，作有所用，此民所以轻去故乡而劝之新邑也。为置医巫，以救疾病，以修祭祀，男女有昏，生死相恤，坟墓相从，种树蓄长，室屋完安，此所以使民乐其处而有长居之心也”。晁错在规划新城的建设时，已将土地、水源以及与生活密切相关的医疗、居住、行路等各项内容都做出了通盘设想。甚至在东汉末年，董卓挟持汉献帝迁都长安时也说：“关中肥饶，故秦得并吞六国。且陇右材木自出，致之甚易。又杜陵南山下有武帝故

瓦陶灶数千所，并功营之，可使一朝而辨。”(《后汉书·杨彪传》)这就不仅考虑到了地理位置，也考虑到了相应的资源问题。

秦汉时代的城市布局结构严整，以城中主要干道为经纬线，城内所属的宫殿、官署、街巷、民宅、店铺、集市、学校、医院等主要区域分列其间。以西汉的长安和东汉的洛阳为代表，则大体可以看出秦汉城市布局的基本特点。中国古代城市的最突出特点是，城的四周建有高大的城墙，在陆上赶路的人们如果没有山的阻隔，则在很远就可以遥望到所要到达的城市。据有关学者考证，西汉的长安城城墙底部宽达16米，残存于今的城墙最高处为8米；但就汉代长安城的实际情况而言，可能的高度或许不止于8米。东汉洛阳城的城墙宽度为14~30米，残墙高度为5~7米。长安和洛阳在城墙中都设有十二道门，分东西南北四个方向各置三道门，其中三门中的中间一道门为最大。城墙外围环绕城区挖有护城河，即一般所说的城池。在城的四个角上分别筑有向外突出的敌台，汉代也有的城市在城门外还筑有瓮城。可见，城市的防御功能仍是汉代城市的一个重要内容。其他一些郡国城市的城墙高度和墙宽要小于都城，城门也少至每边两门或一门，但结构布局则基本没有变化。

秦汉城市宫殿和官署占据着城中的主要位置，在宫殿区四周还另外筑有宫墙。据考古勘测，汉代长安城中的长乐宫和未央宫的宫墙长度分别为10公里多和接近9公里。这两处宫殿区就占据了长安城全城面积的二分之一。(参见林剑鸣等《秦汉社会文明》，转引自武伯纶《西安历史述略》)东汉洛阳的情况也大体如此。而其他一些郡县城市，官署、宫殿也处于城市的中心位置。因此，秦汉城市的政治功能是它的又一特点。

秦汉城市的街巷布局呈经纬分布，《三辅黄图》卷二引《三辅旧事》记载：“长安城中八街九陌。”《后汉书·百官志》注引蔡质《汉仪》记载：“洛阳二十四街。”所谓“八街九陌”和“二十四街”，即是纵横交叉排列，犹如今天的东西为路、南北为街的排列。前面我们曾说道，城门中以居中者为最大，城内街道也相应地以通往各自方向的中心城门为最宽。以长安城为例，最大的一条街道南北纵贯5000多米，宽达20米，全部街面近50平方米，皇帝专行的驰道处在正中位置。东汉洛阳城的街道宽、长及一些设施也同长安城极其相似。秦汉城市的又一重要成就是“复道”的建设，其特点是部分建于地面之上，可以跨越其他街路或建筑物，形成立体人行桥；但在汉代，它的使用权和专属权只属于皇帝所有。

秦汉城市居民居住区域的分布以官僚贵族、富商巨贾为主，特别是在都市和大城市体现的比较明显。城中住宅区以闾里为单位，大部分靠近宫殿区和官署区，住宅建筑豪华连栋，《后汉书·曹节传》记载了曹节在长安“缮修第舍，连里竞巷”的情况。平民在都市的居住比例一般不大，他们多分布在郡县一级的市镇中居住。

秦汉城市的另一个重要特点是它的经济功能，具体表现在商业市场的建设和经营上。就城市的布局来看，市场有自己的专门区域，不同其他区域相混合，离宫殿区也比较远，有些经营项目和经营市场则安排到城外的特定区域。城内的市场周围也筑有墙垣，并有市门出入。

秦代以后，城市建设已不局限于城区本身，一些城市的外围郊区也开始得到开发建设，郊外分布的建筑群落主要是祭祀礼仪之用和皇族的别墅苑囿区。此外，尚有一些小商人和闲居的官吏士人居住于此。

秦汉时代，城市的社会文化生活丰富多彩，表现为物质和精神生活两个方面。秦汉城市的数量较多，一些大城市的人口多达几十万甚至上百万，粮食供应成为城市生活的重大内容。如以汉代长安人口80万计，每人月平均需粮2石左右，则全城每年就需要粮食1920万石左右。这样大的粮食需求，仅靠城市周边地区是根本不能满足和保障的。为此，就需要从关东和江南地区大量转输粮食。运粮的主要手段是依靠沿河漕运，同时在城市附近修筑大型粮仓用以储备之需。从汉武帝开始，漕运便相沿不断，《史记·平准书》记录了武帝时漕运曾达到“岁六百万石”。《汉书·食货志》也记载了汉宣帝以前京师漕运的大概情形：“故事，岁漕关东谷四百万斛以给京师，用卒六万人。”可见其规模之大，所需人力亦大。秦汉时代的粮仓储备曾见于法律文献，《秦律·仓律》规定：地方粮仓储存粮谷一万石为一积；但一积的石数随城市的不同而有差别，如栎阳城为一积二万石，咸阳城为一积十万石。可见，秦代也曾建有特大型粮仓，秦末刘邦曾说咸阳“仓粟多”也足可为证。秦汉时代，位于洛阳附近的敖仓最为著名，有关转输粮谷到敖仓、修缮敖仓及利用敖仓提供粮谷的记载在秦汉文献中屡屡出现。而其他城市所建粮仓也很多，诸如“太仓”“甘泉仓”“细柳仓”“嘉仓”等。所以，《史记·

❖ 汉代掘井图

此图为汉代提水机具桔槔

平准书》说“太仓之粟陈陈相因，充溢露积于外，至腐败不可食”，是有根据的。秦汉政府保证了城市粮食的正常供应，也就保证了封建城市的正常运转。此外，秦汉时期，在城郊地区，也大规模地进行农副业经营，生产粮食和蔬菜，以部分地供给和调剂城市的市场需要。

秦汉城市生活中，还十分重视城市供水建设。秦汉城市的特点之一是城市依水滨而筑，这样可以充分利用自然河流或开凿河渠以引水入城。《水经注·渭水篇》载，“前汉之末，王氏五侯大治池宅。引沉水入长安城”即是一例。这一时期，除利用地表水外，也充分开掘了地下水，人工水井开始出现，所谓“市井”一词即是与此有关。有些水井甚至出现在住宅庭院之中，在汉代画像砖石及考古发掘中，地下水及水井的发现很多。此外，近城湖泊水系也构成了城市居民用水的又一来源。如长安西南的昆明池，开凿于西汉武帝时期，规模达332顷，是当时长安西南的著名人工湖。（参见林剑鸣、余华青、周天游、黄留珠《秦汉社会文明》，西北大学出版社1985年9月第1版）秦汉城市生活的物质内容还包括城市手工业的发达情况。手工作坊的专业化分工十分精细，分布的区域也比较固定。以汉代洛阳城为例，有制造经营陶器的“陶市”，有制作布匹的“布市”，有制售铁器日用品的“铁市”，以及贩卖马匹的“马市”，等等。商业经营往往与此相关，形成固定的制作区和售卖区。

秦汉时期，城市居民的文化生活也十分活跃。两汉政府接收了秦代以来的大量官方藏书和文献。据《汉书·艺文志》统计，西汉末年，官方所收书籍已达“六略、三十八种，五百九十六家、万三千二百六十九卷”。西汉时，在长安先后建有石渠阁、天禄阁、兰台等藏书楼；东汉时，在洛阳先后建有辟雍、东观、兰台、石室、宣明、鸿都等藏书处。两地都汇集了自先秦以来的典策文章和缣帛图书。两汉时代的私人藏书家也不在少数，如：汉代的河间献王刘德藏书甚多，几乎可以与汉代官方藏书相媲美；东汉著名的文士蔡邕，其家藏书近万卷；汉代杰出的女文人蔡文姬，也从其父蔡邕手中获赐图书4000余卷。汉代城市贸易区也有专门的市肆经营图书，史载王充年轻时，“常游洛阳市肆，阅所卖书。”（《后汉书·王充传》）在汉代的城市（如长安、洛阳等都市）中，汉代政府还设有太学，即我国最早的国立大学。到东汉末年，在太学读书的太学生已达3万多人。在郡县城镇，各级学官和乡校也普遍招收学生入学讲习，史载：“立官稷及学官。郡国为学，县、道、邑、侯国曰校。校、学置经师一人。乡曰庠，聚曰序。序、庠置孝经师一人。”（《汉书·平帝纪》）城市中各种私门授业的人也很多，有的讲学者，其门下徒众竟达千余人之多。

秦汉的城市又是科学研究的基地，两汉时期的许多重大学术和科研成果也是在城市中完成的。如：“太初历”的制定，“浑天仪”的制作，“候风地动仪”的发明，都是如此。（参见林剑鸣、余华青、周天游、黄留珠《秦汉社会文明》，西北大学出版社1985年9月第1版）一些科研设施也相继在城市中建立起来，如东汉洛阳用于天文观测的灵台的修建。汉代的长安城也建有灵台装置。在秦汉的城市里，娱乐是人们日常生活的内容之一。歌舞、杂技、幻术、摔跤、鼓吹、俳优、角抵等节目百变奇出，说书人也开始在汉代的一些城市中出现，外来的西域胡舞、胡乐也开始在城市中上演，文化交流的气氛越来越浓厚。秦汉城市在其创建的过程中，曾直接间接地注意到了对城市环境卫生的建设和管理。城区内大量种植树木，如在城内大路两旁均种植有行道树。《后汉书·百官志》就记载了汉代种树于道边的情况，政府并设有专职官吏将作大匠来管理此事，“掌修作宗庙、路寝、宫室、陵园木土之功，并树桐梓之类列于道侧。”在城内的官府、宫殿和住宅区内也遍种树木，《汉书·朱博传》记载了汉朝御史府内有很多所属官衙区“列柏树，常有野鸟数千栖宿其上”的情形。

而从《汉书·食货志》中我们甚至可以看到，西汉末年的王莽规定：“城郭中宅不树艺者为不毛，出三夫之布。”即强制命令城市市民必须种树。秦汉时期，许多城市中也开挖和新建了众多人工湖和水榭池亭，这些湖泊和水池排列得错落有致，不仅点缀着城市的外貌，而且烘托了城市的人文自然景观，起到了净化空气和调节气候的作用。在加强环境建设的同时，对破坏环境卫生的行为则给予相应的处罚，重者要加予刑罚。如秦朝就曾规定，对“弃灰于道者”要判处一定的刑罚。秦汉时期，街区路面主要还是以土路为主，尽管经过夯筑碾压，但是仍然不能避免尘土飞扬，沿路空气易于浑浊，因而汉代人较早注意并采用以水压尘的方法，使得街路的环境卫生状况有了很大改善。并且，“又作翻车渴乌，施于桥西，用洒南北郊路，以省百姓洒道之费。”（《后汉书·张让传》）秦汉时期，城区内也较好地解决了污水处理和清淤问题。从文献记载和考古发掘中都证实了秦汉许多城市中都有下水管道的存在，而在道路两旁则开凿有水沟以便于输水之用。颜师古在注《汉书·刘屈氂传》中说：“沟，街衢之旁通水者也。”就是说，汉代街道两旁的水沟是为输水之用的。

秦汉时代的城市是秦汉时代各方面情况的浓缩和写照。虽然在自然经济的大背景下，秦汉城市的主体地位尚不清晰，但透过城市生活面貌和城市自身的消长，也仍然不难找出我们所要追寻的秦汉社会生活的基本线索。这样的线索对于历史地考察秦汉时代无疑是有价值的。

第二节　秦汉时代的边塞

所谓塞，在汉代人的观念里常常指北方地区，具体说来，是指西北、正北和东北这“三北”地区。如汉代“复缮故秦时蒙恬所为塞，因河而为固”（《汉书·匈奴传》），即指元朔二年（公元前127年），汉将军卫青收复河南地（指今内蒙古伊盟及河套地区）。北部边塞多为荒凉之区，人烟稀少，所居人口多为少数民族。

有些少数民族建立的军事政权常常同秦汉中央政权抗衡，如北方的匈奴族，长期以来一直过着“逐水草而迁徙”的草原游牧生活，《汉书·匈奴传》记载这个民族的生活习俗时说：“逐水草而迁徙，无城郭常居耕田之业，然亦各有分地。无文书，以言语为约束。儿能骑羊，引弓射鸟鼠，少长则射狐兔，肉食。士力能弯弓，尽为甲骑。其俗，宽则随畜田猎禽兽为生业，急则人习战攻以侵伐，其天性也。其长兵则弓矢，短兵则刀铤。利则进，不利则退，不羞遁走。苟利所在，不知礼义，自君王以下咸食畜肉，衣其皮革，被旃裘。壮者食肥美，老者饮食其余。贵壮健，贱老弱，父死，妻其后母；兄弟死，皆取其妻妻之。其俗有名不讳而无字。”可见，无论从饮食或礼仪，还是日常生活或崇尚习俗，匈奴族人与内地的汉族相比都有很大的差异。同时，匈奴族也不断南下掠夺人口、牲畜和财物，使得北方边塞在秦汉时代一直处于军事斗争的焦点。西汉惠帝时，汉政权为缓和同匈奴的关系，便已开始采取和亲政策。而到了文帝时期，匈奴犯边愈益频仍，史载：“至孝文即位，复修和亲，其三年夏，匈奴右贤王入居河南地为寇，于是文帝下诏曰：‘汉与匈奴约为昆弟，无侵害边境，所以输遗匈奴甚厚。今右贤王离其国，将众居河南地，非常故。往来入塞，捕杀吏卒，驱侵上郡保塞蛮夷，令不得居其故。凌轹边吏，入盗，甚傲无道，非约也。其发边吏车骑八万诣高奴，遣丞相灌婴将击右贤王。”（《汉书·匈奴传》）可见，文帝深知和亲只是暂时缓解匈奴的骚扰，并不能从根本上解决问题，首要任务还是应加强军事斗争的准备。故汉政权除了采取和亲政策以稳定北方之外，很大的精力用在了加固塞防的措施上。如秦代所修的长城主要就是用来防御北部塞外匈奴族的攻掠。公元前102年，汉政权又在阴山以北修筑长城，将秦代所筑长城分别向北、向东西延展，构成了秦汉两代具鲜明特点的塞防工事。史载：“北边自敦煌至辽东，万一千五百余里，乘塞列燧，有吏士数千人。”（《汉书·赵充国传》）而《汉书·西域传》则记载：“自敦煌西至盐泽（今罗布淖尔），往往起亭。”这里所说的“亭”，应当就是长城在从敦煌向西延伸过程中各段之间用于守卫、观敌和联络所用的烽火台或哨卡。孙机先生经考察确定认为，“今天看到的最西部的烽台已经过了库尔勒、轮台，位于库车的西北。”（参见孙机《汉代物质文化资料图说》，文物出版社1991年9月第1版）说明作为塞防工事的长城已延伸到今天我国新疆地区的腹地。

《汉书·李陵传》颜注说：“障者，塞上险要之处，往往修筑，别置候望之人，所以自障蔽而伺敌也。”孙机先生认为，障是指在边塞的险要处筑小城屯守。《国语·晋语》韦昭注上说：“小障为坞”。坞指小城堡，但在秦汉时代它又指亭燧，先秦时代似又将障和坞等同起来看。据此可知，所谓障或障城，一般说来规模也不会很大。隧，从先秦到两汉文献都指称其为烽火台，即所说的烽燧（隧）。《说文解字》解释“隧”字时说：“燧，塞上亭守烽火者。”这样的烽火台也可以作为哨卡和守望之用，彼此之间可以互为依托。孙机先生说：“以甲渠塞为例，据考古调查，其防区长约五十公里，每两隧相距约一千三百米。”（参见孙机《汉代物质文化资料图说》，文物出版社1991年9月第1版）甲渠段的情况可以从一个方面说明汉代长城障隧的一般隋况，其他各段的烽隧间距也应该大致如此。这样设置的一个重要原因是便于汉朝的军队巡边防守，《汉书·匈奴传》引颜师古注说：“汉律，近塞郡皆置尉，百里一人，士史、尉史各二人巡行徼塞也。”

沿北部边塞万余里的长城各段，因地质地貌、气候环境及当地出产等具体情况，在修筑方法和所用材质上便有很大的不同。《汉书·匈奴传》记载：“起塞以来，百有余年。非皆以土垣也，或因山岩石，木柴僵落，谿水门，稍稍平之。卒徒筑治，功费久远，不可胜计。”这正是表明了汉政府因地制宜、因时之便及就地取材的灵活做法。可见，长城各段的建筑材料是不同的。《后汉书·王霸传》记载长城所经过的内蒙古某段用“堆石布土”来形容，它和燕地一带直至辽东地区的砖石结构便有了差异。

前面曾说过，所谓障，是指边塞险要之处所修筑以供军士观候敌情之所，《史记·匈奴列传》张守节正义记载：“障，山中小城。”而对于坞，《说文解字·阜部》则说：“坞，小障也。”小障应即小城，因作为防敌蔽身之用，显然系指边塞的防御工事。《国语·晋语》引韦昭注说：“小障为坞。”孙机先生认为，障和坞是有区别的，障指障城，坞指亭隧。在这些边塞障坞中安装有多种用来攻防的设施，其中，有弩机用来发射箭镞，也有用来观测距离的仪器。《淮南子·泰族训》记载：“人欲知高下而不能，教之用管准则说；欲知轻重而无以，予之权衡则喜；欲知远近而不能，教之以金目则快。”高诱注解说：“金目，深目。所以望远近，射准也。”可知这种仪器的名称叫深目。据文献记载，深目的功能已很接近或类似于今天的望远镜了，当然它也兼具测绘的功效，这又是望远镜不能替代的。

除障和坞外，汉代的北部边塞还有一种用来传递烽火和守望的堠。所谓堠，一般是指方台。出土的《居延汉简》记载："堠高四丈，上堞高五尺。"可见，这种被称作"堠"的方台原是指烽火台。

秦汉两代守卫边塞的任务是相当繁重的，《汉书·贾谊传》记载："斥候望烽燧不得卧，将吏被介胄而睡。"可见守边将士的生活是很艰苦的。将士们常常用缯或布制作的旗帜来传递信息，被称作表。苣，则指点燃草苣以形成烽火。积薪，是指用大、小柴草开成火堆，也就是《墨子·旗帜篇》上所说："樵薪有积，萑苇有积。"比较用苣草点燃的烽火信号来，积薪的烟焰更大、更明显，其表示敌情的急迫程度也就越发强烈。

第三节　秦汉交通与交通工具

秦汉时代，为军事斗争、经济交流以及传布政令的需要，两朝政府都优先开发了新的交通路线。

秦汉时代的人们所使用的交通工具可以按照陆路与水路交通而分作两大类，陆路以车为主，水路则利用船只航行。

一、秦汉陆路交通

秦朝建立后，虽然形成了统一的专制主义的中央集权封建国家，但在如此辽阔的行政区划内也还存在着不安定的因素。在漠北草原地带存在着强大的匈奴奴隶主政权，其兵力不下数十万，控驭着黄河河套以北的大部地区，随时都可进入内地。秦及西汉前期，北部边防始终处于紧张状态，汉政府所损失的人畜和财产十分巨大。因此，秦汉兵锋北顾，确保北部屏障的安全就成为当务之急。与此同时，在今天五岭以南的广大地区，还散布着号称"百越"的南方各政权。这些地方政权实行土著土司管理，对中央政府则常常是阳奉阴违，成为中央政府行使有效管辖的一大隐患，消除这一隐患也属刻不容缓。为此，秦朝中央政府必须保证自身的交通运输线路畅通无阻，才能确保军队和军需粮草的及时运送。秦朝立国后，其交通重心便有意识地投放到上述南北两条线上。

在北线，秦始皇三十五年（公元前212年），开始营建“直道”，由当时的北部边防总指挥蒙恬负责。据考古发掘和现存遗迹考查，直道的线路大体从咸阳城西北的云阳开始，经过今天陕西淳化的秦代林光宫向北延伸，而后进入鄂尔多斯草原，又经由内蒙古乌审旗北部，过东胜线，在汉代王昭君墓前渡黄河，最后到达包头市附近的秦朝九原郡。线路全长900公里，沿途跨越山陵峡谷，工程极其浩大。因为这条道路基本上直达北部边地，中间少有迂回，故称直道。

东汉建立后，光武初年又在北部地区建设了另外一条道路，即历史上所说的“飞狐道”。《后汉书·王霸传》记载此事说：“（王霸）将弛刑徒六千余人，与杜茂治飞狐道，堆石布土筑起亭障，自代至平城三百余里。”目的在于阻止北部匈奴、乌桓的掠边杀掳行为。飞狐道从今天的山西大同市附近出发，经由河北蔚县向北延伸，是与直道大体相平行并偏东一点的一条重要的北向通道。东汉在这条线路上布设亭障，也就有了军事据点和中转站，对于军队的开进、物资的囤积和商旅的往来显然都比秦代更为完善和便捷。直道和飞狐道在秦汉时期的军事目的和军事作用十分突出，但它也不仅仅限于军事活动。在秦汉时期，特别在两汉时期，随着商业活动的增加，这两条道路的经济意义也就变得越来越大。北部沿线的第三条道路是靠近西北边境的“回中道”。这条道路始建于汉武帝元封四年（公元前107年），起自今天陕西陇县以南的汧和今天陕西陇县西北的回中，直通今天宁夏固原的萧关。回中道的特点是山道很多，并且西汉武帝最初修建这条道路时是为巡幸北部边镇，“祠五畤”而作，一开始并不带有军事色彩。但是到了东汉光武帝时期，为进军甘陇，光武帝的手下将领来歙从番须、回中开辟道路，将此前的回中道延伸至略阳城，打通了通往凉州一线的交通，并把略阳作为西北防务的一个军事重镇，其军事意义就十分明显了。

在南线，秦代为征伐南粤，修筑了“新道”。关于这条线路，文献上无明确记载，据近人考证，约有以下四条：一是从江西南安翻越大庾岭后进入广东的南雄；二是从湖南郴州过南岭进入广东的连州；三是从湖南道州进达广西的贺县；四是从湖南全州进入广西的静江。这四条新道的特点是都必须翻越五岭才能进入南越地区，史载：“西自衡山南，东穷海，一山之限耳。”（《南越笔记》卷二）因此，“自北徂南，入越之道必由岭。”（《通典》卷一八四《州郡十四》）五岭是必经之山。《后汉书·循吏传》记载，东汉建武二年（公元26年），桂阳太守卫飒曾“凿山通道五百余里”，沟通了岭南地区含洭、浈阳、曲江三县的交通。建初八年（公元83年），大司农郑弘又“奏开云陵、桂阳峤道，于是夷道，至今遂为常路”（《后汉书·郑弘传》）。可见，汉代又在秦代南线筑路的基础上有了扩大和延伸。

秦汉时期对西南的交通极为重视。早在战国时代，秦将司马错攻略蜀地时所经道路称为石牛道，也叫作金牛道。其路线大体从今天四川勉县向西南而行，跨越七盘岭后，经由朝天驿而直奔剑门关。《史记·高祖本纪》《索隐》载：“崔浩云：险绝之处，傍凿山岩，而施板梁为阁。”也就是在靠近山腰处凿石为洞，每隔一定间距地排列起来，然后将大块的方木嵌入洞中，上面铺板，形成悬空的板阁之路。这是当时人们在并不掌握用火药炸石而劈山开路又不易进行的前提下，针对西南悬崖峭壁、奇山多岭的地势地貌特点而创造的一种有效的筑路方法。（参见林剑鸣、余华青、周天游、黄留珠《秦汉社会文明》，西北大学出版社1985年9月第1版）今天人们所习诵的“明修栈道”一语，就是上边所说的石牛道，又称栈道或阁道。

秦代在西南的巴蜀之地还建有子午道和故道。子午道也是栈道。为什么叫子午道呢？《汉书·王莽传》引《颜师古注》说：“子，北方也；午，南方也。言通南北道相当，故谓之子午耳。”子午道的线路大约是从杜陵起始，向南经过蚀中，最后进入汉中。《史记·高祖本纪》记载此事说：“汉王（刘邦）之国，项王使卒三万人从，楚与诸侯之慕从者数万人，从杜南入蚀中，去辄烧绝栈道，以备诸侯盗兵袭之，亦示项羽无东意。”说明对上述线路的描述是不错的。所谓故道，是指蜀地的故道县，在它的北边是秦汉时期称之为右扶风的陈仓县，因此也常被人们叫作陈仓道。这条故道的特点是地处偏僻的川西之地，人烟稀少。上述两条道路都是不大方便的，道路艰险，偏僻多坂，在当时也只能勉强使用。

汉武帝时，为解决西南地区长久以来的交通不便情况，汉政府开通了褒斜道。褒斜道从源于秦岭的褒、斜二水出发，途经今天的陕西眉县一侧，而后越过太白山，最后到达今天陕西褒城附近的山路。这条道路

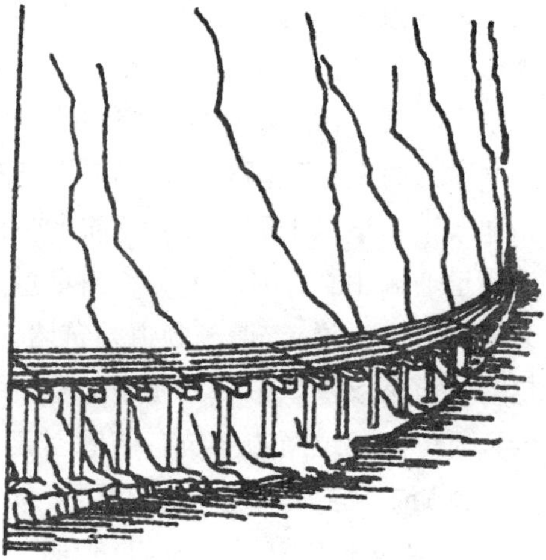

❖ 汉代栈道图

栈道在汉代也称为阁道，是在极为危险的山岩上凿石铺板作为道路之用

成为由关中入川的主要通路，而且相对于石牛道、子午道和故道来说，都要便捷得多，故《史记·货殖列传》记载：“巴蜀栈道千里，无所不通，唯褒斜绾毂其口。”栈道是秦汉时期极具特点的交通道路，其险绝程度也极高。《析里桥逋阁颂》记载：“缘崖凿石，处隐定柱，临深长渊，三百余丈，接木相连，号为万柱。过者慄慄，载乘为下。常车迎布，岁数千两。遭遇隤纳，人物俱陨。沈没洪渊，酷烈为祸。自古迄今，莫不创楚。”（参见林剑鸣等《秦汉社会文明》，转引自《劳干学术论文集》甲编之《论汉代陆运和水运》）所以秦汉时期对栈道的修复不仅是经常的，而且所耗费的人力、物力也是很大的。

这里试举东汉明帝永平六年（公元63年）的例子，也许对它的耗费量可以有一个更清晰的认识。《全后汉文》卷九八《鄐君开褒斜道摩崖刻石》载：“汉中郡以诏书受广汉、蜀郡、巴郡徒二千六百九十人，开通褒斜道。始作桥格六百卌三间，大桥五，为道二百五十八里。邮亭驿置徒司空褒中县官寺并六十四所。凡用功七十六万六千八百余人，瓦卅六万九千八百四器，用钱百四十九万，九千四百余斛粟，九年四月成就，益州东至京师，去就安稳。”可见钱、物、力三项的开支都是巨大的。因此，秦汉时期巴蜀等西南地域经济文化的发展，离开了西南交通路线的修建，就很难办得到。

在西南地区，分布着我国众多的少数民族，秦汉政府非常重视同他们建立经常性的联系。秦代为此在西南地区修建了五尺道。所谓五尺道，是因为此地山狭崖陡，在此修路仅能修筑路面为五尺的栈道。其路线由北边的巴蜀两郡交界处起始，向南直达云南的滇池。西汉武帝时期曾多次在这一地区修建道路，史载：“作者数万人，千里负担馈粮，率十余钟致一石，散币于邛焚以集之。数岁道不通。”（《史记·平准书》）

汉代的唐蒙和司马相如也在这一带主持过道路修建的工作。所以，西南地区较大的几个方国，如夜郎、邛、筰、冉、駹等纷纷归属于中原地区的中央政府。这对于祖国大家庭的民族融合起了重要作用。

秦汉时期，我国东部地区一条重要的交通线路是驰道的兴建。驰道始建于秦始皇二十七年（公元前220年），《史记·秦始皇本纪》载："自极庙道通郦山，作甘泉前殿，筑甬道。"所以它又被称为甬道。《史记正义》引应劭注说："谓于驰道外筑墙，天子于中行，外人不见。"因此最早的驰道是仅供皇帝一人使用的专门的交通道路。因为要保证皇帝的安全，所以在驰道两边要筑有墙垣。秦始皇巡视的足迹到哪里，沿途的驰道也就随之建立起来，关中通往关东的交通线路也逐步形成，即由都城向四周的各郡县放射，所以司马迁才说，驰道，"东穷燕齐，南极吴楚，江湖之上，濒海之观毕至。"（《史记·秦始皇本纪》）驰道的建筑材料是由黄土夯筑，路的表面平整，没有杂草。到了汉代，驰道"广五十步，三丈而树，厚筑其外，隐以金椎，树以青松"（《汉书·贾山传》）。外面的旁路，则允许百姓自由通行。驰道也需要不断地修整，有时耗费工时也很大，《史记·平准书》就记载了西汉武帝时"天下郡国皆予治道桥，缮故宫"的情况。

秦汉两代驰道的特点是呈东西向，其线路从京城出发，向东出函谷关，经河南境内的洛阳到达定陶，最后抵达今天山东境内的临淄，贯通东西。

秦汉时期，除国内交通线路外，连接国外的交通线路也兴建起来。两汉时期，最具典型意义的国际交通线就是著名的"丝绸之路"。关于这条道路的走向，是从长安起始，向西穿过河西走廊，又经由玉门、阳关，开始分为南北两道。《汉书·西域传》载："从鄯善傍南山北陂河西行，至莎车，为南道。南道西逾葱岭出大月氏、安息。自车师前王庭随北山陂河西行，至疏勒，为北道。北道西逾葱岭则出大宛、康居、奄蔡。"安息是今天的伊朗，可见这条路已越过中亚地区。东汉明帝时，经西域，越葱岭，然后向西南而行就进入了印度境内。《史记·西南夷传》记载："元狩元年，博望侯张骞使大夏来，言居大夏时见蜀布、邛竹杖。使问所从来，曰：'从东南身毒国，可数千里，得蜀贾人布。'或闻邛西可二千里有身毒国。骞因盛言大夏在汉西南，慕中国。患匈奴隔其道，诚通蜀，身毒国道便近，有利无害。于是天子乃令王然于、柏始昌、吕越人等，使间出西夷西，指求身毒国。至滇，滇王尝羌乃留，为求道西十余辈，岁余，皆闭昆明，莫能通身毒国。”身毒即今天的印度，可见汉代的国际交通路线也已到达南亚地区。

国际交通孔道的开辟，其经济、文化的意义均很大，我国佛教的传入就是由此而来。我国内地传统的工艺丝织品和后来诸如茶叶、工具的出口，以及许多史学和文学作品的西传，也经由这些国际线路。

二、秦汉的水路交通

我国先民很早就掌握了利用舟楫航行的技术。《左传》哀公十年记载：“徐承帅舟师，自海入齐，齐人败之，吴师乃还。”春秋时已有了初级的海军。《国语·越语》记载：“越之入吴也，范蠡，古庸帅师自海诣淮，以绝吴路。”但是，先秦时期人们海上航行的局限性十分明显，基本处于渤海、黄海、东海等近海水域。

秦代建立后，较大规模的远海航行开始了。原来海上航行多集中于北部海域，秦代则开始将重心移向南海。秦代的岭南地区，到汉代形成为南海、苍梧、合浦、郁林、交趾、九真、日南七郡。这七郡同内地的陆上交通，除了一条新道外，再无路可行，因此大部分的交通往来要依靠水路。东冶（今福州市）是当时重要的海上运输中转站。两汉时期海上航运的中心在今天的山东和浙江一线，向北可达辽东，向南可达交趾等七郡。《汉书·艺文志》记载了汉代有关海上航行中天象观测的书籍六种，可见汉代人对航海业已积累了相当丰富的经验。

番禺（今广州市）是汉代我国南方的重要港口城市。《汉书·地理志》载：“粤地，处近海，多犀、象、毒冒、珠玑、银、铜、果、布之凑，中国往商贾者多取富焉。番禺，其一都会也。”广州是汉代重要的物资集散地，南方的大宗物资中许多就是由这里运往北方的。

在汉代，我国的对外航运也已出现，今天的菲律宾、新加坡、马来西亚等地都有汉代的遗物出土。《汉书·地理志》记载：“自日南障塞，徐闻、合浦船行可五月，有都元国；又船行可四月，有邑卢没国；又船行可二十余日，有谌离国；步行可十余日，有夫甘都卢国。自夫甘都卢国船行可二月余，有黄支国。自黄支船行可八月，到皮宗；船行可二日，到日南、象林界云。黄支之南，有已程不国，汉之驿使自此还矣。”

❈ 汉代砖石桥

此图为东汉画像石刻，表现的是跨梁式桥，桥底过水涵洞是供行船之用的

中国的船队到此已越出内海，同南亚的海上邻国开始了交往。此后，汉政府经由马六甲海峡远航至印度洋。东汉桓帝延熹九年（公元166年）大秦国使节到达中国，我国同欧洲的海上往来也从此拉开了序幕。

除海上通道外，秦汉时期我国的内河航运也十分发达。黄淮之间以及关中的渭水、关东的洛水等水域的航运都得到了开发，由南方运输物资到长安东郊，沿途经过多条河流，需要疏通河道，合理衔接，才能形成一个成体系的水路运输网。《西都赋》记载："东郊则有通沟大槽，溃渭洞河，汎舟山东，控引淮湖，与海通波。"《潜夫论》所说："京师贵戚，必欲江南梓豫章之木，边远下土，亦竞相仿效，伐之高山，引之穷谷，入海乘淮，逆河泝洛。"描述的都是河网纵横、货物连运的事实。

《太平御览》卷七六八载西汉武帝《汾歌》道："汎楼船兮济汾河，横中流兮扬素波。"说明汾水之中也行船，而且船体也不算小。《东观汉纪》记载："吴汉平成都，乃乘桴沿江下巴郡。"可见巴蜀之水也行船。《后汉书·循吏传》载："吏事往来，辄发民乘船。"此外，如湟水、滇水、漓水以及五岭以南的许多内河水道都有船只行驶。

秦汉时期，人工开凿运河已经开始出现，尤以南北运河的开凿为显著。人们根据以往的文献记载和少年所学，多认为大运河起自隋唐，殊不知早在秦汉时期，运河的分段开凿已在进行和使用，如邗沟的开凿、鸿沟的开凿都是这样。如此就将黄河、淮河、长江三大水系部分地连接起来。秦代兴建了人工运河灵渠，不但沟通了长江和珠江两大水系，

❖ 汉代的拱桥

根据汉代文化学者的研究，此类拱桥在我国出现于西汉宣帝前后，至东汉时已普遍使用。该图为山东嘉祥与河南新野出土的画像砖复制品

“而且开辟了一条新的水路交通线，由番禺经漓水，循灵渠，穿湘江，入长江，而由江陵经陆路，过南阳，北抵洛阳，或西出武关，奔关中”。（参见林剑鸣、余华青、周天游、黄留珠《秦汉社会文明》，西北大学出版社1985年9月第1版）两汉时期，开凿水渠以通黄河成为汉政府经常性的工作之一，《史记·河渠书》关于这方面的记载很多，如：“穿渠引汾溉皮氏，汾阴下，引河溉汾阴、蒲坂下，度可得五千顷。今溉田之，度可得谷二百万石以上。谷中谓上，与关中无异，而砥柱以东可无复漕。”不仅开辟航道，也将输水灌田纳入水运网络之中，这是秦汉时代的一项创举。

三、秦汉的交通管理

秦汉时代的交通管理大体有以下几个方面：

1. 秦汉对驰道有严格的规定。《汉书》和《三辅黄图》均以汉律的形式加以颁布记载。驰道中心位置三丈为皇帝专用道，一般人等只能在此规定以外的范围通行。诸侯以下官吏没有得到皇帝的诏令而在驰道行走的，将被没收车马。《汉书·鲍宣传》载：“孔光官属以令行驰道中，宣出逢之，使吏钩止丞相史，没入其车马，摧辱宰相。”即是一例，连当朝的大臣也不能例外。汉代一般居民人等在驰道两侧行走，规定为“左入右出”，即行人靠左侧通行，这是同今天的右侧通行不一致的地方。

2. 汉代严禁夜行。崔寔《政论》说：“永宁诏钟鸣漏尽，洛阳城中不得有行者。”直到三国曹魏时期也是依旧，如《三国志·魏志·武帝纪》载：“太祖（曹操）初入尉廨，造五色棒，有犯禁者，不避豪强，皆棒杀之。后数月，灵帝爱幸小黄门蹇硕叔父夜行，即杀之。京师敛迹，莫敢犯者。”

3. 关传制度。在水陆要冲之地，设卡征税。关传制度几经兴废，基本说来为时不多。传即符信，是行人的身份证明和通行证，《古今注》记载：“凡传皆以木为之，长五寸，书符信于上，又以板封之，皆封以御史印章，所以为信也，如今之过所也。”汉代的传主要由缯帛制成。《汉书·文帝纪》注引如淳说：“两行书帛，分持其一，出入关合之，乃得过。”平民百姓经过关卡则多用符。汉代法律规定，出入关津而不用符传，要受到严厉的处罚。当时，出入关津不用传，叫作阑。《汉书·高惠高后文功臣表》载：“元封三年（公元前108年），（相夫）坐为太常与太乐令中可当郑舞人擅徭，阑出入关，免。”意思是说，由于不遵守关传制度而被免了职。

❖ 汉代的关

该图为河南新安县以东附近出土的汉代新关谯楼瓦当。它反映的是在边界地区设置的关隘，即所谓边关

4. 邮传制度。秦时设立邮（即邮站），用来传递政令文书。汉代则改称置。具体的设置是“五里一邮，邮人居间，相去二里半”（《汉旧仪》）它即是后来所称的驿站。驿站备有马匹，供传递文书信件所用。马匹的使用要视官阶高低和情况重要与否而定。驿站也供应食宿，但一般仅面向官吏，而且必须有符信。

四、陆路交通工具

秦汉人在陆路上行车，通常依等级而分别使用不同类型的车，也有的是按性别或按所运货物的不同来划分，还有一些属于专供办某些事项所用。

先秦时期，牛车和马车都已经出现了；但是其车型和用途都与秦汉时代有不同之处，牛车被称作大车，马车被称作小车。马车比较便捷，所以常常用来作兵车，也就叫作“戎车”了。但在汉代，车战已退出了

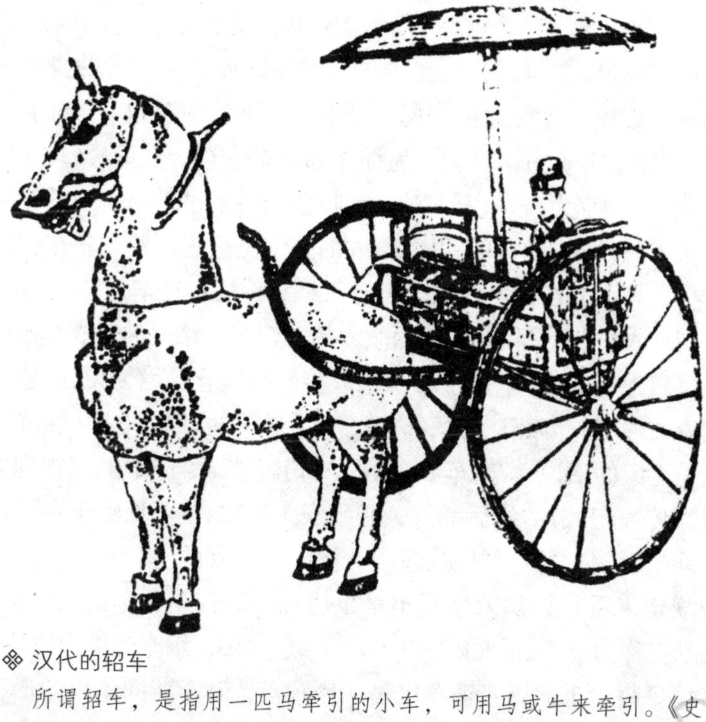

❖ 汉代的轺车

所谓轺车，是指用一匹马牵引的小车，可用马或牛来牵引。《史记·季布列传》索隐上说轺车“谓轻车，一马车也”

军事活动，马车的功能主要表现为载人之用。甘肃武威东汉墓出土的铜车铭文上记载，“冀张君小车、马”（参见甘肃省博物馆《武威雷台汉墓》，《考古学报》1974年第2期），说的就是这种情况。陕西临潼出土的秦始皇兵马俑中，其车型为马驾辕的也很多，其中也有用四匹马拉车的，即驷马车。文献记载西汉初年社会经济残破的景况时说：“自天子不能具钧驷，而将相或乘牛车，齐民无藏盖。”（《史记·平准书》）可见，牛车是一般民人所乘坐的，而驷马车似乎也不是汉代以前的皇帝所乘坐的专车。牛车和马车（即大车和小车）的规格应该不是很高的。

秦汉时，还出现了安车、立车、轺车、衣车、辎车等陆路所使用的车辆。所说“安车”，《释名·释车》解释：“安车，盖卑，坐乘，今吏所乘小车也。”卑，是说这种车车型不大。所谓“立车”，是指立于车中。《续汉书·舆服志》注引东汉人蔡邕的话说：“立乘曰高车，坐乘曰安车。”《晋书·舆服志》也说：“坐乘者谓之安车，倚乘者谓之立车，亦谓之高车。”乘坐这两种车的人一般说来地位也不会太高，多属低级官吏和普通百姓。所谓“轺车”，是取其字的谐音而来，“轺”即“遥”。《释名·释车》解释：“轺，遥也；遥，远也。四向远望之车也。”可见这种车一可以行远路，二为敞露四面，乘坐者的身份一般也不太高。《汉书·食货志》颜师古注说：“轺，小车也。”谢乘《后汉书》说：“许庆字子伯，家贫，为郡督邮，乘牛车。乡里号曰：‘轺车督邮’。”（《太平御览》卷七七五引）督邮在当时不过是亭一级的小吏，三国初年张飞鞭打督邮的事，可能给人的感觉更直观一些。轺车的特点是车厢较小，速度较快，所以汉代也有人将它称为“轻车”。

所谓“衣车”，是相对于四面敞露的“轺车”来说的。衣车则是车身被四面屏蔽遮掩起来。《后汉书·梁冀传》引《仓颉篇》说：“軿，衣车也。”《说文解字·车部》记载：“辎、上，衣车也。”《汉书·霍光传》颜师古注引孟康的话说：“辒车如衣车，有窗牖。”关于辎车，《古列女传·齐孝孟姬传》记载：“妃后踰阈，必乘安车辎軿。”可见辎车在汉代多为妇女所乘坐。辎车的车厢四周遮挡严密，从妇女的生理特点和汉代当时的礼制规定来看，妇女乘坐辎车是很适宜的。辎车在车内两侧有窗口，当时文献上称为戾，《说文解字·户部》载：“戾，辎车旁推户也。”

秦始皇陵出土的二号铜车也是一辆辎车，其车盖同龟甲的形状极为相似，符合《礼记·曲礼》所说的“衣车如鳖而长也”的记载。衣车的

❈ 汉代的軿车

《后汉书·梁冀传》注引《仓颉篇》说："軿，衣车也。"所谓衣车，是指车身四周布幔掩盖的车辆

另一种类型是軿车，軿车的车型同辎车相像，但是车厢后部没有后辕。《字林》记载："軿车有衣蔽无后辕，其有后辕者谓之辎。"《释名·释车》解释为："辎、軿之形同，有邸曰辎，无邸曰軿。"在内蒙古和林格尔东汉墓葬壁画中发现有榜题"夫人车"的，也是一辆没有后辕的軿车，并且軿车在汉代也多为妇女所乘坐。

所谓轓车，是指形同轺车但在车轮顶部之处左右各装有长方形的挡泥板。这种车的规格一般说来比较高，只有官宦之人才可乘坐。《汉书·

❈ 汉代的重舆辎车

此图为山东福山东留公村出土的东汉画像石所载。所谓重舆，是指将车厢分为前后两部分，驾车人在前，主人在后

景帝纪》记载："令长吏二千石车朱两轓，千石至六百石朱左轓。"颜师古注引应劭的话说："车耳反出，所以为之藩屏，翳尘泥也。二千双朱，其次乃偏其左，轓以簟为之，或作革。"《续汉书·舆服志》说："长六尺，下屈，广八寸，上业尺二寸，九文十二初。后谦一寸，若月初生，示不敢自满也。"车的挡泥板也叫作车耳，车耳的多与少、精与粗、大与小实际上也在相当程度上标志着官吏的等级划分，因此汉代人对轓车的车耳非常看重，汉代铜镜铭文记载："作吏高迁车生耳。"（罗镇玉《古镜图录》卷中）说的就是这个意思。据此可知，"轓"也就是车耳的意思，但同时它也可以解释为车屏。事实上，挡泥板主要还是起着屏蔽车厢的作用，无非是用来屏挡沙尘和积水的。所以说释"轓"为车屏，也仍然是合理的。以上各种车型主要供人们乘坐使用，并且也是汉代最为常见和普遍使用的。

❈ 汉代的轓车

此图为成都扬子山2号汉墓出土的东汉画像砖。轓车是一种带有挡泥板（即所谓车耳）的车，用来遮挡车顶部

此外，汉代也有一些车辆是专为各种目的而设计的，就其用途分类来说，有戎车、猎车、辂车、役车等。

所谓戎车，是指用于作战之需，"戎"字是指兵戎之意。正像现代人所理解的戎装即军装一样，戎车也就是战车。关于战车的称谓，古今变化很大，多半取其本义而称其名，如先秦时称战车为先驱、申驱、贰广、大殿等。即使在汉代，对战车的称呼也是多种多样的，如汉代又称战车为武刚车、辎车等。戎车的类型也比较多，有简单也有复杂，有大型戎车也有小型戎车。

所谓猎车，是指专门用来打猎的车。《释名·释车》记载："猎车，所乘以畋猎也。"可惜在汉代文献和出土遗物中未见猎车的具体实像。

在汉代，辂车也被称作路车。《白虎通·车旂篇》记载："路，大也，道也，正也。"《文选·东京赋》薛注解释说："天子之车也。"可见，就乘坐者的地位来说，辂车应当是当时坐乘车中级别最高的，一般人没有权利乘坐，它是汉代皇帝的私人专车。辂通路，是由《释名·释车》和《荀子·哀公篇》杨注两处文献记载而来，如前者说："路亦车也，谓之路，言行于道路也。"这一处是按字面意义并根据声训原则来做解释的。后者则说，路"亦车之通名"。都是指陆路出行之车。（参见孙机《汉代物质文化资料图说》，文物出版社1991年9月第1版）

所谓役车，是指用于载人或载物之需的柴车、栈车一类的专门用车。这类车的一个重要特点是用于劳作或负重而行。《释名·释车》上讲："役车，给役之车也。"讲的也是从事力役劳作。

❖ 汉代的驼车

在河南密县出土的东汉画像砖上有驼车的记载，是指以驼来牵引的车辆

汉代陆路交通工具中也有按牵引车辆的畜群种类划分的，如马车、牛车、驼车一类。但这种分法常常很笼统，比如上述的各种车辆，如果仅从牵引对象上看，则任何一类都可以，并不一定绝对局限于某一类，如汉代柴车中有牛牵拉。当然，个别的情况也有，如天子和大臣乘车一般说来就必须用马匹来牵引，但在特殊情况下，如同西汉初年经济残破的环境下，“将相或乘牛车”的例子不但存在，而且在当时也是一个普遍的现象。《史记·五宗世家》载：“诸侯贫者或乘牛车也。”《后汉书·朱浮传》则记载：“自宗室诸王、外家后亲，皆奉遵绳墨，无党势之名。至或乘牛车，齐于编人。”所以汉代交通车辆关于这方面的称谓，应当说并不是一种指代关系十分明确的具体形象。同时，前期的牛车地位不高，也不意味着后来也如此。东汉以后，牛车的规格日渐提高，装饰也愈趋华丽，如《古文苑》卷一〇载曹操《与杨太尉书论刑杨修》说：“谨赠足下……四望通，七香车一乘，青牸牛二头。”所乘牛车装饰有布幔。《古今正字》说：“车幰所以御热也，张幔网于车上为幰。”（《慧琳音义》卷二引）据此可知，幰即布幔，是用于暑天行车时防阳光照晒的。但实际而言，布幔的作用也不局限于御热一途，在春秋冬另外三季中也有防风御寒之效。从类型看，布幔又可分为通幔和偏幔两种：前者是将整个车顶遮起，形如伞盖；后者是仅遮挡车辆的前部，在今江苏徐

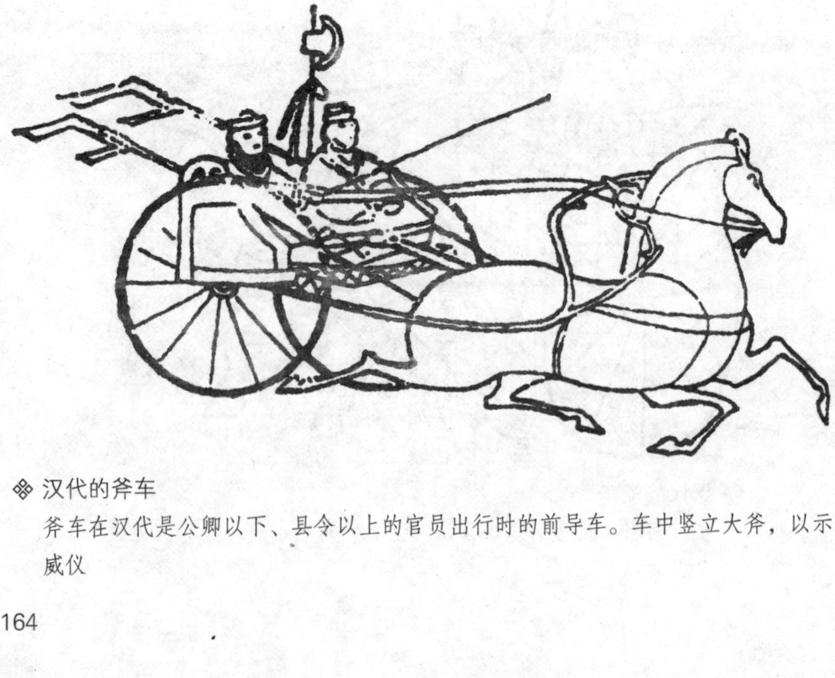

❖ 汉代的斧车

斧车在汉代是公卿以下、县令以上的官员出行时的前导车。车中竖立大斧，以示威仪

州出土的汉代画像石上仍然可以见到具体的形象。汉代除以上车辆外，在陆路交通方面还有一些具有特殊用途的车辆。这些车辆包括斧车、鼓吹车、戏车等。

所谓斧车，是指在车中立有大斧。这种车多数属于皇帝的私人卫队车。先秦时代的文献《逸周书·世俘篇》就曾记载："王秉黄钺"。钺在古代即斧斤一类的器物，是王权的象征和标志。孙机先生认为，汉代皇帝出行时也有以金钲车和黄钺车作后从之车的，但肯定了斧车在汉代仍是以用于前导为主；此外，汉代公卿以下、县令以上的官吏出行时也多用斧车作为前导车。可见，汉代的斧车也是仪仗车。

所谓鼓吹车，也属汉代仪仗卫护之用，是在车中设鼓乐吹奏的一种类型。它是一个泛称，其中也包含了歌唱等娱乐形式。汉代画像石刻上所绘画的鼓吹车是将车厢分作上下两层，上层有两人击鼓，下层有多人奏乐，整体感觉十分协调。鼓吹车的车型虽不大，并且也只有两匹马牵引，但车中所立竿台很高，顶端装置的建鼓也很大。《隋书·礼仪志》记载："鼓吹车上施层楼，四角金龙衔苏、羽葆。凡鼓吹，陆则楼车，……楼上有翔鹭、栖乌，或为鹄形。"汉代沂南画像石上绘画的建鼓上站立着一只鹭鸟，因此到了唐代，文献上便将鼓吹车称作白鹭车。在汉代，皇帝的仪仗车队中还有一种计程车。因为以鼓计里，所以也被称为记里鼓车。但此种车型未见有出土实物，也未见有画像实物。

所谓戏车，是指在车内表演百戏之用，车中放置大鼓并竖六橦。《文选·西京赋》载："尔乃建戏车，树修旃。侲僮程材，上下翩翻。"《平乐观赋》也记载："戏车高橦，驰骋百马。连翩九仞，离合上下。"（《艺文类聚》卷六三引）汉代沂南画像石所绘戏车十分清晰，在戏车上立有双侧高橦，在高橦顶部设有小平台，艺人在平台之上倒立表演，下部则有乐工吹奏，演员击鼓，并伴随有歌唱表演。整幅作品突出写实主义的创作表现手法。（参见孙机《汉代物质文化资料图说》，文物出版社1991年9月第1版）在了解戏车的同时，我们也应注意到汉代文献有关戏车记载的另一层含义，即戏车还有从车辆左右两侧跃起登车之义，如《史记·卫绾列传》记载："绾以戏车为郎。"该篇集解引应劭的话说："能左右超乘也。"也就是我们今天所说的车技或弄车之戏。此外，在《汉书·韩延寿传》记载："使骑士戏车弄马盗骖。"颜师古注引孟康的话说："戏车，弄马之技也，驰盗解骖马，御者不见也。"这似乎又成了

汉代的戏车

戏车是作为歌舞百戏之用的，所以车中立有高橦。此图为汉代沂南画像石中所刻

以御马为主的表演。但两者均属戏车则无疑义。（参见孙机《汉代物质文化资料图说》，文物出版社1991年9月第1版）

上述斧车、鼓吹车、计里鼓车和戏车似乎偏离了我们所要介绍的秦汉交通工具范畴，但如果从秦汉时期车辆的制作工艺和使用情况来作考察，从秦汉时代人们社会生活的交往和类型来作分析，上述介绍也许就不是多余的了。

汉代的陆路交通工具还存在着运载货物的辇和鹿车，这两种车的最大特点在于都是用人力来充当牵引动力。《说文解字·车部》是这样描述的："辇，輓车也。从车、扶，扶在车前引之也。"先秦时代的文献《左传·庄公十二年》杜预注解释说："驾人曰辇"，可知辇确为人力所

❈ 汉代的辇

辇是指人力车，杜预注《左传》说：“驾人曰辇。”其特点是较畜力牵引之车为小，可用手拉，亦可用肩拉

牵引。由于以人力牵引车辆，所以车体一般说来都不是很大。东汉墓葬石刻和东汉画像石所表现的辇，也都比畜力牵引的车辆为小。辇既可载物，亦可载人。汉代男子服徭役时也常常是肩挽辇车运输物品，如《盐铁论·未通篇》记载：“今五十已上至六十，与子孙服輓输，并给徭

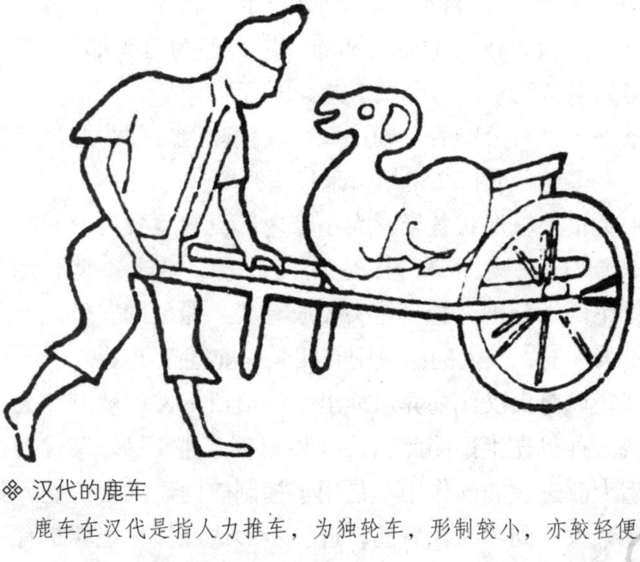

❈ 汉代的鹿车

鹿车在汉代是指人力推车，为独轮车，形制较小，亦较轻便

役。”关于人作辇车动力的牵引位置，在大多数情况下是人在车前挽行，也有个别情况是人在车后推行。

人力车的第二种类型是鹿车。所谓鹿车，有两个特征：一是手推而行；二是独轮车。《风俗通义》记载：“鹿车窄小，裁容一鹿也。……无中马而能行者，独一人所致耳。”（《太平御览》卷七七五引）清代瞿中溶《汉武梁祠画像考》说，鹿车之鹿，“当是鹿卢之谓，即辘轳也。”就是将鹿车的独轮比作辘轳。不论文献做何种解释，都意在说明独轮车之小。鹿车适宜在比较狭窄的道路上通行，其负重虽不可能太重，但也完全可以装载100公斤重的物资。孙机先生考证说，同类独轮车，欧洲直到公元12世纪以后才出现，比中国至少晚了1300余年。

秦汉时代，人们在陆路交通上也更多地采用骑乘的方式，这也是当时最为便捷也最为简易的交通方式。《汉书·五行志》记载，西汉成帝便装出行访视民间，所带随员“或皆骑，出入市里郊野，远至旁县”。说明骑乘在秦汉时期不仅用于军事需要，也大量用于民人及官吏出行所需。

五、水路交通工具

“旱路资车，水路资舟。”中国先人很早就开始了水路航行活动。《易·系辞》上说：“刳木为舟，剡木为楫，舟楫之利，以济不通。”到了秦汉时期，我国古代行船仍以击楫划水带动船行为基本手段。《史记·佞幸列传》说，汉代的宠臣邓通“以濯船为黄头郎”。即用楫（船桨）划船得到皇帝宠幸，因而做了黄头郎官。

在《汉书·百官公卿表》中记载，汉代政府专门为此设有职官楫濯令、丞等，许多场合或行文也用楫来代指舟船。

船的种类很多，形状各异，大小及内部设置也各有不同，可以按规格和型号来划分。一般情况下，在内河行船，船体一般不大，底部平坦，船的首尾两端分别上翘，船头安放有桨，船尾则安放舵。一般小型的舟船需一桨一舵，较大的船只则有四桨一舵甚至更多。

湖北江陵凤凰山汉代墓葬遗址出土的遣册记文中就有“大舟皆廿三桨”的记载。孙机先生推测此船共有桨11对、舵1只。汉代人在舵的使用上有了重大改进，舵的作用本是用于控制航向。汉代的舵，其形状类似桨，但比桨大。到了汉代后期，进一步形成舵楼，也就是有了驾驶舱室，并且舵的位置也由船的中部一侧移向船尾居中。这样一来，控制舟船航行方向的准确度就大大增强了。

汉代还出现了单人或双人小艇，即后来的舢板。这种小艇的速度较快，也比较灵活。汉代的中小型船只中，还有一种被称作“艄”的船。这种船的外形看起来船身较短，但船体的横断面却较宽，载重量一般为30石。

汉代规格最高的船是楼船，船体也较大，楼船高度可达十多丈。广州汉代墓葬出土的随葬明器中即有木楼船模型，楼船高度为三层，一般也多用于水军和水上军事活动。装载人员和物资的数量也非常可观。

秦汉时代，海上交通从渤海、黄海直到东海和南海，到处可见船桅帆影。一些较大的海船更远航至印度支那半岛，甚至远航到印度洋，《汉书·地理志》和《后汉书·马援传》都有这方面的详细记载。无论是内河航运，还是海上运输，秦汉时期我国的水路交通都十分发达。商船有时结队而行，江湖之上，舟舸行驶穿梭，昼夜不断。三国时吕蒙袭取荆州，即伪装成商船。水路的畅达使秦汉的陆地与水上通道交织而行，形成了一个完备的水陆交通体系，它为秦汉经济、商业和文化的交流提供了方便的媒介条件。各地区之间的联系进一步加强，文化的传播更为广泛和深入，祖国内地与沿海的沟通成为现实的可能，人们的活动空间和视野更为宽广。正因如此，秦汉交通工具的完善和进步成为支撑秦汉交通的最强有力的依托。

第四节　汉代医药和医学

汉代，我国医药学的体系开始逐渐形成。先秦以来各家医学的经验和成就经过秦汉统一局面的推动，已开始了彼此间的学术交流和技艺贯通，各家医学融合的趋势有了明显的增强。

汉代，我国医学学术获得了长足的进步，许多经典性的医药学著作问世，如《黄帝素问》《神农本草经》《伤寒论》《灵枢经》等。这些医药学专著的问世，是对先秦以来医药学成就的系统总结，医学分类也进一步明确了。汉代出土的大量医药学文献极大地丰富了汉代医药学的宝库，长沙马王堆西汉墓葬出土的帛书《五十二病方》记载了有关内科、外科、妇产科、儿科和五官科等的疾病病症和治疗方法，其中记载了医方280多个，用药243种。甘肃武威旱滩坡东汉墓出土的木简《治百病方》，记载了治疗有关疾病的药物约100种，药物的类型有汤药、丸药、药膏、散剂、药酒、药物栓等项。这些药物中的每一单品种里所含的药剂成分少的有二三味，多的可以达到十五味。汉代人并掌握了根据同一种病症的不同特点、不同程度、不同病人和不同起因来调整所用药剂的配制比例。可见，汉代临床医学的实践已普遍采用复方配药和有针对性的辨证治疗。

除药物治疗外，汉代医生也经常使用医针来进行针刺治疗。在医针被用于临床治疗之前，医学上主要采用砭和灸的方法。《说文解字·石部》记载："砭，以石刺病也。"因此针刺疗法通常被认为是来源于所谓砭法。但是经过对古医学文献的考查和对汉代出土遗物的辨识可知，砭法治疗并不是汉代的针刺疗法。如河北满城汉墓出土的水晶质砭石，它的形状为斧形，斧刃锋利，是用来切割而不是用于探刺之用的。湖北马王堆汉墓所出土的帛书《脉法》记载："脓深，痏浅，谓之不遝，一害。脓浅而砭深，谓之过，二害。"其一是指切割疮毒而施行排脓的外科手术，其二是指割裂血管以便放血的医治方法。它同先秦文献《战国策·秦策二》"医扁鹊见秦武王章"高诱注中所说"石砭，所以砭弹人臃肿也"的记载及《素问·导法方宜论》中所记"东方之域……其病皆为痈肿，其治宜砭石"的说法是一致的。所以说，砭石是用来施行外科手术的，它同刺腧穴的针疗并不相同。然而，针疗又是从灸法中发展出

❖ 汉代针刺图

此图为山东微山出土之汉代画像石刻所见，具有浓厚的神话色彩

来的，在长沙马王堆汉墓出土帛书《足臂十一脉灸经》《阴阳十一脉灸经》等古代医书中，论述了人体内经脉循环、疾病和实行疗治的灸法原理，其基本方法和实际操作手段是与针法相一致的。但是，古代医书也存在着缺陷和不足，如上述两书中对经络系统的记述就不够完备，而且也没有标明腧穴的位置和名称。但在汉代的《灵枢经》中，对有关经脉的循环、腧穴的针刺部位和针刺的方法却都记述得详细而明确。这是汉代针灸医术逐渐成熟的最重要标志。

汉代还十分重视体育健身对医疗的辅助作用。长沙马王堆汉墓出土的帛书中有《导引图》，图中绘画有人物的各种动作图形，并记载了有关动作的名称和为治病所作“引”的疾患之名。所谓导引，不过是针对某一类疾病而专门设计的体操动作与气功锻炼的泛称。湖北江陵张家山汉墓出土的竹简《引书》，则用详细的文字记录讲述了导引的各种动作及其治疗方法，可看作对马王堆《导引图》的文字说明。

❈ 汉代导引图

此图见长沙马王堆汉墓出土之帛书所载，表现了汉代医疗体育的真实图景

需要说明的是，在汉代的边塞驻军中，守御士兵的医疗条件很差，药品短缺，一旦出现伤病，一般就难以及时地得到治疗。有些士卒的伤

病起初并不是很重，只是由于边塞远离城市，药品供应不及时，拖延日久，最后伤病不治而送了命。故此，汉代也注意到在边塞驻地储备药品，以备不时之需。如《大湾守御器簿》中就记载“药咸一”“药盛橐四”等，在敦煌汉简中也记载：“显明隧药函”。咸和函都是木箱的意思，也就是指药箱。可见，汉代边塞驻军已有储备药物的工具。此外，在《居延汉简》中还有“饮药五剂”“丸药卅五”的记载，说明当时边塞的药品储备中不但有中草药，也备有丸丹一类的成品药。

汉代的医疗器械，其种类不但多，而且器械的制作也十分精良。汉代的许多医疗器械为铜制品，这样做的原因，很可能是与《治百病方》中所说的药物要用铜器冶合的要求相适应而来的。河北满城汉代墓葬出土有隔水蒸药用的“医工”铜盆，该器物的周身有三处刻有“医工”的铭文。出土后的铜盆显示，除铜盆上部外，其周缘大部分铜色较黑，可见它是长期蒸煮药物所致。满城汉墓同时出土有铜匕，这是用于挑取药末用的药匙。墓内又发现有双耳铜镬，其中就有药镬存在。此外，还出土有一套滤药器，供滤药去滓之用。该器皿呈带孔与不带孔两种形制，为铜圜之底。满城汉墓出土的汉代医疗器具中并有冷却器，它是一件三足器，由托盘、浇口和带流勺等构成。冷却器在使用时，是将待冷却的药液放置在平底的器皿内，然后放在三足器上，用勺子不断地将冷水由浇口注入三足器并通过管状流勺将水泄放盘中，从而使器皿中的药液能够被循环的冷水持续降温而迅速达到药物方剂所要求的“寒温适中”的标准。汉代医药器械中还有“药量”，是用于称量药物的工具。这件发现于河南陕县东汉墓葬的小型“铜量”容积为6毫升，可储药量为一方寸。用于捣碎药物的铜杵臼，是汉代民人经常使用的制药工具。汉代画像石刻上也常常可以看到羽人或玉兔用杵臼捣药的画面。

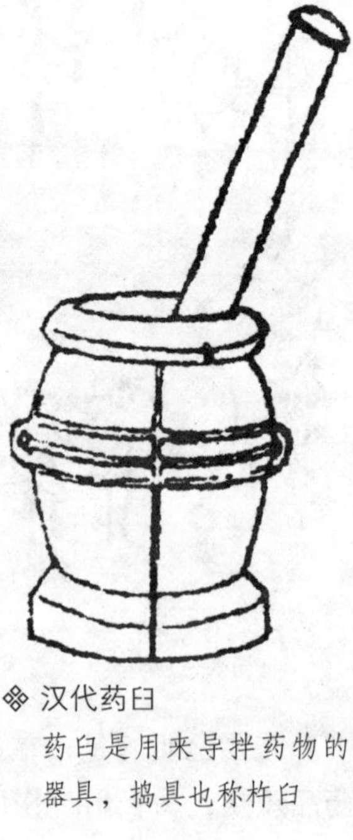

❖ 汉代药臼

药臼是用来导拌药物的器具，捣具也称杵臼

汉代比较高级的医疗器械，一般使用

❖ 汉代的太医丞印

此为传世的东汉太医丞印。太医为东汉宫廷医官

金、银等贵金属来制作。河北满城汉墓曾出土了一套银灌药器，包括带流的小银和银漏斗，它是用于对危重病人进行抢救时将药物灌入咽喉或口鼻的一种器械。《灵枢经》中所说的九针，汉代基本上都已齐备，最著名的当属金、银制作的医疗用针，其形制有锋针、毫针、锡针和圆针等。

汉代从事医疗职业的人一般社会地位不是很高，汉代称这些人为“医工”或“医匠”。汉代医官的设置在汉代文献中屡有出现，如《汉书·燕剌王旦传》和《后汉书·第五伦传》中太医丞印都说到“医工长”一职，它是指封国中的“医工”或“医匠”之长。《秦汉南北朝官印征存》卷八四〇记载了汉代官印中有“琅琊医长”的职官名称。《汉印分韵·续集》中有“彭城医长”的官印记载。西汉中央政府对医官的设置是分属于太常的太医令和太医丞，相当于后世的医官，他们负责为宫内百官人等治疗疾病。除太常属官外，中央九卿中的少府令之下也有常设的太医令和太医丞，他们的主要职责是为宫廷内的皇族成员及所属人员治病。到东汉时，中央医官仅保留了少府属下的太医官，留存于今的东汉官印中就有“太医丞印”。在汉代，太医所掌管的药品是由药藏府来管理的，西汉官印中也有“药藏府印”，说明汉代为管理药品设有专职的官员。汉代墓葬出土的“药府”半通印，其性质也是属于药品收藏管理的职官印。

第五节　汉代船与造船业

汉代的造船技术十分高超，反映在船只的种类、各种舟船的功能以及相应的职官设置上，都有许多文献记载。

先秦时代的《易·系辞》记载：“刳木为舟，剡木为楫，舟楫之利，以济不通。”可见，先秦时代的舟船还主要靠用楫（即后来所说的桨或橹）划水前进。汉代的各种船只也基本上沿袭先秦的传统，《汉书·刘屈氂传》记载：“又发楫濯士，以予大鸿胪商丘。”《后汉书·岑彭传》记载："又发桂阳、零陵、长沙委输棹卒，凡六万余人。"李贤注对此说："棹卒，持棹行船也。"这些都说明，汉代的舟船往还行驶主要依靠用楫（船桨）来划水前进，汉代的水军中相当一部分人充当了"楫濯士"，也就是划船手。而且在划船手中设立有相应的职官进行统一管理，《史记·佞幸列传》记载，邓通"以濯船为黄头郎"。《汉书·百官公卿表》则记载，水衡都尉之下的属官有楫濯令、丞。

1974年12月在广州发现的秦汉造船工场遗址，便是当时规模很大的船舶制造工场。相关的考古发掘报告显示，广州秦汉造船工场遗址共有三个平行排列的船台，"还有木料加工场地。船台和滑道相结合，外形和铁路相似，由枕木、滑板和木墩组成，枕木分大小两种，滑板宽距可以调节。一号船台两滑板中心间距一点八米，船的宽度应是三点六到五点四米；二号船台两滑板中心间距二点八米，能造五点六到八点四米宽的船。滑板上平置两行承架船体的木墩，共十三对，两两相对排列，高一米左右，在船底钻孔、打钉、舱缝，有这样的高度是比较合适的。一号船台南侧有木料加工场地，场地上有烘弯木料的'弯木地牛'结构。还出土了划线铅块，这是下料时划线用的。造船台出土铁锛、铁凿和舰缝用的'挣凿'，此外还有方锥形木垂球（取垂线用）。"（参见《中国古代科技成就》，中国青年出版社1978年3月第1版，第617~618页）广州秦汉造船工场遗址的发现，对于了解和认识汉代造船技术的相关情况具有重大的考古价值。由此我们看到了汉代造船工艺的许多细节，造船工具、造船原材料、船体的大小等情形均十分形象而鲜明。

从舟船制造的工艺来看，《汉书·武帝纪》颜师古注引李斐的话说："舳，船后持柂处也。舻，船前头刺櫂处也。"意思是说，在船首设櫂，而在船尾设舵。有的舟船是四櫂一舵，有的舟船则是十六櫂一舵。汉代有被称为"露桡"的船只。所谓"露桡"，是指櫂露于外，即船桨露于船体之外。前面说的四櫂、十六櫂等即是"露桡"。在汉代，大型的船只往往都是露桡的，湖北江陵凤凰山遗址出土的遣册上记载有"大舟皆口二十三桨"，《越绝书》中记载的大型战船用五十人划桨，就极有可能是成对排列的。这种成对排列的情况显然也是采用"露桡"这一形式的。汉代已出现了舵，《淮南子·说林训》记载："毁舟为杕。"高诱注说："杕，舟尾柁。"《玉篇》记载："杕，船尾小梢也。"《释名》对此

❖ 汉代船图

此类小型船只在汉代也称为艇，在湖北江陵、广东等地所出土的明器木船和陶船模型中均有记载

的解释是："其尾曰柁。柁，拕也，在后见拕曳也，且弼正船，使顺流不使他戾也。"可见柣的作用正相当于舵的作用，是用来调整舟船的航向的。

《三国志·吴志·董袭传》记载："以栟闾大绁，系石为矴。"所谓矴，即我们今天所说的锚锭一类的东西，是用来停船或抛锚用的。汉代舟船的种类大致有：用于军事斗争的战船，用于运送物资的货船，以及用来在关津处运送往来行人的渡船等。汉代漕运的规模很大，其中由关东地区向关中漕运食粮成为常年的固定任务，所需漕船的数量也就很多。如汉宣帝时，为"近籴漕关内之谷"而用于修治舟船的费用，一次即达"二万万余"（《汉书·食货志》）钱。《汉书·沟洫志》记载，汉成帝时，为了救济灾民，一次就征调"河南以东漕船五百艘"，可见当时漕船使用的规模是相当大的。《后汉书·杜笃传》记载："鸿、渭之流，径入于河；大船万艘转漕相过。"说的也是这种情况。

汉代战船的规模同前代相比已有了很大变化，不但数量多，种类各异，而且制作工艺明显提高。还在秦代时，已有"楼船之士南攻百越，使监禄凿渠运粮"（《史记·主父偃列传》）的记载，说明这一时期即已出现了大型战舰——楼船。史载汉武帝在昆明池训练水军，"治楼船高十余丈，旌旗加其上，甚壮。”武帝时征伐南越，也调集了“江淮以南楼船十万人”（《汉书·武帝纪》）。《史记·平准书》记载：“因南方楼船卒二十余万人。”其战船数量，文献中常有“舳舻千里”，“前后相衔，千里不绝”一类的词来形容。直到东汉，当岑彭攻打公孙述时，“装直进楼船、冒突露桡数千艘”（《后汉书·岑彭传》），汉将军马援“将楼船大小二千余艘”（《后汉书·马援传》），都说明了两汉时期战船使用的频繁和数量之巨。东汉末年，王粲曾有诗说：“连舫足俞万艘，带甲千万人。”（《文选》卷二七）可见，两汉时代水军已在双方的军事斗争中占据了很重要的地位。除大型战船外，也有许多民用小型舟船来往于江河，如《淮南子·俶真训》就记载了巴蜀之地的民人有“越舲蜀艇”的造船技能之称。当时民间造船的规模也很大，司马迁在《史记·货殖列传》中说“船长千丈”，说明民间当时造船的盛大。

汉代造船业的兴盛，还表现在舟船的产区分布极广。总的看，大约有五大地区成为造船业的集中地：一是长江上游地区，这里主要是指巴蜀地区。早在战国时期，即有“司马错率巴蜀众十万人，大舶船万艘，米六百万斛，浮江伐楚”（《华阳国志·蜀志》）的记载；而当楚汉战争之际，“蜀汉之粟方船而下”（《史记·郦生陆贾列传》），更说明了巴蜀地区造船业的兴盛。二是长江中下游地区，这一带沿江分布的造船工场很多，从夷陵到会稽，都有文献记载有关造船的历史。《汉书·地理志》记载了当时的庐江郡设置有楼船官，说明极有可能庐江郡就是当时汉代水军和军船的集结和制造场地。三是南海地区，著名的秦汉造船工场遗址便是在广州发现的，广州在当时也是汉王朝同南洋各国水路交通的枢纽和出海港口。不仅如此，这一地区的民用船只（包括渔船、小舟等）的出土模型都很多，也反映了这里的舟船制造丝毫不逊色于长江沿线。四是关中地区，这里主要是漕运繁忙，《后汉书·文苑传》记载：“造舟于渭，北杭泾流。”可见在渭河沿岸漕运的盛况。五是北部沿海地区，《汉书·朝鲜传》记载：“楼船将军杨仆从齐济浮渤海。”《三国志·魏书·明帝纪》记载，魏明帝下诏“青、兖、幽、冀四州大作海船”。这说明，上述渤海和四州之地均应有大规模的舟船制造工场。

汉代的舟船，大者可载数千人，《水经注·江水篇》记载：“装大船……载坐直之士三千人。”《三辅黄图》卷四记载：“作豫章大船可载万人。”剔除其夸张成分，其舟船制造规模的巨大和造船技术的精良，应该是完全可能的。

第五章

秦汉时代的世俗生活

第一节　汉代婚姻法与婚俗及胎儿教育

一、汉代婚姻法

汉代民人的婚姻关系是确定汉代社会家庭关系的基本内容，汉代的基层社会组织承袭了秦代的模式，实行乡、亭、里的分级管理，在它的上面是郡县制的体制。郡县制和乡、亭、里在汉代是行政管理的分级机构，它还没有独立于刑事法律之外的民事法律规范。因此，汉代婚姻关系的民事纠纷就由汉代的有关刑法来进行调整和解决，汉代婚姻法的相关规定也就基本涵盖了汉代婚姻家庭关系的内容。

汉代婚姻关系的类别，大体有三种情况：一是包办买卖婚姻；二是贵族官僚地主富商的一夫多妻婚姻；三是普通民人和小农的一夫一妻制婚姻。这三者之间当然不是绝对的，仅是就基本情况来看是如此，如：司马相如是汉代的名士和名臣，但他和卓文君的婚姻关系却始终是没有外人介入的一夫一妻形态。汉代法律对婚姻关系的调整，也基本上是针对上述三个形态而言的。

汉代是崇奉和确立儒家学说地位的时代，儒家关于婚姻家庭的理论是汉代婚姻法律的理论依据。先秦时代的儒家典籍《礼记・昏义》说："婚姻者，合二姓之好，上以事宗庙，下以继后世。"儒家学说对婚姻的解释并不强调婚姻双方的认同感，也不去关心婚姻双方是否幸福，而是把奉祀祖先和纯粹生理意义上的传宗接代视为婚姻的最重要内容。先秦儒家孟子说得就更明白，"不孝有三，无后为大"（《孟子・离娄上》）。在这样的理念支配下，婚姻的选择和确定不再由青年男女说了算，而是采取了父母之命和媒妁之言的方式。《礼记・曲礼》说："男子非有行媒，不相知名。"到了汉代，媒妁制度已经普遍实行，媒妁的意义在于将包办买卖婚姻套上了"合理"的外衣并作为一种社会普遍认同的风俗延续下来。汉代法律虽不见有明确庇护媒妁制度的条款，但在有关保护封建家庭的法律中却首重不孝之罪。汉律规定，子女对父母不孝，要被处以死刑。《汉书・衡山王刘赐传》载："太子爽，坐告王父，不孝，弃市。”父母无论做了多大的恶事，儿子去告发或是指责，就会被视为大大的不孝。由于这样的缘故，青年男女如若抗拒媒妁制度也就等于抗拒父母之命，父母就会非常简单地以各种借口和理由给子女扣上“不孝”的罪名，而这样的结果在汉代法律中则不难办到。

汉代法律对男女结婚的年龄并没有明确的规定，表面看来似乎是件好事，但汉代法律中有关民人承担赋税的规定却是直接涉及了这一问题。如西汉初年的惠帝曾诏令：女子年十五以上至三十不嫁者，五算。应劭在注解这一诏令时说：“汉律，人出一算，算百二十钱，唯贾人与奴婢倍算。今使五算，罪谪之也。”（《汉书·惠帝纪》）女子到15岁不出嫁，就要缴纳五算六百钱，有谁能够扛得起这笔沉重的税额而迟延婚姻呢！因此这条规定等于在事实上确定了女子的结婚年龄，而这样的年龄成婚势必对母亲和儿童都有害无利。所以汉代昭帝时，针对这种早婚现象，当朝大臣王吉曾一针见血地指出：“夫妇，人伦之大纲，夭寿之萌也。世俗嫁娶太早，未知为人父母之道而有子，是以教化不明而民多夭。”（《汉书·王吉传》）汉代婚姻法律的相关律条明确规定了夫妻双方在家庭中的权利与义务，这种规定的核心是确立男子在家庭和婚姻关系中至高无上的地位，它是汉代夫权思想的深刻反映。先秦文献《荀子·致仕》篇曾说：“父者，家之隆也，隆一而治，二而乱。”这种理论到了汉代就进一步系统化了。《后汉书·列女传》载班昭《女诫》说：“古生女三日，卧之床下，弄之瓦砖，而斋告焉。卧之床下，明其卑弱，主下人也。弄之瓦砖，明其习劳，主执勤也。斋告先君，明当主继祭祀也。三者盖女人之常道，礼法之典教矣。”即女人生来就比男人矮一等。同篇又载：“男以强为贵，女以弱为美。故鄙谚有云：‘生男如狼，犹恐其尪；生女如鼠，犹恐其虎。’然则修身莫若敬，避强莫若顺。故曰敬顺之道，妇人之大礼也。”强调妇女在家庭中敬顺丈夫，因此就必须做到“直者不能争，曲者不能讼”，完全剥夺了女子在婚姻关系中的独立人格和地位，而成为丈夫的忠顺奴仆。由于男子在家庭婚姻关系中居于主导地位，所以丈夫有肆意打骂、驱使和转让妻子的权利，而妻子则只有逆来顺受。但如果是妻子背离了丈夫，则法律却是不能饶恕的。为此，《女诫》篇说：“夫有再娶之义，妇无二适之文，故曰夫者天也。天固不可逃，夫固不可离也。行违神祇，天则罚之；礼仪有愆，夫则薄之。”男人尽可以娶三妻六妾，而妻子却必须对丈夫行终始之诚。汉代法律规定，丈夫通奸，只判三年徒刑；但如果是妻子通奸或私行改嫁，则必判死罪。可见。汉代法律是极力维护男子在家庭婚姻关系中的正统地位的。汉代婚姻法律的这一主导思想，必然为汉代的家庭婚姻伦理蒙上了浓重黑暗的封建色彩。

汉代的婚姻法律对婚姻关系的解除，也是在男尊女卑的前提下提出具体条款的。汉代法律规定的离婚理由是所谓“七弃”和“三不去”。“七弃”和“三不去”是针对女子一方，也就是对妻子而言的。如果女子一方违背了七项条件中的任何一条，男子都有权利抛弃她，即“休妻”。“七弃”的条件据《大戴礼记·本命篇》记载为：“妇有七去：不顺父母，去；无子，去；淫，去；妒，去；有恶疾，去；多言，去；盗窃，去。”之所以以这七条为准，是因为“不顺父母，为其逆德也；无子，为其绝世也；淫，为其乱族也；妒，为其乱家也；有恶疾，不可与其粢盛也；口多言，为其离亲也；盗窃，为其反义也”。究其实，几乎每一条都是对女子的人身和精神制约，但却丝毫不提男子该如何。所谓“三不去”，是指女子如具备下面三项规定中的任何一条就可以不离开家庭，即使丈夫提出离婚也不行。“三不去”的条件据《大戴礼记·本命篇》的记载是：“妇有三不去：有所取无所归，不去；与更三年丧，不去；前贫贱后富贵，不去。”通俗地说，丈夫一方在婚前曾依靠女方供养，或是妻子结婚时带有财产进门，并且妻子离去后无家可归的，妻子可以不离开家庭，也就是“不去”；妻子与丈夫一同服过三年之丧，妻子本人对祖先有大孝行的，也可以不去；妻子在嫁夫时，丈夫本人贫贱，后来虽然丈夫发了迹，但要休妻却办不到，这样妻子也可以不去。从上述“七弃”和“三不去”的离婚条件来看，女子在婚姻关系中基本上没有什么权利，有的只是义务。尽管有一个面子上的“三不去”条文，尽管作为妻子的虽不曾犯禁“七弃”中的任何一条，但如果丈夫要抛弃他的妻子，还是不难找到一个借口或理由来休妻的。《后汉书·冯衍传》记载，冯衍要纳妾，但他的妻子北地任氏之女却坚决反对。冯衍最后找了一个借口说，他的老婆太凶悍无礼，于是便轻而易举地打发了任氏女。如果说冯衍强词夺理地勉强为其妻凑了一个恶名的份子，那么下面这段文献所记大概就找不出什么正当的理由了。《后汉书·独行传》记载：“李充家贫，兄弟六人同食递衣。妻窃谓充曰：‘今贫居如此，难以久安，妾有私财，愿思分异。’充伪酬之曰：‘如欲别居，当酝酒具会，请呼乡里内外，共议其事’，妇从充置酒谯客。充于坐中前跪白母曰：‘此妇无状，而教充离间母兄，罪合遣斥。’便呵叱其妇，逐令出门，妇衔涕而去。”李充之妻为生计艰难着想，提出分家但没有说不赡养老人，这也是人之常情，并没有什么过格的地方；但就是这样一个想法或是建议，却断送了李充妻子的一桩婚姻。《后汉书·列女传》载：“广汉姜诗妻者，同郡庞盛之女也。诗事母至孝，妻奉顺尤笃。母好饮江水，水去舍六七里，妻常泝流而汲。后值风，不时得还，母渴，诗责而遣之。”只因为风大而没能按时返还，姜诗妻就被赶出了家门，这在汉代的任何一条法律条文中也找不到根据。汉代妇女在婚姻生活中的处境与地位由此可见一斑。

汉代法律对寡妇再婚的规定比后来的各代法律自由宽松许多，这恐怕是汉代诸多婚姻法令中的一个闪光点。汉代以儒家立政，虽然也强调女子要从一而终，但主要是指丈夫仍活在世上之时，被休弃的妻子则不受这个限制。两汉特别是东汉的社会风气极具开放性和商业性，所以从政府的角度说，不但不禁止寡妇改嫁再婚，甚至还在一定时期和一定背景下鼓励和支持。《后汉书·宋弘传》记载：“时帝姊湖阳公主新寡，帝与共论朝臣，微观其意。主曰：‘宋公威容德器，群臣莫及。’帝曰：‘方且图之。’后弘被引见，帝令主坐屏风后，因谓弘曰：‘谚言贵易交，富易妻，人情乎？’弘曰：‘臣闻贫贱之知不可忘，糟糠之妻不下堂。’帝顾谓主曰：‘事不谐矣。’”作为新寡的湖阳公主没有一丝“守节不嫁”的意念，倒是她看上了的人就直言不讳说出来。光武帝本人也称得上是开明之君，尽管搭桥的对象找错了，但并没有强人所难，也没有封建帝王的一身霸气。应该说，在妇女再婚改嫁这一点上，汉光武帝是开风气之先的一代贤明之君。汉代的杰出才女蔡文姬的婚姻生活，在汉代和后世，被传为佳话。史载：“陈留董祀妻者，同郡蔡邕之女也，名琰，字文姬。博学有才辩，又妙于音律。适河东卫仲道。夫亡无子，归宁于家。兴平中，天下丧乱，文姬为胡骑所获，没于南匈奴左贤王，在胡中十二年，生二子。曹操素与邕善，痛其无嗣，乃遣使者以金璧赎之，而重嫁于祀。”（《后汉书·列女传》）由文献可知，蔡文姬先后三次嫁夫，这在“饿死事小，失节事大”的唐宋以后是不可想象的，更不可能被官方文献载入《列女传》。汉代婚姻法令的这项规定充分保护了寡妇再婚的权利，这是应当肯定的。

汉代婚姻关系中的纳妾制度，是汉代婚姻法律所涉及的又一个重要问题。恩格斯说："多妻制是富人及显贵人物的特权，妻妾主要是用购买奴婢的方法获得的；人民大众都是过着一夫一妻制生活。"（《马克思恩格斯选集》第四卷第56页）汉代形成纳妾制度的主体正是贵族官僚豪富之人。汉代法律公开确认并保护一夫多妻制，它的根子在皇权卵翼下的帝王后宫。《汉书·外戚传》记载："汉兴，因秦之称号……适称皇后，妾皆称夫人。又有美人、良人、八子、七子、长使、少使之称焉。"《后汉书·皇后纪》说："自武、元之后，世增淫费，至乃掖庭三千，增级十四。"皇帝后宫姬妾之众多，已经不是用一个单纯的"群"字可以表述得精确的。上行下效，各级贵族官僚及富室巨户也争相蓄婢纳妾。如汉丞相张苍，"妻妾以百数，尝孕者不复幸。"（《史记·张丞相列传》）从汉代的相关法律来看，妾的地位很低，在实际意义上几乎与奴婢相同，因此无论从道德伦理还是从法律规定来看，都不允许以正式的婚姻礼仪来接纳妾的入门。

刘熙《释名》说："妾者，接也，以贱见接幸也。"汉代法律虽然承认和允许一个男人可以同时占有众多的女人，但同时规定，作为男子正妻的人必须是一位，余下的女子只能充作妾，并严禁以妾为妻。就是说，妻的正统地位是不可以撼动的。妻的数目只能是一位，是有限度的；妾的数目可以是多位，是无限度的。《汉书·恩泽侯表》载："孔乡侯缚晏，生乱妻妾位，免。"即使是王侯之人，在家庭内部搞乱了妻妾的次序和关系，法律对他也是毫不留情的。这是因为，在以宗法血缘继承为特点的封建时代，嫡庶之分必然涉及在政治地位、政治权利及财产分配继承上的巨大差别。"嫡长子继承"制也就是要确立正妻的地位，并且也才能够确立和保证封建专制政体的稳定运行。所以，无论是皇帝的大家庭还是官僚富室的小家庭，都不允许将妻妾的关系搞乱，妾只能敬事并服从妻。妾可以得宠受优遇，但她永远不是妻，也不可能有妻的地位。这是汉代婚姻法律十分强调的原则。

汉代婚姻法是汉代专制等级制度在家庭内部的深刻反映。男子有权、女子无权，是汉代婚姻关系的基本特征。在封建时代，婚姻关系正如其他社会关系一样，也必须服从于皇权政治和皇权文化的需要。

二、汉代婚俗浏览

婚俗，在中国古代属于礼制的范畴，先秦时代的文献《仪礼·士昏礼》中就记载了古代婚俗礼仪所要遵循的“六礼”内容。这六礼是：一、纳采；二、问名；三、纳吉；四、纳征；五、请期；六、亲迎。汉代的婚俗礼仪，其过程基本上承袭了古礼。

对“六礼”的解释，《艺文类聚》卷四〇引郑众《婚礼谒文》记载：“纳采，始相与言语采择可否之时；问名，谓问女名将归卜之也；纳吉，谓归卜吉，告之也；纳征，用束帛，征成也；请期，谓吉日将亲迎，谓成礼也。”有学者认为，六礼不过是婚仪的三个阶段：第一阶段包括纳采、问名两项，是相亲阶段；第二阶段包括纳吉、纳征两项，是定亲阶段；第三阶段包括请期、亲迎两项，是成亲阶段。（参见林剑鸣、余华青、周天游、黄留珠《秦汉社会文明》，西北大学出版社1985年9月第1版）一般而言，这三个阶段是不能缺少的。但对于一般民人来说，要严格按“六礼”的规矩办，则恐怕是既无财力做主，也无这份雅兴可待，唯有官宦人家和皇族之门才会有如此的讲究。

汉代婚俗的第一阶段，按《婚礼谒文》的字面意思，也就是所谓议婚。此时，男女双方家长要互相商定一个吉日来相亲，并且男方家要将待嫁之女的名字及生年日期带回去占卜，看看女方的卦象怎样，由此决定是否同意这门婚事。但是汉代在议婚时则往往不能由男方单独说了算，如《汉书·淮阳宪王传》记载：“赵王复使人愿尚女，聘金二百斤，博未许。”《后汉书·宦者列传》记载：“徐璜兄子宣为下邳令，暴虐尤甚。先是求故汝南太守李暠女，不能得。及到县，遂将吏卒至暠家载其女归，戏射杀之，埋著寺内。”这两个例子都是女方家干脆拒绝了亲事。汉代女子的自主择婚观念也很强，《后汉书·逸民传》记载：“同县孟氏有女，状肥丑而黑，力举右臼，择对不嫁。至年三十，父母问其故，女曰：‘欲得贤如梁伯鸾者。’鸿闻而聘之。”孟光就是这样的自主婚姻之女性。汉代女子中也有为冲破来自父母或社会的偏见阻隔而毅然与男友私奔的，著名的卓文君与司马相如婚恋故事就是汉代逃婚私奔的一例。这些情形说明，汉代女子择婚的自主意识大大增强了。

汉代议婚的男女双方在婚姻对象的选择上各有自己的标准，有些是男女双方共同的，有些则不一致。杨树达先生在《汉代婚丧礼俗考》一书中做了如下分类：从男方家来看，有择妇重相貌的，有重才德的，有重女方家门第的，有重所谓吉祥之人的，有看重女方家钱财的；从女方家来看，选择夫婿有重相貌的，有重才德的。此外，汉代的议婚还有一些其他方式和目的，如指腹婚，即双方父母在孩子未出生时就约定了婚姻；如为了某种政治缘故而缔结的婚姻。《史记·项羽本纪》载："张良出要项伯，项伯即入见沛公，沛公奉卮酒为寿，约为婚姻。"《后汉书·刘植传》记载："时真定王刘扬起兵以附王郎，众十余万。世祖遣植说扬，扬乃降。世祖因留真定纳郭后。后即扬之甥也，故以此结之。"这两例都是出于政治目的的需要而缔结婚姻关系的。汉代民间的一些狡诈诡黠之徒甚至无耻到用自己的女儿来反复骗取多家人的钱财，以至于对簿公堂，诉诸朝廷的法律。东汉人王符在《潜夫论·断讼篇》中对此记述评论道："或妇人之行，贵令鲜絜，今以适乙矣，无颜复入甲门，县官原之，故令使留所既入家；必未昭治乱之本原，不惟贞絜所生者之言也。贞女不二心以数变，不枉行以遗忧，一许不改，盖所以长贞絜而宁父兄也。其不循此而二三其德者，此本无廉耻之家，不贞专之所也。若然之人，又何丑吝！今婚姻无相诈，非人情之不可能者也，是故不若立义顺法遏绝其原。诸一女许数家，虽生十子更百赦，勿令得蒙，一还私家，则此奸绝矣。不则髡其夫妻，徙千里外剧县，乃可以毒其心而绝其后，奸乱绝则太平兴矣。"

汉代的士大夫之家为求子女婚姻的门当户对，竟然与宦官之家攀援结亲，因而受到当世人的讥讽和嘲笑，如《后汉书·胡广传》记载："及共李固定策，大议不全，又与中常侍丁肃婚姻，以此讥毁于时。"上述几例实属汉代议婚中的丑陋之举。可见，汉代议婚的内容比较复杂，绝不单纯是一个婚俗程序的问题，其间的社会政治因素和有关婚姻之家的社会心理变化无不左右着议婚的内容和过程。由此而导致了议婚的不同结果，并给予汉代的人文道德思想以深刻的影响。

但是，汉代的议婚中也有一些特例或者说其现象比较特殊的情形出现。汉代有一些出身贫贱、家境寒迫之人能够与当时颇具声望的士大夫官宦之家议定婚姻，并在此后得到了士大夫们的多方照顾和援助。《华阳国志·阳姬传》记载："姬，武阳人也，生自寒微，父坐事闭狱。杨涣始为尚书郎，告归，郡县敬重之。姬乃邀道扣涣马讼父罪，言辞慷慨涕泣。涣奇其才，为子文方聘之。结婚大族，二弟得仕宦，遂世为宦门。”

东汉末年，一些大姓望族不愿同当朝权贵和王侯之家结为婚姻，成为汉代历史上一个非常奇特的现象。《群书治要》引仲长统《昌言》的记载：“故姓族之殷不与王侯婚者，不以其五品不和睦，闺门不洁盛?”这种疑问显然有失偏颇，但却不难看出，东汉末年的这一非常特殊的议婚现象不但存在，而且暗示了东汉社会复杂多变的政治形势。合理的解释只有一条，即人们已经依稀听到了腐败王朝没落的钟鼓之声，也似乎看到了怎样的命运在等待着这些王侯们。

汉代的婚姻仪式遵循古代的六礼。在议婚完毕后，男方家要带上聘礼到女方家求婚，也有带聘金前往的。《汉书·张安世传》记载：“及曾孙壮大，贺为取许妃，以家财聘之。”《汉书·淮阳宪王传》记载：“赵王复使人愿尚女，聘金二百斤，博未许。”皇宫内聘亲的礼金数目很大。《汉官仪》记载：“皇帝聘皇后，黄金万斤。”《汉书·王莽传》说：“进所征天下淑女，立杜陵史氏女为皇后，聘黄金三万斤。”这就是所谓纳征。有些男方家比较清贫，女方家就采取假贷钱财的办法供给男方家做聘礼，如《汉书·陈平传》上记载：“张负卒与女，为平贫，乃假贷币以聘。”在南方的一些少数民族地区，汉政府也采取了由官府拨付钱财禄米的办法，提供给将要娶亲之家作为聘礼。汉家公主外嫁少数族首领，少数族首领也必须遵循中原汉族的聘礼风俗。如《汉书·西域传》记载：“乌孙使使献马，愿得尚汉公主，为昆弟。天子问群臣，议许，

❖ 汉代鼓吹图

图中所示为合奏排箫。箫属于管乐器，可以吹奏出从低音到高音的不同音律，与之相应的箫管也分为长管和短管

曰：‘必先内聘，然后遣女。’乌孙以马千匹聘。汉元封中，遣江都王建女细君为公主，以妻焉。”

女方家则为将要出嫁的女儿备置衣服和装饰品，《汉书·外戚传》记载：“母显既使淳于衍阴杀许后，显因为女成君衣补，治入宫具，劝光内之，果立为皇后。”女方家备置的妆奁有时十分丰厚，《后汉书·列女传》记载：“勃海鲍宣妻者，桓氏之女也。字少君。宣尝就少君父学，父奇其清苦，故以女妻之，装送资贿甚盛。”汉家宫女外嫁少数族人，汉宫室为其置办的妆奁也极为丰盛，史载：“汉元封中，遣江都王建女细君为公主以妻焉。赐乘舆服御物，为备官属宦官侍御数百人，赠送甚盛。”（《汉书·西域传》）汉代人十分注重家庭教育，女儿出嫁时，父母也会谆谆告诫她要以礼待人，同男方家人和睦相处。《汉书·陈平传》记载：“张负卒与女，负戒其孙曰：‘毋以贫故事人不谨！事兄伯如事乃父，事嫂如事乃母！’”汉代男女成婚之日场面非常隆重，男方家置办酒宴款待来宾并一一接受宾客的道喜。汉代政府在地方郡县对酒食的管理十分严格，但对婚娶却不加任何限制，以酒肉宴客是汉代婚庆日不可缺少的内容。《汉书·陈平传》记载：“张负卒予子，为平贫，乃假贷币以聘，予酒肉之资以内妇。”如果男方家清贫，女方家也要出钱帮助男方家把酒宴办好，否则就是失礼和不恭。汉代皇帝曾专门下达诏书，从礼的角度大讲酒食宴客的重要。《汉书·宣帝纪》说：“夫婚姻之礼，人伦之大者也；酒食之会，所以行礼乐也。今郡国二千石或擅为苛禁，禁民嫁娶不得具酒食为贺召，由是废乡党之礼，令民无所乐。非所以导民也。勿行苛政！”

这也说明，汉代婚俗对婚宴的重视非同一般。汉代人在婚庆之日也有闹洞房的习俗，在酒宴上往往饮酒欢笑，语言行为也无所顾忌。汉代人的开放意识较强，这在中国古代历史上也是一个很突出的现象。史称：“今嫁娶之会，棰杖以督之戏谑，酒醴以趣之情欲，宣淫泆于广众之中，显阴私于族亲之间，汙风诡俗，生淫长奸，莫此之甚，不可不断者也。”（《群书治要》引仲长统《昌言》）故此汉代文人蔡邕才赞美说：“良辰既至，婚礼以举，二族崇饰，威仪有序，嘉宾僚党，祈祈云聚，车服照路，骖騑如舞。”（《初学记》一四引蔡邕《协和婚赋》）

汉代灵帝时，出现了一种婚庆之日唱挽歌的风俗，《续汉书·五行志》注说：“灵帝时，京师宾婚嘉会，皆作魁櫑，酒酣之后，续以挽歌。魁櫑，丧家之乐；挽歌，执绋相偶和之者。天戒若曰：国家当急殄瘁，诸贵乐皆死亡也。”这种做法本身是政府出于所谓忧患意识而倡导的警示教育。

汉代婚庆的花费极大，竞相攀比，婚庆搞得豪华奢侈。由于聘礼太重，许多人家支付不起，只能不娶作罢。汉代文献记载这一现象时评价说：“葬死殚家，遣女满车。富者欲过，贫者欲及，富者空减，贫者称贷。”（《盐铁论·国病篇》）又说：“嫁娶尤崇侈靡。”（《汉书·地理志》）《汉书·王吉传》说：“世俗聘妻送女无节，则贫人不及，故不举子”。可见，汉代世俗中的奢侈之风也反映到婚俗的各个角落。

汉代男女成婚的年龄一般较早。先秦古礼认为，男子年30岁、女子年20岁是成婚的最佳年龄期；但汉代人早已突破了这种年龄限制。《论衡·齐世篇》说：“礼虽言男三十而娶，女二十而嫁，法制张设，未必奉行。何以效之？以今不奉行也。”但就男女的婚嫁年龄来看，一般则是男子要略长于女子。《后汉书·循吏传》记载：“骆越之民无嫁娶礼法，（任）延乃移书属县，各使男年二十至五十，女年十五至四十，皆以年龄相配，同时相娶者二千余人。”总的来看，汉代人普遍的成婚年龄在20岁前后，年龄最小的有13岁即出嫁之女子。《后汉书·马皇后纪》说：“后从兄严不胜忧愤，白太夫人绝窦氏婚，求进女掖庭，由是选后入太子宫，时年十三。奉承阴后，傍接同列，礼则修备，上下安之，遂见宠异。”但这毕竟是特例，像孟光30岁还不曾嫁人在汉代也是极少见的。而在17~20岁这个年龄段上婚嫁的人一般较多，如汉乐府诗《孔雀东南飞》中即说：“十七为君妇，心中常苦悲。”

汉代人的婚嫁年龄过早已引起有识之士的警觉，汉代人王吉对此评价说：“夫妇，人伦大纲，夭寿之萌也。世俗嫁娶太早，未知为人父之道而有子，是以教化不明而民多夭。”（《汉书·王吉传》）这段话尖锐地讥讽了汉代早婚给社会所带来的严重问题，认为早婚将导致社会文明的堕落。

汉代也存在着童养媳现象，如《汉书·外戚传》记载：“安女遂立为皇后，年甫六岁。”《后汉书·曹皇后传》记载：“建安十八年，操进三女宪、节、华为夫人，聘以束帛玄纁五万匹，小者待年于国。”所谓待年，是指女子成年后再正式嫁娶的意思。显然，它是一种典型的包办婚姻。

汉代婚俗中的又一现象是重亲的存在。所谓重亲，是指互为婚姻的男女两家又结成新的婚姻关系，也就是两代人或数代人的婚姻联结都不出最初的婚姻之家，即民间所说的“亲上加亲”。

杨树达先生认为，汉代的重亲有两种基本形式：其一，“有姻家恒为姻家，婚家恒为婚家者。”其二，“有彼此互为婚姻者”。（参见杨树达《汉代婚丧礼俗考》，上海古籍出版社2000年12月第1版）前一种形式如《后汉书·刘表传》记载：“表二子，琦、琮，为琮娶其后妻蔡氏之侄。”《汉书·西域传》记载：“乌孙、昆弥因常惠上书：愿以汉外孙元贵靡为嗣，得令复尚公主，结婚重亲。”后一种形式如《汉书·郑崇传》记载：“郑崇，高密大族也，世与王家相嫁娶。”颜师古注说：“郑氏女嫁王家，男娶王家。”又《汉书·外戚传》记载：“孝惠张皇后，宣平侯敖女也。敖尚帝姊鲁元公主，有女。惠帝即位，吕太后欲为重亲，以公主女配帝为皇后。”

汉代婚俗中的重亲现象常常造成婚姻中的辈分错乱。如宣帝娶霍后，霍后即是汉宣帝的姨母；中山孝王娶卫姬，卫姬也是中山孝王的姨母。显然，女子从年龄辈分论，则属长辈。也有所娶之人辈分低的，如燕王刘泽娶吕之女，就是娶的姨侄女。《后汉书·寇荣传》记载：“荣桓帝时为侍中，从兄子尚帝姊益阳长公主，帝又聘其从孙女于后宫。”也是娶侄女为妻。

汉代的婚姻关系在一定条件下又可以解除。其原因很多，有些是女方离开，也有些是男方离开；有的是因为口舌之嫌或忌妒之心，有的则是由于不能够善待长辈或因盗窃行为；还有的是因为德才不备，或是夫妻任何一方的家里有反朝廷的言行；更有甚者，则是为了攀缘权势之家或是出于某种政治需要。上述各例都属男方主动提出断绝婚姻关系。从女方来看，主动与男方断绝婚姻关系的原因有：或是因为男方贫贱，或因为夫婿才华不够，或因为丈夫患了疑难重病，或由于夫妻关系不和睦，或是女方家父母不欣赏女婿而强迫女儿与之分手的。凡此种种，不一而足。从中可见，汉代婚姻关系的牢固与否实与汉代社会多种因素和现象有关。汉代社会的价值观念和世风民俗对汉代婚俗的影响既是多方面多层次的，也是深刻而剧烈的。

在中国封建社会的各个历史时期，很少有像汉代那样的开放时代、开放社会和开放观念。汉代的女子也享有相对自由的空间。汉代民风充分体现了这一点。在汉代的婚姻关系中，女子一方拥有更多的自主权，文献上鲜见汉代的所谓“节烈之妇”，它说明从一而终的婚嫁理念对于汉代人来说是不屑一顾的。一旦丈夫去世，女子往往改嫁他人。《汉书·外戚传》记载：“宣帝求得外祖母王媪。王媪家本涿郡蠡吾平乡，年十四，嫁为同乡王更得妻。更得死，嫁为广望王迺始归。”文献中这样的例子很多。汉代妇女为争取自己的合法权益，有时竟不惜借助诉讼等法律程序和手段，有的妇女甚至自残形体或是以死抗争来求得改嫁的目的。像女子改嫁被人们视为情理之事一样，妻子过世，男子也常常再娶新妇。男子在富贵后也往往弃糟糠之妻而去，不过这样的人终究是被人看不起的。汉光武皇帝表彰徐宣时说他有“三善”，其中一善即是“本故妻妇，无所改易”（《后汉书·刘盆子传》）。《后汉书·杨秉传》也提到杨秉“有三不惑，酒色财也”，同样被视为当世之美德。

汉代婚俗中还有一个值得重视的现象是关于所谓妾媵的说法。妾媵，是指男子在正妻之外另有妻妾。汉代妾媵的种类很多，据杨树达先生考证，约有以下数种：其一是正妻以外有小妻，如《后汉书·陈球传》记载：“陈球小妻，程璜之女。”其二为小妇，如《汉书·元后传》说：“王凤知其小妇弟张美人已尝适人，于礼不宜配御至尊。”其三是少妇，如《后汉书·董卓传》载：“卓朝服升车，既而马惊堕泥，还入更衣，其少妇止之，卓不从。”其四为傍妻，如《汉书·元后传》说：“王禁有大志，不修廉隅，好酒色，多取傍妻。”其五为妾，如《西京杂记》记载：“司马相如将聘茂陵女为妾”。其六为下妻，如《后汉书·光武纪》所记：“建武七年，诏吏人遭饥乱及为青徐贼所掠为奴婢下妻，欲去留者，恣听之，敢拘制不还，以卖人法从事！”其七为外妇，如《汉书·高五王传》记载：“齐悼惠王肥，其母，高祖微时外妇也。”其八为御婢，如《汉书·夏侯婴传》记载：“颇尚平阳公主，坐与父御婢奸，自杀。”汉代有的男子，其妻妾之数不止一个，如《后汉书·王畅传》就记载了王畅的小妾多达37人的事实。妾、婢的地位很低，等同于家内奴隶。她们不过是男主人发泄性欲的工具。

汉代婚俗的诸多内容除反映汉代社会婚姻关系、经济关系和自然关系外，尤其反映了如下的事实：汉代女子节烈观念淡薄。寡妇再嫁为习见之事，男子娶再嫁之妇也没有什么争议，婚外性关系的记载亦不绝于史。汉代人对古已有之的“人伦大防”似乎也并不太在意，男女两性之间的限制也极为松弛。这是唐宋以后各代历史都绝少见到的事，排除各代的个别因素，就全社会的婚俗风气而言，汉代婚俗仍然可以说是多姿多彩，充满开放和浪漫情调的。

三、汉代的胎儿教育

有关汉代人育子教子的记载，在官私两种文献中所见不多，但文献中间接传达的信息则为数不少。先秦时代及其以后所长期积累的古文献对中国传统文化的多项阐释，其主要之点均在于表达中国先人对于人生价值理念的深刻见解，教子本身即是这种深刻见解的必然组成。所不同的是，汉代人更多的是从人生的哲学境界，从个人在物欲的世界中所能和所应达到的精神境界去感悟和培育人的主观精神，即人以什么样的方式成为人，以什么样的道德观念塑造人。汉代人的高明之处更在于，这种塑造是从一个人降生之前就已开始，即我们所说的胎教。

今天的青年夫妇多半都晓得胎教的道理，年轻母亲在自己的孕期中读书、读报，欣赏优美轻松的音乐，注意调适自身的情绪，以一种平实的心态与人相处，如此等等，都可以看成是在进行着早期的胎儿教育。其实今人的很多做法古已有之。

汉代人的胎教意识很值得寻味，这种耐人寻味之处在于，汉代人对胎教的注重并不单纯地从女子怀孕开始，也不是从人们常说的婴儿对母体生命的感知，即所谓“胎动”开始，而是在择偶之前就已开始了。《贾谊集·新书·胎教篇》载：“素成，谨为子孙婚妻嫁女，必择孝悌世世有行义者。如是，则其子孙慈孝，不敢淫暴，党无不善，三族辅之。故凤凰生而有仁义之意，虎狼生而有贪戾之心，两者不等，各以其母。”可见，汉代人择媳的观念是同对后人的教育期望联系起来看待的，尽管这不应该也不可能是择媳的唯一标准。然而，这同时也说明汉代人在胎儿教育意识上已具备了极强的超前意识，就是不仅重视胎儿本身，也在相当程度上注重未来胎儿的生身母亲。

汉代人认为，婚嫁乃人生之大事，是同礼教仁恕的文化理念相关联的。上涉天地国家，下及父母亲友，中关婚嫁人自身的生活前程，因此丝毫不能够大意，择偶的严肃性也就自不待言。汉代人为此警示而呼吁："呜呼！戒之哉！无养乳虎，将伤天下。"汉代政府也将此视为国家大事来看待，所谓"胎教之道，书之玉版，藏之金柜，置之宗庙，以为后世戒"。(《贾谊集·新书·胎教篇》，上海人民出版社1976年6月第1版)。宗庙是汉代逢遇节日和国家大事时举行多种祭祀活动的圣洁之所，侵渎宗庙是天地国家所不能饶恕的"大辟"之罪。汉政府将关乎胎教的相关之说列于宗庙，足见对这一问题的重视之深。从理论上说，汉代对胎教的认识是源于对传统文化的深刻关切和文化理念的深刻认识而诞育的，即《周易》所说："正其本而万物理，失之毫厘，谬以千里。"进而强调"君子慎始"。之所以如此，是因为先秦时代的经书里均把它作为不可丝毫懈怠的大事来看待。"《春秋》之元，《诗》之关雎，《礼》之冠婚，《易》之乾坤，皆慎始敬终云尔。"(《贾谊集·新书·胎教篇》，上海人民出版社1976年6月第1版)因此必须以十分虔诚笃敬之心来看待和处理胎教问题。

关于胎教的具体做法，贾谊引青史氏所撰著的《记》说："古者胎教之道，王后有身，七月而就蒌室。太师持铜而御户左，太宰持斗而御户右，太卜持蓍龟而御堂下，诸官皆以其职御于门内。比三月者，王后所求声音非礼乐，则太师乐而称不习，所求滋味者非正味，则太宰荷斗而不敢煎调，而曰不敢以侍王太子。太子生而泣，太师吹铜曰声中某律，太宰曰滋味上某，太卜曰命云某。"(《贾谊集·新书·胎教篇》，上海人民出版社1976年6月第1版)贾谊所引述的这段记载虽然来自于宫廷内部对妇女孕期实施胎教的介绍，但却反映了汉代对胎教认识的一般情况，只不过普通人等不具备也不可能达到皇家礼仪的品级规格，其心理认识应当说并不差得太多。由文献记载我们可以看出，当王后怀孕至7个月时，按例被安排到蒌室居住，政府中的两个要员太师和太宰率领群僚就负起了监控之责。在此后三个月里，王后的行动和意愿是不自由的，声乐享用和饮食之需均须符合礼的要求。尚在娘胎中的未来王太子是不可以随便乱吃，也不可以随便乱听的。婴儿降生啼哭本属自然生理现象，但吹鼓声乐还是不可少的，为的是协调婴儿之声与乐律之音以达到礼的要求。如此的程序说来确属烦琐，但能够这样做去，倒是看出汉代人在胎教上是一点都不马虎的。

汉代的胎教之策始终围绕着"礼"这个核心，从婴儿降生后接下来的一些程序中反映得比较具体，“然后，为王太子悬弧之礼义。东方之弧以梧，梧者，东方之草，春木也；其牲以鸡，鸡者，东方之牲也。南方之弧以柳，柳者，南方之草，夏木也；其牲以狗，狗者，南方之牲也。中央之弧以桑，桑者，中央之木也；其牲以牛，牛者，中央之牲也。西方之弧以棘，棘者，西方之草也，秋木也；其牲以羊，羊者，西方之牲也。北方之弧以枣，枣者，北方之草，冬木也；其牲以彘者，彘者，北方之牲也。五弧五分矢，东方射东方，南方射南方，中央高射，西方射西方，北方射北方，皆之射。其四弧具，其余各二分矢，悬诸国四通门之左；中央之弧亦具，余二分矢，悬诸社稷门之左。”（《贾谊集·新书·胎教篇》，上海人民出版社1976年6月第1版）上引文献是婴儿出生后汉代宫室按照东西南北中五个方位所进行的一系列对应的礼仪活动，要求是颇为严格的，它是胎教的继续，所以汉代的胎教自始至终是一个比较完整的过程。

给新生婴儿取名也是很讲究的，史载：“卜王太子名，上毋取于天，下毋取于地，毋取于名山通谷，毋悖于乡俗。”（《贾谊集·新书·胎教篇》，上海人民出版社1976年6月第1版）如此做的结果就可以使“君子名难知而易讳也，此所以养恩之道也”。汉代的胎教对于等级之尊也是颇为强调的。“正之礼者，王太子无羞臣，领臣之子也，故谓领臣之子也。身轻王者，妻朝后，之子朝王太子，是谓臣之子也。此正礼胎教也。”（《贾谊集·新书·胎教篇》，上海人民出版社1976年6月第1版）

汉代的胎儿教育从总体上来说是继承和借鉴了先秦时代的许多经验而来的，其中当然包括吸取了许多教训。贾谊在同书中写道：“周妃后妊成王于身，立而不跛，坐而不差，笑而不喧，独处不倨，虽怒不骂，胎教之谓也。”贾谊十分强调对先秦时代有妊女子的立、坐、欢、处、怒等人之情欲的节制和规范，实际上也就是对孕妇本人心理调适和内心修养的具体要求。大千世界，人品各异，性情不一，文化不同，境遇各殊，但为了子孙后代的健康成长，作为母亲应当也必须以最佳的言行举止度过孕期，这是在今天也没有疑问的。

汉代人的胎教意识不是单纯对怀孕女子的要求，对婴儿出生后所接触之人也有明确的要求。贾谊以成王之例续而论道：“成王生，仁者养之，孝者褓之，四贤榜之。成王有知，而选太公为师，周公为傅，前有与计而后有与虑也。是以封于泰山，而禅于梁父，朝诸侯，一天下。由此观之，主左右不可不练也。”（《贾谊集·新书·胎教篇》，上海人民出版社1976年6月第1版）把幼儿教育与治国兴邦、身家荣辱密切相连，这是汉代人胎儿教育的核心，也是终极的目标。故“无贤佐俊士，能成功立名、安危继绝者，未之有也。是以国不务大而务得民心，佐不务多而务得贤者，得民心而民往之，得贤者而贤者归之”（《贾谊集·新书·胎教篇》，上海人民出版社1976年6月第1版）。可见，幼儿的身边需要贤者辅教，目的在于立功立业，得乎民心而得乎天下。

汉代人的胎教意识中固然有一些神秘的色彩，剔除荒诞的成分，平心而论，却是不乏许多积极的思想和见解的。从先秦到清代，中国各代各阶层人士都有许多家训之书和有关家训的言论见于文献记载，仅以此就足可见中国文化的源远流长。汉代作为这种文化的奠立者，就必然凸现出它的应有地位。

第二节　汉代饮食与酒

汉代，我国的饮食文化已不再局限于先秦时代的单纯性饮食消费上，在饮食习俗、主副食的制作品种、蔬蛋肉类的加工制作，以及饮食器具的制作和使用上都发生了很大的变化。这种变化实为汉代经济、文化对传统饮食的深刻影响所致。

一、汉代的饮食习俗

“汉承秦制”，并不单指汉代在政治、经济、军事、文化等相关制度方面对秦代的继承，在社会生活领域，秦代的许多风俗习惯也为汉代人所接受和传承。湖北云梦《睡虎地秦墓竹简》中的《传食律》和《仓律》等篇记载，秦代的官吏、卒人及下层的仆役、刑徒等人每天的饮食习惯为早晚各一次，即每天两餐。西汉初年，每日两餐的习惯仍没有明显的变化。汉初士人晁错曾说：“人情一日不再食则饥。”大约在这时普通平民和一般官吏仍然保持着一日两餐的习俗，当然这并不包括汉代的贵族官僚和皇室成员。但正是从西汉时起，一日三餐也开始出现了，《汉书·淮南厉王传》记载：“请处蜀严道邛邮，遣其子、子母从居，县为筑盖家室，皆日三食，给薪菜盐饮食器席蓐。”但皇帝的饮食则为每日四餐，《白虎通》记载：“平旦，食少阳之始也。昼，食太阳之始也。晡，食少阴之始也。莫，食太阴之始也。”不过，汉代宫室内是否如此传膳，文献中并没有具体的说明，所以只能看作是汉代的相应礼制对一日膳食的一种理论解释。汉代皇室和上层贵族的宴饮之风极盛，有关宴饮的进食之礼也有比较严格的规定。先秦文献《礼记·曲礼》记载：“凡进食之礼，左肴，右胾，食居人之左，羹居人之右，脍炙处外，醯酱处内。”

汉代在进食上的许多做法仍沿袭古礼，这从汉代出土的许多画像砖石及帛画、壁画中都可以得到充分的验证。

汉代饮食习俗的一项重要内容是分食制的存在。所谓分食，是指一人一案的饮食形式。在汉代的许多实物图像和文献记载中，都不乏一人一案的场面出现。食案很轻也很矮，所以汉代人在食饮中经常是席地而坐。分食制的存在，主要是由于食案较小的缘故。当然，就汉代的贫民阶层来说，已是谈不上案食的问题了，能够维持温饱也就很不错了。

汉代在饮食的礼仪上是颇为讲究的，对宴客时座次的排列也有一定的次序。《史记·项羽本纪》记载，鸿门宴上，“项王、项伯东向坐。亚父南向坐，亚父者，范增也。沛公北向坐，张良西向侍。”可见，西汉初的主位是坐西面东，也是最尊贵的席位；稍差一些的是南向；再差一些的是北向；最后则是坐东面西。汉代人对堂屋的重视非同一般，堂是古代宫室和家庭宅第的最重要部分。汉代人如在堂上举行酒宴，通常则以面南为尊。在宴客的座位排列上，南北方又略有不同：北方坐北朝南是主宾和贵客，即所谓上座，与上座毗邻的东西座位上，以靠近上座的位次为尊，并在同时东座要尊于西座；而以坐南面北为最低，其中的东座又高于西座。南方在主宾席（即上座）上同北方是一样的，而在主宾之下的席位排列上却是不同的。汉代南方人以坐南面北，即同主宾相向的位置为稍差者，然后才是东西两侧的陪坐席，并且同北方一样，也是以东座为尊。这种宴席位次的排序直到今天还在某些地区沿袭，可见影响之深远。

汉代不同等级的人士享有的菜肴数目也是不同的。《礼记·曲礼上》记载：“礼有以多为贵者，天子之豆二十有六，诸公十有六，诸侯十有二，上大夫八，下大夫六。”即天子有26道菜，公爵有16道菜，诸

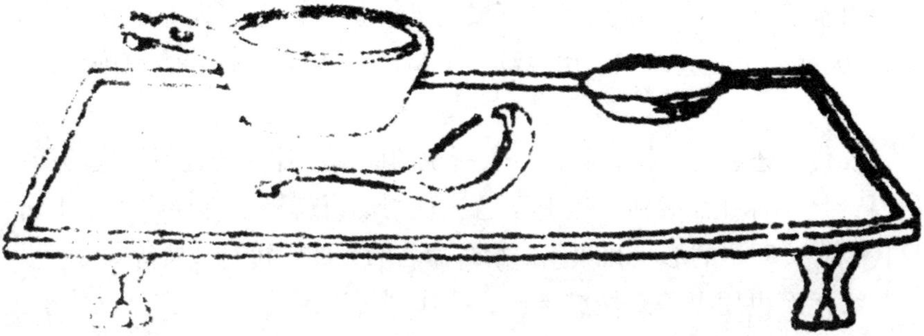

※ 汉代食案图

侯有12道菜，上大夫有8道菜，下大夫仅有6道菜。上面是从官僚阶层来说的。而从汉代的普通平民来看，也是存在着差别的，不过平民的差别并不是以等级来划分，而是以年龄来区分的。《礼记·乡饮酒礼》记载：“乡饮酒之礼，六十者三豆，七十者四豆，八十者五豆，九十者六豆，所以明养老也。”可见，在乡饮酒礼中，德高望重者是最受崇敬的。汉代关于用膳过程中的相应规定也很多。《礼记·曲礼上》记载：“共食不饱，共饭不择手，毋抟饭，毋放饭，毋流歠，毋咤食，毋啮骨，毋反鱼肉，毋投与狗骨。毋固获，毋扬饭。饭黍毋以箸，毋嚃羹，毋刺齿，毋歠醢。客絮羹，主人辞不能亨；客歠醢，主人辞以窭。濡肉齿决，干肉不齿决。毋嘬炙。卒食，客自前跪，撤饭齐以授相者，主人兴辞于客，然后客坐。”汉代的这些规定是以尊重来宾为基本前提的，例如在酒宴上不可以只顾自己吃饱吃好而不去照顾客人，也不能用手抓搓饭菜，不可把剩余饭食倒回锅里，喝酒不能喝得大汗淋漓，也不可以在客人面前吃出声来，不能大口大口地喝汤，不能把喜欢吃的食物据为己有，不能在酒席上剔牙缝儿。如此等等，不一而足。这些规定直到今天仍有许多条目还在为人们所遵奉。

二、汉代的主食

汉代人的主食依南北地域的不同而存在着差异。如北方人比较喜欢吃面食，汉代的北方地区，特别是黄河中下游一带就以麦食为主食。汉代饼的种类很多，一般人常吃的是烫面饼，有的也不经烫面而直接用水和面，放入锅中蒸制或是烙制成饼。胡饼，则是北方少数民族发明制作的一种面食，是一种用火烤烙制成的芝麻炉饼。汉代人非常喜欢吃胡饼，《太平御览》卷八六○引《续汉书》说："灵帝好胡饼，京师皆食胡饼。"

汉代人还喜食汤饼，类似今天所说的面片或片儿汤，但汉代的汤饼较厚，是一种死面硬饼，因此不适当食用汤饼就极容易导致胃肠生病。汉代也有按照饼的形状和颜色来给饼命名的，如蝎饼、金饼等。

汉代人也用麦子来做成干饼，称作"糒"或"糗"。它是汉代平民经常食用的面食之一。因其粗糙，也为清高的士人所喜食，许多廉吏也以食用麦饭来激励自己的名节，《太平御览》卷八五○引谢承《后汉书》说："豫章宋叔平为定陵令，素杯食麦饭。"

汉代的许多老人和妇女儿童还喜欢吃一种用大麦做成的粥，汉代人将此称作麸。尤其是汉代时期的北方人，几乎一年四季都离不开它。《太平御览》卷八五九引《七略》说："宣帝诏征被公，见诵《楚辞》。被公年衰母老，每一诵辄与粥。"看来汉代尊老的重要内容之一便是施粥，这说明麦粥对于长者来说确是非常有益的一种主食。

汉代主食品除以面食为一大项外，粟、黍、稻也是基本的主食类，特别是在南方地区，稻米的食用十分普遍。北方人也喜欢吃稻米，所以米面往往是汉代并重的主食。汉代有关米的制作基本上可以分作烧制干饭和制成米羹两项。如《汉书·公孙弘传》所说："公孙弘为丞相，食脱粟之饭。"这是指用小米做成的干饭。《汉书·王莽传》说："莽闻城中饥馑，以问业。业乃市所卖粱饭肉羹，持入视莽。"这是用黄米制成干饭来食用。《急就篇》颜师古注说："馓之言散也，煎稻米饭，使发散也。"这是用稻米制成干饭的记录。

汉代人在制作干饭时，也常常在饭中添加一些干果蜜汁等物，使得蒸熟的干饭甜香味美。如用甜枣加入饭中，就成了汉代人喜食的枣糒。《四民月令》说："四月可作枣糒。"看来，干果的使用也视季节的变化而定。

汉代人食用干饭时，常用水加泡而食，也有人用温汤泡饭，更有人用烧制的羹汤浇饭。《释名》解释说："飧，散也，投饭于水中，各解散也。"这里所说的飧，就是指加了水的干饭。用羹汤浇饭，只能是富裕之家可以办到，《东观汉记》记载："王涣为洛阳令。马市正数从卖羹饭家乞贷。"

❖ 汉代漉米图

此图系汉代画像石刻所载。漉米即今之淘米，漉米的器具称为箕

汉代人喜食粥，故稻、黍、粟等也常被熬煮成粥来供人们食用。同麦粥的情形差不多，汉代人也多用米粥来侍奉老人和儿童。汉代人又常用豆制品制成豆粥，即用淘米水和小豆熬煮而成。豆粥在汉代是营养价值极高的食品，也是汉代民人家庭经常食用的一种主食。

汉代主食的制作方法很多。贾思勰在《齐民要术·飧饭》中，论述了汉代人有关主食的各种制作方法，如“作面饭法”“作粟飧法”“粳米枣法”“胡饭法”等。汉代也注意对米麦的精细加工和制作处理，东汉崔骃在《七依》中说：“玄山之粱，不周之稻，万凿百淘，精细如蚁。”（《北堂书钞》卷一四二引）《太平御览》卷八五〇引晋周处《风土记》的话说：“精浙米，十取七、八，浙使香，蒸而饭色乃紫绀。”都是说对主食之粮的精细加工情况。可见，汉代的主食制作不但多样化，而且每一种主食的制作工艺和制作方法都近乎上乘，它成为汉代饮食文化的一个绚丽之点。

三、汉代的副食

汉代的副食包括蔬菜和肉食品两大门类。在汉代的上层贵族那里，

“食粱肉”成为其生活的基本内容之一，大小官吏对粱肉之食也极力追求。而对于普通平民来说，他们的主要副食品却仍以蔬菜为主。

汉代蔬菜的种类很多。汉代人最经常食用的蔬菜之一便是冬葵，《史记·循吏列传》记载：“（公仪休）食茹而美，拔其园葵而弃之。”

汉代文献《四民月令》说：“九月作葵菹、乾葵。”反映秦汉魏晋的著名农书《齐民要术·种葵》篇则对冬葵的播种、耕耘、浇水、施肥及生长情况作了详细介绍。汉代民人一般都在自家园中种植冬葵以备食用。汉代乐府诗《长歌行》描写汉代人广种冬葵的情景时说：“青青园中葵，朝露待日晞。”说明汉代人以此为基本的蔬菜副食品是可信的。

大头菜，汉代人称为蔓菁，也是汉代人食用的主要蔬菜品种之一。蔓菁系高产蔬菜，叶和根均可食用，因此《齐民要术》将蔓菁列为第二大蔬菜类，它在汉代人的饮食中占有很重要的地位。蔓菁在灾荒之年可部分地替代粮食，对救荒应急十分重要。《后汉书·桓帝纪》讲到，桓帝永兴二年（公元154年）六月水患之灾时，桓帝曾下诏：“令所伤郡国种芜菁以助人食。”《齐民要术》论述它的价值时也说：“若值凶年，一顷乃活百人耳。”

芋，即今日所称芋头、毛芋，是汉代蔬菜中的又一大类。汉代农书《氾胜之书》详细记载了区田种芋法和一般种芋法。汉代人对芋的吃法也很多，诸如煨烤、蒸煮、做菜都可食用。芋的另一特点是它可起充饥作用，因此北朝农学家贾思勰将芋归入粮食类中。《汉书·翟方进传》引汉代汝南民谣说：“饭我豆食羹芋魁。”汉代民人食用芋之普遍，由此可见一斑。

汉代大规模的园圃作物之一是韭菜的种植。《史记·货殖列传》曾有“千畦姜韭”之语，在中原、齐鲁、关中、巴蜀和江南各地都多有种植韭菜的记录。西汉时，韭菜更作为温室栽培的主要蔬菜而广泛种植。汉代长安的皇家菜园中就遍种“韭黄”，采用的生产工艺是大棚温室栽种法，即文献上所说的“种冬生葱韭菜茹”。韭菜不但是汉代人的主要副食蔬菜，也成为汉代人经常使用的调味品。

萝卜是汉代人经常食用的又一种蔬菜。汉代人称萝卜为“芦菔”。《后汉书·刘盆子传》记载了汉末宫女“掘庭中芦菔根，捕池鱼而食之”的凄凉情景。可见，皇室也是将萝卜作为日常食用的主要蔬菜来种植经营的。

汉代的蔬菜除上述几种外，还有芹菜、葱、鸿荟、蔆芡、空心菜、瓠、芥菜、笋、菠菜、葫芦、黄瓜、豆芽、藕、蒜等。大凡今天人们所食的蔬菜，汉代差不多都有，其食用方法也和今天大致相同。

值得重视的是，汉代由西域传入的豆类制品大大丰富了汉代人饮食生活的内容。豆制食品的出现，是汉代副食品的一个新门类。汉代人也常将大豆的鲜叶和干叶作为日常蔬菜食用。

由于大豆富含脂肪和蛋白质，极具营养价值，因此从汉代开始，各种各样的豆制品开始逐渐出现。大豆的品类也逐渐增多，其后，豆羹、豆豉、豆酱、豆腐、豆芽等相继出现。

汉代副食品的另一大类是肉类制品，其中又可以分作家养和野生两种。我国古代早已有之的“六畜”之说，即是指马、牛、羊、猪、狗、鸡。汉代除马、牛之外，其他四畜都是人们的食用对象。在已出土的汉代画像砖石及墓葬壁画中，都大量记录了汉代民人杀猪屠狗、宰鸡烹羊的场面，甚至连贫民也有“鸡豕五芳”者。汉代人对肉食的消费很大，又因为汉代宴饮之风

❖ 汉代杀鸡图

❖ 汉代击豕图

此图见汉代山东诸城前凉台画像石刻，表现了以棒击杀猪的场景

极盛，酒肉之食遂成为宴席上不可缺少之物。以此之故，《盐铁论》描写西汉的情况时才会说："今闾巷县陌，阡陌屠沽，无故烹杀，相聚野外。"

汉代人食用猪肉、狗肉颇为讲究，即选幼不选壮、选壮不选老。狗以一年之内、猪以两个月至半年为上佳之肉。汉代人特别喜食肉畜的下水，诸如心、肝、肠、胃、头、舌、蹄，甚至包括猪尾、骨头，几乎无所不吃。《东观汉记》记载："闵仲叔客居安邑，老病贫寒，不能买肉，日买一片猪肝。"大约汉代的肉价较高而下水物价格较低，所以一般民人也多吃下水之物。汉代人也喜食鸡肉和鸡蛋。在长沙马王堆汉墓和湖北江陵凤凰山汉墓中就出土有成批的鸡蛋。

※ 汉代屠狗图

汉代民人不但自养了很多家禽，也捕杀许多野生动物来作为肉食之用，如：兽类中有鹿、兔、狼、虎、豹、熊等；禽类中有雉、雁、天鹅、鸠、鸽、鹌鹑等；水产品则有鲤、鲫、白鱼、鲍鱼、鳖等；蟹、螺、蚌、贝等物，也是汉代人餐桌上的佳肴。（参见林剑鸣、余华青、周天游、黄留珠：《秦汉社会文明》，西北大学出版社1985年9月第1版）

四、汉代的烹调技艺

炙，是汉代基本的烹调方法之一。《释名·释饮食》说："炙，炙也，炙于火上也。"《说文解字》则说："炙，炮肉也。从肉，在火上。"可见炙肉也就是在火上烤肉。汉代炙肉的名目很多，如脯炙、釜炙、衔炙、貊炙等。汉代炙肉不仅有牛、狗、猪、鹿、鸡，也烤炙鱼。汉代还有一种独特的貊炙，是从西域传入的，以烤炙整羊为特点，大约类似于今天回族人喜食的烤全羊。脍，《说文解字》说："脍也，细切肉也。"汉代人嗜食脍炙之食品。除肉脍外，鱼脍还是关东和江南地区招待贵宾的上等佳肴。东汉辛延年作《羽林郎》说："就我求珍肴，金鱼鲙鲤鱼。"汉代鱼脍之盛，实非一般可比。

❖ 汉代炙肉图

煎和熬，是汉代十分相似的烹调方法。煎是将鱼肉之物放入釜中，加水烧至汤汁近干、鱼肉烂熟之时。在烧炖鱼肉时加入一些葱、姜、盐、桂等调料，保留一定量的汤汁则叫作熬。汉代人喜吃煎鱼、熬豚等鱼肉食品。

濯，一般称为炸，即将食物放入热油或开水中炸熟或煮熟的一种烹调方法。

脯，是指在肉食品表面抹上一层盐而后晾晒的干肉，即后人常说的腊肉。

醢和酯，前者是指将肉剁碎，拌制盐和香料而成的肉酱；后者是指依此方法而制作的鱼酱。此外，汉代还有蒸、腊、炮、羹等，均是技艺独特的烹调方法。如汉代的羹（即肉汤）的制作方法就有几十种，所做的羹汤色泽光艳，食味上佳。

汉代还有一种肉鱼混烧的杂烩大菜“五侯鲭”。《西京杂记》记载：“五侯不相能，宾客不得往来。娄护五侯间各得其意，竟致奇膳，护乃

❖ 汉代鼎烹图

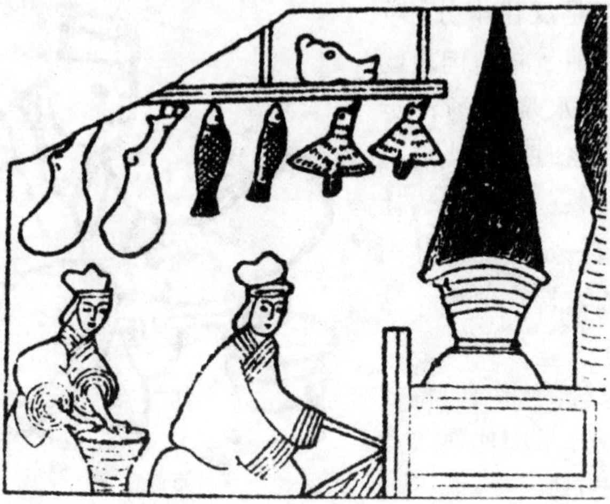

❖ 汉代庖厨图

庖人即厨灶之人，此图系汉代画像石所绘之厨工炊灶蒸食的场景

合以为鲭，也称五侯鲭，以为奇味焉。”（参见林剑鸣、余华青、周天游、黄留珠《秦汉社会文明》，西北大学出版社1985年9月第1版）汉代调味品的使用是汉代烹调技艺不可缺少的内容。盐、酱、醋、糖、葱、姜、花椒等各式作料一应俱全。汉代的饮食呈现出了此前没有过的发展势头。

五、汉代人与酒

我国酿酒的历史十分久远，有关酿酒的工艺、酿酒原料、酒制品的储藏、饮酒的风俗、政府对酒业和饮酒的有关管理和规定在古文献上记载得很多。汉代时期，酿酒与饮酒已成风气，许多方面都出现了新的变化。

汉代的酒业生产规模比照前代有了很大发展。私人开办的酒肆作坊在都市和乡镇分布极广。私人酒坊一般铺面不大，但数量众多，分布地区也很广。汉朝皇帝刘邦年轻时就常游走于乡村酒肆之中，且常常赊欠酒家的酒钱。可见，乡村中的小酒馆为数不少。能够开办这一类酒肆作坊的人，一般多是小手工业者，而且多是自酿自卖。四川彭县出土的汉代画像砖上清晰地反映了这类小手工业者制酒和售酒的情形，画面整体表现的是一处酒肆作坊图，图中的下部有三个并排放置的坛形器物，中

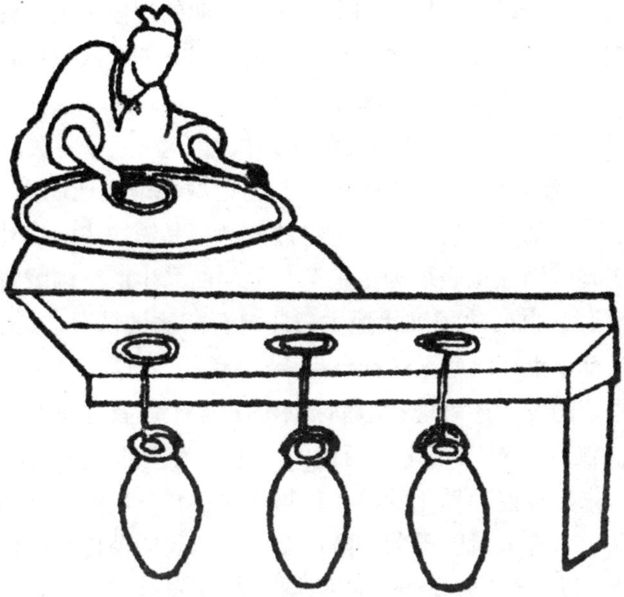

❖ 汉代沥酒图

此系四川彭县出土的汉代画像砖所绘用三瓮滤酒的情形，用带孔的瓮来过滤酒

间另外放置着一个大坛子，用来盛装成品酒以售卖。画面上一人站在坛边取酒装入另一个坛中，为售酒的店员；另外一人则伸臂接坛，为买酒之人；第三个人推车运酒，似是店中的伙计；第四个人则穿戴整齐，悠闲踱步，似为酒肆的主人。

汉代大商贾经营的酒业作坊主要集中于都市一类的大地方。《史记·货殖列传》记载："通邑大都，酤一岁千酿……糵，曲盐豉千荅。"由于店铺的规模大，获利丰厚，故可以"富比千乘之家"。城市人口密集，消费水准高，许多官僚贵族和豪强巨商居住于此，因而大商人经营的酒肆作坊就有很大的售卖空间。

汉代皇室和宫廷的贵族官僚及汉代田庄内的豪强地主为了满足自身骄奢生活的需要，也在宫中或庄园内设立制酒作坊。这些作坊生产的酒根本不是用于市场上的售卖，而纯系自身消费。在中央政府内部，还设有专门的官员管理皇室的酒制品生产。《汉旧仪》记载："太官主饮酒，皆令丞治，太官、汤官奴婢各三千人。"《后汉书·和熹邓皇后纪》也载："太官、汤官经用岁且二万万"。皇室内部的制酒费用如此高昂，制酒从业人员如此众多，足以表明皇宫酿制酒业的规模之大。许多官僚和豪强地主在自己的庄园内酿酒的现象也很普遍，如西汉权臣霍光的家属就曾“私屠酤”（《汉书·赵广汉传》）。

反映汉代地主田庄经济的文献《四民月令》一书多次出现了“曲室”“作曲”“酿春酒”“渍曲酿冬酒”的记载。地主庄园内部酿制酒，一方面用于自身消费，另一方面也将部分酒制品销往庄园以外的其他地区，所以庄园酿酒业也表现为一定意义上的商品生产。内蒙古和林格尔汉代墓葬壁画，也反映了汉代地主田庄自行酿酒的情况。（吴荣曾《和林格尔汉墓壁画中反映的东汉社会生活》，载《文物》1974年第1期）

汉代酒业的发达还表现在酿酒技术的进步上。首先是制曲技术有了较大提高。汉代人对以糖化和酒化两个过程为主的曲酿酒法进行了改进，直接用未经过发芽糖化的粮食谷物作原料，只用曲来制酒。这种制曲方法使曲中含有大量的霉菌和酵母菌，使酿酒的糖化和酒化过程同时进行。这种方法就是后世著称的制酒“复式发酵法”。汉代文献《方言》《说文解字》等记载了众多酒曲名称。酒曲的品种不断增多，酒曲质量不断提高，《汉书·食货志》记载，西汉时期，“一酿用粗米二斛，曲一斛，得成酒六斛六斗。”这是我国酿酒史上关于用曲比例的最早记载。《全三国文》卷一《（曹操）奏上九酝酒法》中记载了到东汉末年的时候，九斛米或是十斛米的酿酒原料，只需要用曲三十斤即可。这说明酒曲中霉菌和酵母菌的纯度大大提高了，因此制酒中曲的用量也就得以大幅度的降低。

汉代以前的酒，一般度数不高，酒精含量较低。度数低的酒容易酸腐变质，《汉书·百官公卿表》记载了汉代“坐庙酒酸论”的一段史实，连皇室宗庙祭祀所用的好酒也酸腐变了质。所以汉代成品酒的保存期一般也不长。《法言》一书就曾说：“日昃不饮酒，酒必酸。”

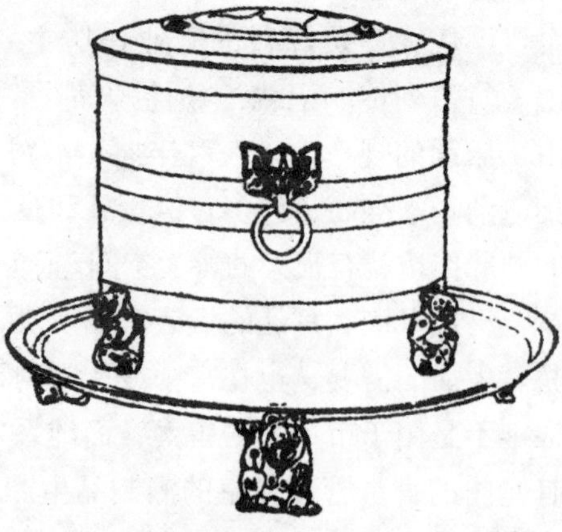

❖ 汉代酒尊与承旋
承旋即圆形桌案，上承装酒之器

东汉以后，一些度数较高的酒开始出现。三国时的学者如淳在注解《汉书·平当传》时曾说：“稻米一斗得酒一斗为上尊，稷米一斗得酒一斗为中尊，粟米一斗得酒一斗为下尊。”如淳所说是指粮谷在东汉时的出酒量，比起西汉一斛米出三斛三斗的比例有了很明显的降低，说明酒的度数确实提高了，因此东汉王充才会在《论衡》中多次提到“美酒为毒，酒难多饮”“过于三觞，醉酗生乱”之类的话，意在告诫人们，酒是不可多饮的，否则会伤身。西汉时期的酒价变化也可以说明酒精度数的高低情况。西汉时，酒的度数一般也不高，所以酒价相对较低，《汉书·昭帝纪》说当时的酒价每斗不过四十钱；而到了东汉末年，酒价却升至“斗酒至千钱”（曹丕《典论》，引《全三国文》卷八）了，三国文人曹植在《齐琴行》中也说，“美酒斗十千”。两汉的酒价可以说是差得很多，度数的高低应当是这种差别的一个重要因素。

❖ 汉代酌酒图

汉代人在酿酒过程中注重吸收前人的可贵经验，同时又在酿造工艺上不断创新。如汉代学者郑玄在注释《周礼·酒正》一文时就曾说过“作酒既有米曲之数，又有功沽之巧”的话。

东汉时，一种被称为“九酝”的酿酒方法出现了。曹操的《奏上九酝酒法》说：“臣故县令南阳郭芝，有九酝春酒法。用曲三十斤，流水五石，腊月二日清曲，正月解冻，用好曲米，漉去曲滓，便酿法饮。曰譬诸虫，虽久多完。三日一酿，满九斛米止。臣得法酿之，常善。其上清滓亦可饮。若以九酿苦难饮，增为十酿，差甘易饮，不病。”简言之，就是在酿制的过程中，采取连续投料的方法，用以保持一定浓度的糖分，从而使酵母菌得以充分发酵，这样酿制成的酒才会醇香厚重。贾思勰在《齐民要术》一书中总结九酝酒法时说：“香美势力，倍胜常酒。”可见，九酝酒法是汉代人在制酒工艺技术上的一个重大进步。汉代酿酒技术的进步及其广泛性，使得酒产品的种类迅速增多。在汉代文人笔下的文论、诗赋、笔记及官方和私人著述的文献书籍中，甚至地方志和汉代简牍上，都记载了多种多样的有关酒产品的称谓。汉代人对酒的命名十分讲究，按照不同粮谷原料制成的酒有“稻酒”“黍酒”“秫酒”“米酒”等。《史记·大宛列传》记载：“宛左右以蒲陶为酒，富人藏酒至万余石，久者数十岁不败。”可见，以果产品酿制的葡萄酒这时也出现了。《西京杂记》记载：“梁人做诸蔗酒，名曰金浆。”该书并引枚乘的赋说：“尊盈漂玉之酒，爵献金浆之醪。”诸蔗即是甘蔗，所以汉代不仅有多样的粮米酒，也有多样的果品酒。见于汉代文献的还有用所酿酒的配料命名的酒产品，如“椒酒”“柏酒”“桂酒”“兰英酒”“菊花酒”等。这些配料在酿酒过程中的参用，有些是为了增润酒产品的色泽和味道，有些则是作为医疗之用的辅助性中草药剂。可见，汉代人饮酒的目的和效用也是多种多样的。

汉代人也有按照时间和酿制方法命名酒的习惯，如“春醴”“春酒”“一冬酿”“冬酒”“秋酿”“醳酒”“酎酒”“酝酒”等。也有的是按色泽和味道来命名的，如“黄酒”“白酒”“金浆醪”“醽醁”“恬酒”“甘醴”“甘酒”“旨酒”“香酒”等。汉代的酒产品如综合而论，可分为醴醪和清醉两大类：前者的特点是酿造时间较短，用曲量较少，成酒稠浊而味道甜润，酒的度数一般较低；后者则酿造时间较长，度数相对较高，酒的浆液一般也比较清澈。

汉代时期，我国各地都出现了许多名酒产地。在今天的湖北、湖南、广西、河北、江苏、浙江、福建、四川、云南等省区，以及中原和西北的广大地区，都有许多名酒产地。如：位于今天湖北宜城的“宜城醪”，位于今天广西梧州的“苍梧清”，位于今天河北西部地区的“中山冬酿”，位于今天湖南衡阳地区的“醽醁”，位于今天湖北光化西北一带的“鄼白”，位于今天四川地区的“酴清”，以及关中地区的“白薄”

❖ 汉代持卮图

卮即杯，持杯敬酒或饮酒，为汉代出土画像砖所载。卮则在山东临沂银雀山西汉墓和长沙马王堆汉墓出土所见

等，都是汉代颇具声誉的地方名酒。这些地方名酒不仅在当地知名度极高，也常常远销外地。如洛阳烧沟汉墓出土的酒器上曾刻有“酴醁”的字样。（参见《洛阳烧沟汉墓》，科学出版社1959年第1版）湖南名酒在河南被发现，自然是外销贸易的结果。汉代边疆区的酒制品通过贸易和赏赐等途径也迅速发展起来，汉代文献中每有赏赐酒制品于少数民族的记载，如汉代时的乌桓“能作白酒，而不知作曲”，“故常仰中国”（《三国志·魏书·乌丸传》裴松之注引《魏书》）。新疆地区酿制葡萄酒的技术也在汉代传入中原地区。可见，中原汉族与周边少数族在经济上的联系是彼此互补的。酒业的发展直接依赖于粮食的生产，酿制酒产品需要消耗大量的粮食，特别是在灾荒年间，这一问题就愈显突出。因此汉政府曾屡次发布禁酒令，《汉书·景帝纪》和《后汉书·和帝纪》等文献篇章里都多次提到“禁酤酒”的诏令。汉文帝时将酒业的发达列为当时谷物不足的一条重要原因，所谓“为酒醪以靡谷者多”。（《汉书·文帝纪》）。西汉中期，汉政府对三大宗当时社会上流通的产品实行由政府统制的专卖政策，其中一项就是酒制品。到西汉后期和东汉时代，由于经济的发展和社会生活的诸多变化，汉政府前期的禁酒措施逐渐废弛。

汉代时期，饮酒之风极盛，不但官僚富商耽于酒色，而且许多民间百姓亦有饮酒之俗。汉代前期酒的度数不高，也使一些人豪饮成名。《汉书·韩延寿传》记载，韩氏能“饮酒石余”；《汉书·于定国传》说，于氏“食酒至数石不乱”。汉代画像石刻上经常出现有文士或官吏举杯对饮的画面，可知汉代的文士和官宦之人聚饮酌酒已属平常之事。西汉皇帝刘邦在登基以后仍念念不忘当年乡野的酒肉之食，故在宫中“朝晡尚食，常具此二炙（鹿肚、牛肝），并酒二壶”（《西京杂记》卷二）。汉代人为益寿的目的，也多饮一些健身疗病的药酒，《西京杂记》记述汉高祖的偏房戚夫人的侍女就曾“佩茱萸，食蓬饵，饮菊花酒，令人长寿”的史实。汉代齐人邹阳的《酒赋》，可以说是汉代人与酒真实情缘的写照。

在本节结束之际，兹列全文以飨读者。《酒赋》：“清者为酒，浊者为醴；清者圣明，浊者顽呆。皆曲涓丘之麦，酿野田之米。仓风莫预，方金未启。嗟同物而异味，叹殊才而共侍。流光醳醳，甘滋泥泥。醪酿既成，绿瓷既启。且筐且漉，载茜载齐，庶民以为欢，君子以为礼。其品类，则沙洛渌酃、乌程、若下，高公之清。关中白薄，清渚萦停。凝醳醇酎，千日一醒。哲王临国，绰矣多暇。召皤皤之臣，聚肃肃之宾。安广坐，列雕屏，绡绮为席，犀璩为镇。曳长裾，飞广袖，奋长缨。英伟之士，莞尔而即之。君王凭玉几，倚玉屏。举手一劳，四座之士，皆若哺粱肉焉。乃纵酒作倡，倾碗覆觞。右曰宫申，旁亦徽扬。乐只之深，不吴不狂。于是锡名饵，袪夕醉，遣朝酲。吾君寿亿万岁，常与日月争光。”（《西京杂记》卷四）

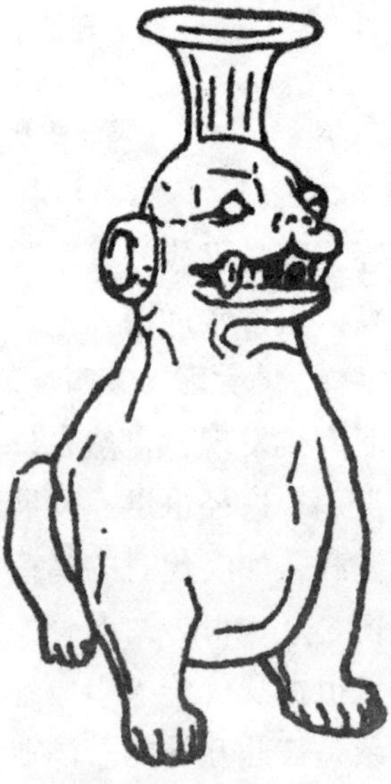

汉代兽樽图

汉代酒樽之一种，呈兽形

第三节　汉代日用杂品与灯具

一、汉代日用杂品

汉代日常生活中使用的杂品很多，按使用目的划分，可有许多类别。其中的物品有大有小，但却都是汉代人日常生活须臾不可无的。

汉代日用杂品的常见之物是有关针线、妆奁之用的内具物品。《周礼·内司服》郑注记载："内具：纷、帨、线、纩、鞶、袠之属。"汉代女子一般在家中承担纺绩缝补之任，针线一类物品自然是常用之具。汉代女子的纺针基本用铜制成，也有用银制作的。汉代铜针多呈绞索形，针体一般较粗。此外，汉代也已使用钢铁来制造钢针和铁针，其针体通常较细，也较均匀，一般用于缝制衣物所需。湖北江陵凤凰山汉墓出土的铁针通体粗细均匀，针孔细小，制作工艺十分精细巧妙，与现在人所用的缝衣针已无太大的差别。

汉代人贮存针使用针衣和针管。针衣用篾帘制成贮针的管状空心体，在空心体的外部用丝线织物环绕成套，针体放置于空心体之中。由于贮针的空心体用篾帘制成，材质不坚硬，因而可随时卷收针衣贮藏起来。汉代墓葬出土的针管，其形制与针衣无大的差别，只是在针管的外部不加任何丝织物包装。汉代针管一般容积较大，可一次贮存多根针体。

汉代人裁剪衣物服装通常使用簧剪。簧剪多为铁制刃具，在剪子的开合部安置弯簧，以便自如开合。汉代时，女子缝衣所用的顶针多为铜制。为套于指间美观，也出现了铜质鎏金的顶针以及更为讲究的银制或金制顶针。汉代的顶针基本上同今天人们所用的顶针一致。

汉代时期，熨烫衣物的器具已经出现，具体的熨具有熨斗和熨人。汉代的熨斗底座多呈圆形，汉代后期则演变为平底形。汉制熨斗一般都有装饰物镶嵌，在熨斗的柄端装饰龙头。有些熨斗还附有支座。熨斗的支座在汉代称为熨人，其造型甚为美观，装饰的图案也别具风格。

汉代在居室之内也多设熏笼，是为衣、被熏香之用的。熏笼通常用竹篾编成，网络间的缝隙较大，笼的底部则环绕以细绢裹缠，给人以简练精巧之感。汉代的熏香器具还有熏炉，但在很多情况下，熏炉是配合熏笼来使用的。

汉代人以灯烛为主要照明用具，灯芯伴随灯油的点燃而燃烧，烧尽的余炷必须剪割，方能使室内不致烟雾弥漫。汉代人剪割灯炷余烬的工具是烛铗，出土发现的汉代烛铗与在日本正仓院所收藏的唐代烛铗和韩国庆州雁鸭池遗址所出土的新罗烛铗极其相似，然而汉代烛铗的出现已是先于两者数百年时间。（参见孙机《汉代物质文化资料图说》，文物出版社1991年9月第1版）庾信《对烛赋》曾有“铁铗染浮烟”词句，可见汉代烛铗在社会生活中曾给人以何等深刻的印象。

汉代的老者常需借助手杖来行走。汉代将手杖列为燕器之属，也是指老年人经常使用之意。

《礼记·王制》篇记载：“五十杖于家。”是说人到了知天命之年，家中就要备置手杖。汉代的手杖一般在顶端安有横向的扶手，如果是用一根竹木横截制作的手杖，则必定要在顶端之处保留横出的部分，而使扶手之下的杖体部分细长笔直。汉代人最初使用的手杖是用天然树杈粗加工而成，基本形状为“丁”字形。汉代政府对80岁以上的老人实行优礼措施，其中的一项内容就是由政府发给手杖，当时叫作王杖。汉代甘肃武威汉简曾有“上有鸠，使百姓望见之，比于节”之语。所谓鸠，《后汉书·礼仪志》解释说：“鸠者，不噎之鸟也。欲老人不噎。”也是体现为尊老之意。汉代许多出土遗址中常有鸠杖发现，汉代的画像石刻也生动地记录了鸠杖的实物资料。许多鸠杖在杖顶端处装置有木鸠或铜鸠，有些鸠杖更装饰有绚丽的流苏。

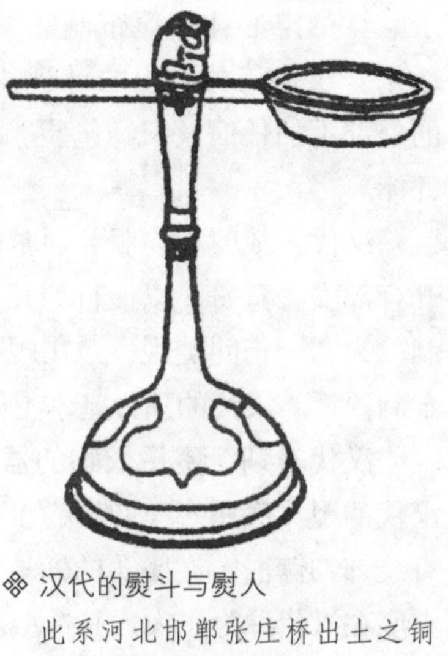

❖ 汉代的熨斗与熨人

此系河北邯郸张庄桥出土之铜熨斗及支座。所谓熨人，即支座

汉代人家居生活也经常使用扇，大型的扇则被称为翣，《小尔雅·广服》记载：“大扇谓之翣。”

汉代的扇以矩形为多见，间或也有使用圆扇之人，班固《竹扇赋》

说："度量异好有圆方，来风辟暑致清凉。"（《古文苑》卷五引）说的就是汉代的方圆两种扇形。由于矩形大扇类似于门扉之状，所以《说文解字·户部》说："扇，扉也。"扇在汉代既可以摇风，又可以遮挡脸面，《汉书·张敞传》记载："敞无威仪，时罢朝会，过走马章台街，使御吏驱，自以便面拊马。"颜师古注解释说："便面，所以障面，盖扇之类也。"

汉代的枕

此为湖北江陵马山1号楚墓出土，材质为木质，为汉代通行的式样

汉代人所使用的枕多为木制，汉代墓葬出土的枕，其底部为一长方形木板，两侧则为马蹄形木板，枕的表面用竹条环状排列，形成竹木之枕。汉代也有石枕发现，并于石枕之上涂绘彩画，但并不多见。汉代的许多贵族之家也使用玉枕或草芯绣枕，但也多数是用于随葬，而日常生活中常用之枕则多为竹木制成。

汉代人掸扫房间灰尘一般使用拂子。在汉代画像石上常表现为绳拂，类似于今天的掸子。汉代的拂子常在顶部缠挂马尾，即所谓马尾拂子，连接拂首则通常使用木柄。汉代的日用杂品门类齐全，如细小的耳勺，系用铜制而成，为清洁耳道之物，贵重的则有金制耳勺。汉代人讲究之家也有便盂备用，不过在当时这被称为虎子。便盂的形状被制成虎形，其材料质地则有陶、漆、铜、瓷等各类。《西京杂记》记载："汉朝以玉为虎子。"大约这种情形也只可在皇宫内部和贵族之家存在，汉代的普通民人不会有此贵重之器。汉代人也将这种便盂之器称作械。痰盂，即所谓唾器，在汉代墓葬中也有出土。汉代的唾器

汉代的虎子

为汉代便溺之器，有陶、漆、铜、瓷各制品，见长沙五里牌邮3号战国墓，汉代文献多有记载，安徽阜阳西汉墓葬亦有所出

一般腹浅、口大且有上盖，就器形表面看，同盛装物品的用具差别不大。汉代的唾器做工有的很精良，如江西武陵东汉墓中就出土有绿釉唾壶，壶颈细小而外口宽大，魏晋以后的类似器物大体相仿。（参见孙机《汉代物质文化资料图说》，文物出版社1991年9月第1版）此外，汉代日常用品中的扫帚和箕也属常见之物。

汉代用于室内生火取暖的用具主要有木燧、火筯和温炉等。所谓木燧，是指用硬木杆钻磨比较软的干木片来突发火星而达到燃火之目的，但由于钻木燧发出的火星只是瞬间即逝，所以就必须使用易燃的物品放置于木燧近旁以便及时引燃。《韩诗外传》说“束缊请火”，就是将干燥的麻绳作为引火物放置于木燧近处。汉代冬日取暖常在室内安置温炉，温炉的式样很多，诸如圆形炉、方形炉及温手炉等。温炉的体积大小不一，有些温炉可以垂吊悬挂，以增加散热面积。汉代用以夹取炉火中木炭的器具是火筯，汉代的火筯通常用铁条弯曲后制成。

汉代人也在日常生活中经常使用木梯，用以攀登之需。汉代庄园阁楼很多，粮仓的进出及货物搬运就经常使用木梯。汉代铁钉的使用极为广泛，挂悬物品的铜铁钩不但实用价值很高，而且多做成动物形貌，造型新奇生动。由于冶铁业的发展，汉代的许多日用品也经常用铁器制作，如东汉时代的铁簧锁即为一例。汉代文献《风俗通义》记载：“钥施悬鱼，鱼翳伏渊源，欲令楗闭如此。”（《太平御览》卷一八四引）描述了汉代齿耙状钥匙。

汉代的贮钱器具被称作扑满，《西京杂记》记载：“扑满者，以土为器，以畜钱。且其有入窍而无出窍，满则扑之。”汉代人所使用的铜钱平时就置于扑满之中。

❖ 汉代的温炉

二、汉代的灯具

汉代的灯具制品颇具特点，不但形式种类多样，而且在注重生活实用的同时兼顾了灯具制品的艺术审美功能。

最初的灯约出现于春秋时期，是从食器用具中的豆转化而来。先秦文献《尔雅·释器》解释："瓦豆谓之登。"登是指灯，郭璞注解说："即膏灯也。"可见，先秦人所说的豆也就是汉代人所说的灯，只是叫法不同罢了。为什么叫豆呢？大概古人取其灯芯细小而又多在食器中盛放的缘故。

汉代的灯具制品，常见种类为铜制灯具。这种铜灯上部安装有铜盘，是用来盛放燃料的；底部则有灯座；在灯座与灯盘之间用柱体连接，即灯柱。汉代灯具可分为油灯和烛灯两类。油灯的燃料是膏油，而烛灯的燃料则是指剥去麻皮的麻秸。汉代学者桓谭在《新论·祛蔽篇》中论述灯烛的区别时说："余后与刘伯师夜燃脂火坐语，灯中脂索，而炷燋秃，焦秃，将灭息。……伯师曰：'灯烛尽，当益其脂，易其烛……。'余应曰：'人既禀形体而立，犹彼持灯一烛，……恶则绝伤，犹火之随脂、烛多少、长短为迟速矣。欲灯烛自尽易以不能，但促敛旁脂以染渍其头，转侧蒸干使火得安居，则皆复明焉。'"可知文中所说的"持灯一烛"就是指用麻蒸所做的灯柱，它放置于灯盘中心的支钉上。我们看一下《说文解字》的说法就比较清楚了。"丶，镫中火主也。"汉代沂南画像石中的灯具，它的灯火均是直立于灯盘之中，也就是上面所说的情形。汉代灯中所用的脂是指动物油脂，也有用植物油来点灯的。《齐民要术·种麻子篇》引崔寔的话说："苴麻子黑，又实而重，捣治作烛，不作麻。"

《拾遗录》记载，"董偃……列麻油灯于户外"（《太平御览》卷七一〇引），所使用的燃料即为植物中的麻油。《齐民要术·荏蓼篇》同时也说明了烛灯是什么的问题。"荏（白苏子）油色绿可爱，其气香美，……又可以为烛。"可见，汉代人已较普遍地使用植物油作为灯具的燃料。所以王祯的《农书》才说："按麻子、苏子，……于人有灯油之用，皆不可阙也。"

❖ 汉代豆形灯

此见山东沂南出土画像石刻，灯火直立灯盘

汉代豆形灯的种类也是很多的。有灯柱和灯座呈雁足形的雁足灯，这种灯的灯盘一般较宽大，灯盘内部常常呈环状凹槽形，其特点是盘中放置的火芯较多，一般为三枚。

与只能放一枚火芯的普通豆形灯相比，亮度和辐射面自然要大许多。也有将灯制成凤鸟形的，凤鸟的口中上衔灯盘，看上去给人以优美舒展之感。由灯柱的长短可分作高灯和短灯。江苏邗江东汉墓就出土有高14厘米的“铜雁足短灯”。汉代也有拈灯或行灯，拈与行是相同意义的两个字，都表示行进的意思。这种灯一般没有灯座和灯柱，通常在灯盘之下设有三个矮足，可用来在夜间行走时做照明之用。汉代存在一种形状似卮且容油量较大的铜灯，汉代人称它为卮灯。

所谓卮，原意是指古代盛酒的器皿，所以卮的容积相对于灯盘的容积为大。行灯的样式很多，如铲镳灯、耳杯灯、羊灯、牛灯、犀牛灯。李尤《金羊灯铭》写道：“金羊载耀，作明以续。”是对行灯的赞美之词。

汉代还有可以安装多个灯盏的多枝灯，少者3盏，最多可达13盏。《西京杂记》曾记载有“青玉五枝灯”“七枝灯”等，即是多枝灯的一类。这种多枝灯一般高达1米左右，灯盘分层交错排列，外形呈花树状，是汉代灯具中比较豪华的一种。到魏晋南北朝时期，多枝灯的大型化趋势愈益明显。《初学记》所引傅玄的《朝会赋》记载的“百枝灯”和《邺中记》记载的“百二十枝灯”，正是汉代多枝灯发展的结果。

汉代人所创制的灯具是汉代独有的烟管灯。此灯造型精巧优美，分单、双管两种。烟管灯是将燃灯时所释放的烟气通过装置的烟管导入灯腹，灯腹内贮存一定量的水，导入的烟气溶于水中，可以使室内减少煤烟而保持清洁。烟管灯并配置有弧形灯罩，灯盘可以左右转动，弧形的灯罩板也可以自由开合，这样就使灯光的照射幅度和照射方向可以随意调节。烟管灯的另一个突出特点是该灯由组装而成，各部分构件都可以分体拆卸，对于清除灯体内的烟垢和灰尘十分便利。就烟气的

❖ 汉代卮灯图

卮即杯卮，将灯管放入卮形容器中则为卮灯

排放来说，双烟管的灯流通面积较大，比较适合长时间点燃的需要。这种灯在汉代及其以后被人们称作釭灯，长沙西汉墓葬出土了原型的釭灯，灯具中并刻有铭文，其中一条记为“闾翁主釭镙一具”。可见汉代家庭中使用釭灯（即烟管灯）是并不稀奇的一件事，墓主显然不是属于公侯一类的人物，甚至有可能出于富民之家，所以汉代的许多人家也极有可能拥有并使用这种灯具。釭灯不但有保洁作用，而且制作十分精美。晋代夏侯湛撰《釭灯赋》赞美说：“取光藏烟，致巧金铜。隐以金翳，疏以华笼。融秦膏于回檠，发朱辉于绮窗。”直到唐代，段成式著《酉阳杂俎·寺塔记下》，仍称汉代的釭灯为“息烟灯”。

❈ 汉代多枝灯

即装有多枚灯盏的大型灯具。《西京杂记》《初学记》等文献均有记载

釭灯为什么被认为是烟管灯呢？《释名·释车》曾记载：“釭，空也；其中空也。”可见釭是中空的物体，它同烟管在形式上是非常近似的，所以人们也就将烟管灯称作釭灯了。汉代釭灯既然是一种中空的灯具，因此除一般的将它做成管路状外，也可以做成各种动物形或人物形的灯具。如长沙出土的牛釭灯，其神态安详雍雅；而睢宁出土的牛釭灯古朴凝重；邗江出土的牛釭灯则灯身通体错镂银饰，牛的造型也多采用写实手法，形态惟妙惟肖。（参见孙机《汉代物质文化资料图说》，文物出版社1991年9月第1版）正如汉代的豆形灯有多种样式一样，汉代的釭灯也有凤鸟形状的，更有呈水禽衔鱼状貌的釭灯。有些水禽状的釭灯形似雁状，这同古文献中雁鹅之名相通并称的情形是一致的。如《说文解字·鸟部》就曾记载：“雁，鹅也。”汉代釭灯中最为著名的传世精品

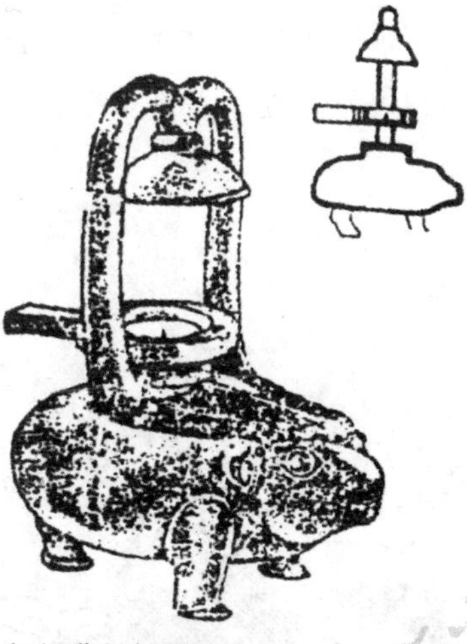

❈ 汉代釭灯图

所谓釭灯，即中空之灯具，此为长沙汉墓出土的汉代釭灯

是河北满城汉墓出土的长信宫灯，该灯全身鎏金，其造型呈宫女跪坐捧持灯盏状，宫女与灯身连为一体，宫女上臂内实际为烟管，下臂则起着承托灯座的作用。这就使得宫女的双臂自然得体，丝毫不露雕饰的痕迹，并在整体造型优美舒展的前提下巧妙地设计了整个灯体的传烟、燃烛等多项功能。此外，长信宫灯的底部有很大的孔洞，可起到调节气压的作用。

❈ 长信宫灯图

此为河北满城2号汉墓出土之鎏金钉灯，为汉代的代表性文物之一

此灯的缺陷是由于只有单烟管，而且底座有孔洞不能贮水，因此消烟的作用比起能够贮水的釭灯来就显得逊色了。长信宫灯原属汉代宫内宝物，后几经辗转，最后归属中山王所有。长信宫灯是汉代流传的珍贵文物精品，其考古价值和文化艺术价值都极高。

汉代也有一些其他类型的灯具，如人形吊灯，其造型为一人俯卧捧持灯盘状，上有链索及环形装饰罩与人体相连，设计独特，观赏性极强。如当户灯，灯座为北方匈奴部族的职官当户人像，说明汉代的一些少数民族也使用着许多精美的灯具，这显然是文化交流的结果。其他还有西王母灯等。汉代南方的两广地区也经常将灯座制成少数民族的人物形象，这是汉代比较有特色的民族灯具。《西京杂记》记载：“长安巧匠丁缓者，为常满灯，七龙五凤，杂以芙蓉莲藕之奇。”可见汉代也比较注重灯具的装饰之美。

❈ 汉代的吊灯

汉代灯具所使用的燃料除油脂、麻秸外，在燃灯时也常使用蜡作为燃料。王符《潜夫论·遏利篇》说：“知脂蜡之可明镫也。”

在出土的汉代铜灯内多次发现有残蜡的痕迹，说明汉代人燃灯用蜡的情况是较为普遍的。其后的晋代人范坚在《蜡灯赋》中记载：“列华槃，铄凝蜡。浮炷颖其始燃，秘闱于是乃阖。”（《艺文类聚》卷八〇引）所谓“凝蜡”，也正是融化后的蜡被作为油膏来使用的一般情况。

东汉晚期，细长柱状的蜡烛正式被用于家庭生活的照明。这一传统直到今天还在我国一些偏僻地区不同程度地存在着。

第四节　汉代娱乐与杂技

一、汉代娱乐生活

汉代人的娱乐生活，是汉代社会生活的一个重要部分，也是汉代文化的一个层面反映。汉代人丰富多彩的娱乐内容，表现了这一时期物质生活的丰裕和精神世界活动的宽广。

汉代娱乐的项目很多，《史记·滑稽列传》说：“若乃州闾之会，男女杂坐，行酒稽留，六博投壶。”汉代娱乐生活遍布城乡，形式也是多种多样的。既有文艺形式的，也有体育形式的；既有娱乐格调高雅的，也有娱乐方式粗俗的。其类别有六博、投壶、蹴鞠、博茕、行酒令、俳优戏等。秦汉时期的画像砖和画像石刻为今天了解汉代的娱乐生活情况提供了丰富的实物资料。

“博”字本作簙，意思是博箸，照今天的话说就是棋类搏杀。《方言》卷五解释：“簙谓之蔽。”《楚辞·招魂》王注载：“蔽，簙箸。”

由于在一套博具中共有6根箸，所以称之为六博。在6根箸以外，对弈双方还各有6枚棋子，共计12枚棋子。棋局又称博局，博戏开始前要先将棋子布于棋局之上，棋局上格道曲折，所以又将博局称为曲道。《广雅·释器》上说：“曲道，栻枰也。”即是说棋子在博局上布局的方法。箸是指开局前的下箸，一般投在方枰上，也有将箸投在地面或席上的。按照投箸的结果来决定如何行棋，所以博戏就带有极大的偶然性，属于投试运气，班固《弈旨》载：“夫博悬于投，不专在行，优者有不遇，劣者有侥幸。”（《太平御览》卷七五三引）尽管在博戏中有投箸行

❈ 汉代六博图

此图见甘肃武威磨嘴子48号西汉墓出土之彩色木雕，图中所示为两人面对面下棋

棋之例，但并不妨碍参与者在行棋中充分发挥自己的棋艺技能。

关于六博行棋的基本方法，由于后来失传，文献所载十分简略，故只能知其大概。《尹文子》曾记载："博尽关塞之宜，得周通之路。"(《艺文类聚》卷七四引）所谓"塞"，是指行棋中堵截对手棋路的方法；而所说的"周通"，是指行棋中四面棋路均畅晓通达之意。《艺文类

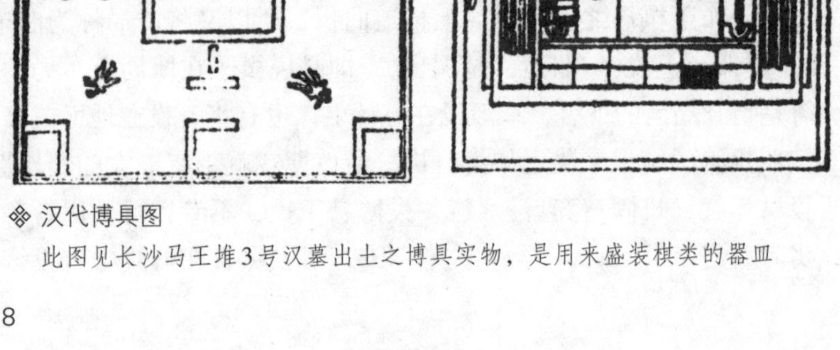

❈ 汉代博具图

此图见长沙马王堆3号汉墓出土之博具实物，是用来盛装棋类的器皿

聚》卷七四引《塞赋》记载了“周通”的行棋方法：“行必正直，合道中也；趋隅方折，礼之容也；迭往迭来，刚柔通也，周则复始，乾行健也。”所以对弈双方的博戏也就是一方要塞，另一方要通的关系。在六博中，双方争执而战，有时竟闹出了人命，如《汉书·吴王濞传》记述了汉代吴王太子与皇太子“博，争道，不恭。皇太子引博局提吴太子，杀之”的情形。皇太子杀吴王太子当然不会是因为一局棋的攻守胜负所致，其间的政治原因是主要的，但却从中不难发现博戏的激烈程度，并且也反映出汉代六博之戏的缜密和精湛。排除掉偶然性投箸的因素，六博本身的技巧还是很高明的。博局最终的结果是对弈的一方将另一方的枭棋杀掉而获胜来宣告结束。（孙机《汉代物质文化资料图说》，文物出版社1991年9月第1版）

汉代六博中不独用箸投局，也有投茕的。茕相当于后来所用的骰子，投掷落地后则回转翻动。《说文解字·凡部》解释“茕”字说：“茕，回疾也。”是说茕落地后回转的速度极快。实际上秦代是最先有茕的，而到了汉代，则对茕有了更进一步的发挥。孙机先生说：“汉代的茕皆为十八面体，其中十六面上刻一至十六的数字，另在相对的两面上刻‘骄’‘嬲’二字。”骄应指骄棋，亦即枭棋；而与此相对的嬲，却是指不利的棋步。”在汉代马王堆汉墓和江陵凤凰山汉墓中都有博茕出土。《颜氏家训·杂艺篇》说：“比世所行，一茕十二棋。”可见所说的茕与箸，其概念是一致的，稍有不同处是博局的大小不同、规模不一而已，如同书又载：“古为大博则六箸，小博则二茕。”六博的器具有些在

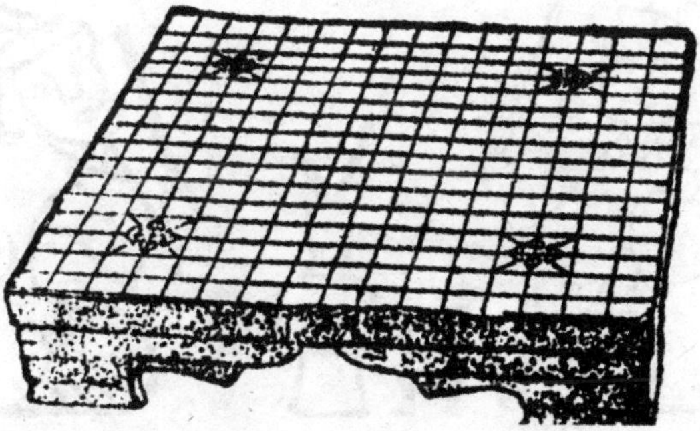

❖ 汉代棋局图

此图为河北望都1号东汉墓出土之石棋局，即今天所说的棋盘

当时是很讲究的，马融《樗蒲赋》说："枰则素旃紫罽，出乎西邻，缘以缋绣，紩以绮文。"（《艺文类聚》卷七四引）局枰上铺有考究的毛织物，也有铺席的，织绣品也用来作装饰之用。

汉代人娱乐生活的又一项内容是善使酒令。所谓酒令，是指在欢宴饮酒之中或自饮自唱，或饮酒大笑，或任意请歌并伴以行酒辞令。在汉代，茕不仅在六博中使用，在酒令中也使用。

汉代满城墓葬出土有两套行酒令钱，每套各有20枚钱币。其中有"起行酒""饮酒歌""饮其加"等字样刻于钱币之上，可能这些行酒令钱被用于行酒时玩乐之用。此外，汉代还有一种投壶游戏，输者要被罚饮酒。现存的汉代南阳画像石刻就载有投壶图，图中显示两人手中各持四个箭矢，分别投向壶中，没有投中的就要受罚饮酒。

汉代还有一个具有益智作用的游艺项目，就是下围棋。西汉初期，围棋还仅有十五道，而到了东汉时就增加到了十七道，甚至到隋代时已发展到十九道。围棋棋谱纵横相间，表面看来似乎平常，其实际的围棋行围之法却变化百出，个中的布阵排列技法也是复杂多变。若要从容应对各种棋局，实非一日之功。东汉河北望都出土的围棋棋局石刻，清晰地复原了当时的棋局图谱。《文选·博弈论》李注引《艺经》记载："棋局纵横各十七道，合二百八十九道，白黑棋子各一百五十枚。"可见，汉代围棋的基本样式与今日之围棋并没有太大的差别。在皇宫或民间，围棋都被看作是具有提高智能的一项竞技运动。

❈ 汉代投壶图

此图见河南南阳出土之画像石刻，多在饮酒时所用，为宴享之礼，也是一种游戏，投壶不中者则被罚饮酒

汉代人也喜玩蹴鞠。所谓蹴鞠，是以脚弹踢球类的一项运动。弹踢时讲究动作的灵活自如和技能技巧，《汉书·霍去病传》颜师古注说："鞠以皮为之，实以毛，蹴蹋而戏也。"所踢的球是皮面包裹，球心用毛织物填塞，球给人的感觉轻柔飘逸，类似今天的足球，但要比足球小许多。所以它的运动量也比较大。在汉代，人们也常把蹴鞠当作一种军事体育活动来看待，《后汉书·梁冀传》李贤注引汉代刘向的《别录》说："蹴鞠兵执（艺）也，所以讲武。"由于从事蹴鞠运动的人需要较大量的体能消耗，故一般人难以适应。《西京杂记》就记载了汉成帝因为体力不能胜任此项运动，但又偏好于此，因此就用弹棋来替代蹴鞠的故事。这样我们又可知道，弹棋与蹴鞠在游戏竞技规则上基本没有太大的差异，否则也不可能随意就以弹棋来代替蹴鞠。蹴鞠游戏的场地叫作鞠域，呈方形，李尤《鞠室铭》说："圆鞠方墙，放象阴阳。"（《文选·景福殿赋》李注引）讲的正是蹴鞠场地的情况。汉代蹴鞠场地比较有趣的是在场地（即蹴域）中"穿地作鞠室"（《汉书·霍去病传》颜师古注引服虔说），《汉书·外戚传》颜师古注说它是"窟室"。蹴鞠在汉代既可当作一项体育运动来看待，也是普通民人随意性很强的一项自身游戏，街头巷尾、院落林间都可随时进行，并不一定非要具备正规的比赛场地才行。（参见孙机《汉代物质文化资料图说》，文物出版社1991年9月第1版）汉代人所喜好的娱乐生活之一是俳优表演。这种表演在我国古代很早就出现了。所谓俳优戏，实际上也就是人们常说的滑稽戏。河北满

❖ 汉代俳优图

所谓俳优，是指表演滑稽戏的艺人，也用来指演员表演

城汉代墓葬出土的铜人像，身着错金的带锦纹服装，袒胸露腹，双人像中一人盘腿而坐，另一人则呈跪坐姿态且举手拍掌，形貌十分滑稽。有关于此的出土画像各地都有一些，或两人一组，或四人一组。在俳优表演中，还包含了一种被称作“拍袒”的带有表演动作的说唱艺术形式，在不同的历史文献中有时也称为“拍张”或“拍弹”。在汉代，许多文人雅士对俳优戏也表现出浓厚的兴趣，有时也欲伸手一试。《三国志·魏志·王粲传》裴松之注引《魏略》说，文士曹植初见颇有才华的艺术家邯郸淳时，“不先与谈。时天暑热，植因呼常从取水自澡讫，傅粉。遂科头拍袒，胡舞五椎锻，跳丸击剑，诵俳优小说数千言讫。谓淳曰：‘邯郸生何如耶?’”曹植所为不过是要表现一番自己的才华，这也是汉末文人性格作风中风流倜傥的一个表征。

俳优戏在汉代受到普遍的欢迎，它是大众喜闻乐见的一种艺术表现形式。到东汉时，俳优戏表演有时也在陶楼上进行，有些类似今天的戏剧舞台，可见这种艺术表演形式在两汉时代经历了不断成长和完善的过程。我国后世出现的滑稽说唱表演及近代以来的小品演出，在一定意义上说是渊源于汉代的俳优表演的。因为任何一种艺术表现形式都或多或少地承继和吸收了前代的艺术特征和艺术形式，凭空出现的艺术形式是从来没有的。

汉代人们在娱乐生活中最为普遍的活动是歌舞演唱，有关这方面的文献记录也多种多样。歌舞演出是最能直接表达人们情感的文化形式，不论是喜是丧、是乐是苦，人们都可以借助于歌声和舞姿来表达自己内心深处最深刻最真实的情感，并且这一方式也不受场地环境的限制。著名的《诗经》，就是我国古代先人作歌咏唱的经典之作。歌舞相连，默契成双，《礼记·乐记》曾说：“嗟叹之不足，故不知手之舞之，足之蹈之。”所以歌舞在汉代的兴盛也正是汉代人精神风貌的充分反映。

《史记·高祖本记》记载，刘邦称帝后还乡，“置酒沛宫，悉召故人父老子弟纵酒。酒酣，高祖击筑，自为歌诗曰：‘大风起兮云飞扬，威加海内兮归故乡，安得猛士兮守四方！’令儿皆和习之。高祖乃起舞，慷慨伤怀，泣数行下。”刘邦的戚夫人在刘邦死后被吕氏陷害时，也曾一边舂米，一边自歌道：“子为王，母为虏，终日舂薄暮，常与死为伍！相离三千里，当谁使告汝?”（《汉书·外戚传》）汉武帝时，为与北方少数族乌孙和亲，便遣派公主王细君做乌孙长昆莫的夫人，但两人年龄相差悬殊，彼此语言又不通，因此王细君伤怀愁苦，曾自己作歌咏唱：“吾家娥我兮天一方，远托异国兮乌孙王。穹庐为室兮旃为墙，以肉为食兮酪为浆：居常土思兮心内伤，愿为黄鹄兮归故乡。（《汉书·西域转》）一个孤苦女子的状貌音容清晰地凸现在世人面前。

在汉代民人中，歌舞演唱与民间谣谚结合得十分紧密，这是汉代歌舞中的一个突出特点。《史记·魏其武安侯列传》记载，汉代武将灌婴在颍川为害一方，颍川的一些少儿曾作歌唱道：“颍水清，灌氏宁；颍水浊，灌氏族。”语言质朴简练，一语道出灌婴之灾。《汉书·酷吏传》记载酷吏尹赏杀人之滥，使得一方百姓皆惶恐不安，百姓便作歌传唱：“安所求子死？桓东少年场。生时谅不谨，枯骨后何葬？”

《后汉书·贾琮传》记载，贾琮在任职期内招抚流民，蠲免徭役，当地百姓走街串巷歌唱他：“贾父来晚，使我先反；今见清平，吏不敢饭。”

如此等等，都是歌唱与民间谣谚相结合，因而在歌唱的内容上也就更贴近社会生活，更为贴近大众平民的喜怒哀乐。在汉代歌舞演唱中，诸如“儿乃歌之”“民有作歌”“百姓歌之”“巷路为之歌”“闾里歌之”“长安中歌之”“凉州为之歌”等都属于平民作歌，流传至今的汉代乐府诗中也仍然可以大量地见到对它的记载。

汉代的一般士大夫对歌舞演唱也是情有独钟。《汉书·儒林传》记载汉代曾有“歌吹”之法，关于这种“歌吹”法，如淳在注《汉书》时这样说道：“其学官自有此法，酒坐歌吹以相乐也。”由此可知，所谓歌吹之法，不过是文人雅士和在政府中任职的学官们于宴饮之中歌唱娱乐

❖ 汉代骑吹图

的一种方式。两汉相关文献对士人学官的歌舞记载很多，如《后汉书·蔡邕传》记载了五原太守王智为蔡邕饯行时“起舞属邕”的情形，《汉书·游侠传》记载了士官陈遵“置酒歌讴”“起舞跳梁”的故事。汉代的士大夫们也往往通过歌舞演唱来即兴创作，填诗赋词，间或附庸风雅以示清高。

汉代军队中歌舞之事在文献中也屡有出现。《汉书·王莽传》载：“百万之众，所过当灭，今屠此城，喋血而进，前歌后舞，顾不快邪！”东汉末年，董卓所部军队屠杀乡民后，“驾其车重，载其妇女，以头系车辕，歌呼而还。”（《后汉书·董卓传》）这些军士的歌舞当然不一定是基于娱乐的需要，但他们在行军搏战之时，在班师还朝之际，甚或在平时的日常军旅生活中，以歌舞演唱的形式来表达他们作为军人的情感以及思乡思亲之意，倒是再合适不过了。

汉代是一个辉煌的时代，汉代人以他们自有的方式表达其情感世界而不屑于压抑或隐藏其真情实感。汉代人的娱乐生活正反映了这种健康向上的精神风貌。

二、汉代的杂技

杂技在中国出现，实际上是很早以前的事。先秦的文献中曾多有记载，汉代在这方面是对先秦的杂技内容进行了新的补充和增加，其技艺日增，规模比起此前来也大得多了。

《汉书·武帝纪》写道：“元封三年春，始作角抵戏，三百里内皆来观。”颜师古注《汉书》引文颖的话说：“两两相当，角力、角技艺、射御，盖杂技乐也；巴俞戏、鱼龙曼延之属也。”这也就是我们所说的两人格斗，类似于今天的摔跤。但汉代的角抵最初是由军事格斗演变而来，并且也是由许多武士发起的，它既强调两相对应的一方要有勇力，同时又要有格斗的技艺，并且还要具备“射御”的本领。而今天所见的摔跤则不是这样，所以说它类似于摔跤是比较恰当的。

从角抵出现时起，汉代人就将它看作一种供观赏而非实战性的技艺。在西汉初年军事活动频繁、政治斗争激烈、社会经济百废待兴的特定历史环境下，上层人士对角抵的出现看法不小也不少，认为武将兵士耽乐角抵不是一件好事，事实上许多将士也确确实实非常喜爱这一项活动。“角抵”的活动至汉武帝时又兴盛起来，而且花样翻新，招式招法也较前为多，史载：“大觳抵出奇戏诸怪物，加其眩者之工，而觳抵奇戏，岁增变甚盛益兴自此始。”（《史记·大宛列传》）现存的汉代画像砖和画像石都有许多描摹角抵的情景，可见它在汉代的日常生活中所占的位置了。

汉代杂技的种类很多，大体区分，可归结为小型节目和大型节目两种。孙机先生在《汉代物质文化资料图说》一书中，将叠案、跳丸、旋盘、旋球、冲狭、吐火、幻术、雀戏、弄瓶等列为小型节目，而把缘橦、履索、鱼龙戏、马术、车橦等列为大型节目。现在分别来看一下具体的情形。

❖ 汉代吐火图

此图见河南密县打虎亭1号汉墓出土之壁画，表现的是演员用管喷火幻术表演

所谓“叠案”，是指在桌案上倒立，一般以五张桌案相重叠为常见，即《魏书·乐志》所说的“五案”和《宋书·江夏文献王义恭传》所说的“升五案”；《太平御览》卷五六九引《邺中记》把它称作“安息五案”。或许这种技艺极有可能来自于西亚地区。但实际上，叠案也不拘于以五张为限，一张、四张、六张、九张甚至多达十二张案的情况都有。可以想见，汉代人的叠案技艺确是很高的。叠案对表演者的要求很高，需要有强健的臂力支撑全身灵活自如地转动，同时又要有极强的平衡力使身体重心与相叠的桌案保持平衡稳健。表演者又需精力集中，稍有不慎，就可能失败。

所谓跳丸，是指以手技为主并运用身体其他的相应部位弹掷丸球的一项杂技运动。我国在先秦时代将此称为“弄丸”。“弄”这个字用得很准，我们的先人实际上道出了对丸球技艺掌握的灵巧之功。《庄子·徐无鬼》篇就盛赞楚人宜僚的弄丸技艺。到了汉代，人们把“弄”字换成了“跳”字，就成为“跳丸”了。张衡《西京赋》载有：“跳丸剑之挥霍。”《三国志·魏志·杜夔传》记载“跳丸掷剑”，说的都是这一类情

❖ 汉代叠案图

为汉代杂技之一种，即将多个桌案叠加放置，演员在其上表演各种杂技动作

形。唐代诗人白居易在《新乐府》中说："舞双剑，跳七丸。"一般的情形大概以跳七丸为普遍，但从东汉出土于山东地区的汉代画像石上来看，也有跳九丸者，孙机先生在《汉代物质文化资料图说》中写道："据现代杂技家说，跳丸是手技的基本功，抛三四个还不太难，五个以上要想再增加一个，非磨上几年功夫不可。目前能抛九个的人，世界上

❖ 汉代跳丸图

我国传统杂技项目，也称"弄丸"（丸，即丸球）

也不多。可是汉代不仅已有能跳九丸的，而且在山东安丘汉墓的画像石中，还看到一个演员同时跳八丸、掷三剑。丸、剑同掷，本不易掌握，何况抛掷物共达十一件之多，起落纷繁，节奏急促，使表演的难度变得极大。这个节目，虽然古代南亚的天竺和西方的大秦等国也有，但技术上并不更占优势。”这个判断是正确的，如王玄策《西国行记》载：“王使显庆四年至婆栗者国，王为汉人设五女戏。其五女传弄三刀，加至十刀。”（《法苑珠林》卷六引）《后汉书·西南夷传》记载，掸国到汉朝的大秦演员“善跳丸，数乃至十”，都不如汉代这方面的技艺之高；但也有可与汉代表演相媲美的情况，如《后汉书·西域传》李贤注引鱼豢《魏略》上说：“大秦国俗多奇幻，……跳十二丸，巧妙非常。”

所谓旋盘，即以手持杆以旋转盘碟，并伴以表演者个人的舞蹈动作。旋盘可以是双手旋转，也可以是单手旋转，旋转的角度各有不同，旋转时的舞姿和动作表演也各有千秋。晋代《杯盘舞歌诗》唱道：“舞杯盘，何翩翩，……左回右转不相失。”（《全晋诗》卷一）说的正是旋盘时优美的舞姿和精湛的技艺。直到今天，旋盘仍是我国传统杂技艺术的保留项目之一。

旋球，是演员在圆球上倒立并旋转圆球运动的一项技艺。这一项目对演员的要求很高，看似简单，但在运动中求平衡并且是运动物体的发出者和承受者，应当说是极不容易掌握好的。现存于江苏铜山茅林的东汉《徐州汉画像石》清晰地刻画了汉代旋球的精彩场面。

弄瓶，是演员以脚为主，辅以手、腕等而进行的一项弹踢表演。有关于此，汉代文献不见记载，但在今四川成都出土的汉代画像砖上似可大致看出其形貌特点。据孙机先生讲：“演员用左肘弄瓶，右手握剑，剑锋承一丸，动作灵活敏捷。”（参见孙机《汉代物质文化资料图说》，文物出版社1991年9月第1版）从马端临《文献通

❖ 汉代旋盘图

旋盘即旋转舞弄盘杯之意，为汉代杂技艺术之一种

考》中所记载“蹴瓶伎”，结合宋代“踢弄”（踢瓶弄碗），还是不难想见汉代弄瓶之技的。

所谓冲狭，即今天杂技舞台上常见的钻圈、飞钻火圈一类的表演。晋代葛洪所著的《抱朴子》和《宋书》也分别称其为投狭或透狭。其表演也多有惊险之举，如《西京赋》记载：“冲狭燕濯，胸突铦锋。”就是在圆圈之上插上利刃或尖茅，表演者在飞钻圆圈的一刹那突然胸贴刃锋跃过而不被触伤，可见其功力之深。

所谓幻术，也就是我们今天常见的魔术。不过，汉代的幻术大概部分地结合了气功而成，如吞刀吐火，就人的生理结构组织而言是根本不可能的事情，同时幻术本身也就是一种所谓障眼法。汉代墓葬壁画中清晰地刻画了表演者以管喷火的高超演技，甚至可以表演出手掌发出电光之类难度极高的节目来。在幻术表演中，还有模拟化装成动物的所谓彩扎动物幻戏，如沂南汉代墓葬画像石所刻的大雀戏。这一只雀冠高尾长，由人扮演，《汉书·礼乐志》将扮演动物戏的演员称为“象人”，同书颜师古注引孟康语说，象人“若今戏鱼、虾、狮子也”，说明所扮演的动物角色当也不在少数。

以上所说的是汉代杂技类的小型节目。那么，汉代杂技中的大型节目如何呢?

汉代杂技中的大型节目应首先介绍缘橦。它也称缘大橦，就是高竿表演。先秦文献《国语·晋语》称之为“扶卢”，《淮南子·修务训》称其为“木熙”。到了汉代，就普遍地称作“缘橦”或“都卢寻橦”。《西京赋》说：“乌获扛鼎，都卢寻橦。”《汉书·西域传》记载：“设酒池肉林以飨四夷之客，作巴渝、都卢、海中、砀极、鱼龙、角抵之戏以观示之。”这种表演，通常是将所要攀缘的杆物立于地面之

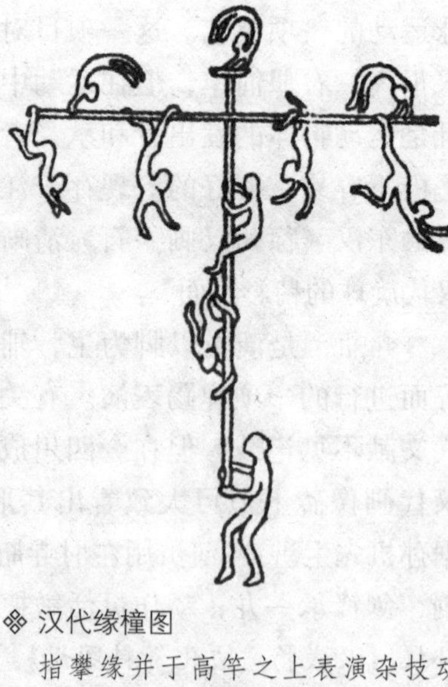

❖ 汉代缘橦图

指攀缘并于高竿之上表演杂技动作，此图见汉代沂南画像石刻

❖ 汉代缘橦图

此图见河南新野出土的汉代画像砖刻。橦指高竿，演员在行进之车的高竿上表演各种复杂的杂技动作

上，到后来又发展为额头顶竿，竿上有人攀缘，即原来可能只有一个人，尔后则有多人共同表演这项技能。表演时，其动作紧张热烈，如群猿攀木。演员在上做飞鸟或倒悬动作，甚而有在奔驰的马车上做立竿表演，也就是所谓车橦。从山东安丘董家庄出土的东汉画像石上可以看出，竿上表演者多达九人。此外，还有将车橦与履索结合起来表演的，其难度就绝非一般表演者所能为。

关于履索，就是今天所见的走钢丝。不过汉代的不同点在于不是走钢丝，而是走丝绳。《续汉书·礼仪志》刘注引蔡质《汉仪》说："以两大线系两柱间，相去数丈，两倡女对舞，行于绳上，对面道逢，切肩不倾。"汉代沂南画像石刻的记载表明，从事这项表演的人，不但能在绳索上倒立，而且索下还竖立着刀剑。就是说，演员在绳索上如不能平衡立稳，一旦掉下来是有危险的。

马术是中国北方民族传统的技艺之一。到了汉代，中原许多地区则不乏精通马术之人。马术的盛行是同古代军事斗争同步发展起来的，正如角抵的产生一样。在今天河南登封、山东沂南、陕西咸阳等地出土的画像石刻及文物中均有多处描绘马术的画面。有的呈马上手执铁戟扶鞍

❈ 汉代履索图

此图见沂南出土之汉代画像石刻。索即绳索，类似于今天的走钢丝表演

倒立之姿；有的呈站立于鞍上挥舞长刀和羽葆之姿；还有的呈握住固定在马背上的直杆、身体向斜上方撑起状；更有呈单足立于鞍上表演舞蹈动作状。我们今天在蒙古族的传统马术表演中仍旧可以时常看到类似的情景。在汉代稍后的历史文献中均不止一次地记载了诸如“戏马立骑”“弄马倒骑”及“卧骑”“颠骑”等有关马术的技艺。

❈ 汉代马术图

在河南登封和沂南地区均出土有此类绘画，表演者在奔驰的马上表演各类杂技动作

汉代杂技表演中最具特色的节目是被称作“鱼龙曼延”的鱼龙戏。关于这一称谓，《后汉书·安帝纪》李贤注引《汉官典》记载：“作九宾乐。舍利之兽从西方来，戏于庭。入前殿，激水化成比目鱼。喷水作雾，化成黄龙，长八丈，出水遨戏于庭，炫耀日光。”《西京赋》则记载：“海鳞变而成龙，状蜿蜿以蝹蝹。”

※ 汉代鱼龙戏图

汉代杂技之一种，是以激水为动作意向的鱼变龙的大型幻术表演

由此可以看出，就是以蜿蜒曲折之形状展示由鱼变化成龙的全过程。用激水横流作衬托，场面壮观，所需参演的人员也较多。其难度在于每一个环节对每一位表演者都有严格的要求，如一个环节出了问题，整个表演就衔接不上，因此“鱼龙曼延”之戏是一台需要整体协调、演员通力协作的大型节目，这在汉代的杂技艺术中可视为难度较大、程序也较复杂的节目之一。

第五节　汉代住宅与家具家庭装饰

一、汉代的住宅

汉代民宅的一般情况是一堂二室。《汉书·晁错传》记载：“营邑立域，制里割宅，返田作之道，正阡陌之界，先为筑室，家有一堂二内门户之闭，置器物焉。”据清代学者考证，汉代的堂屋多在前室，而居住人的内室则在堂屋的后侧和堂屋的东侧。所以，汉代民宅的平面图多呈曲尺形。但在汉代的一般人家住宅里，也多采用“一”字形，即堂屋居中，左右两侧各为内室的格局，甚至出现有三合式和“日”字形结构的房屋。

汉代民宅的基本的房屋结构为一堂二内式。河南陕县东汉墓葬遗址出土的小型陶器院落，其平面为长方形，前后有两排平房，院中大门位于前一排平房的右边，前排房屋并设有后门，可以通往院中并到达后一排房屋。前后两排房屋均为坐北朝南的正房，后一排房屋用带门的墙壁隔开而为一前一后的两部分，前一部分当为堂屋，后一部分应为供居住之用的内室。这一堂一室就成了后排房屋的基本格局。在小院子的左边是一面矮墙，院子的右边则建有厢房。按照《仪礼·公食大夫礼》中记载的备办饮食之具的“东房”之说和三国曹植《当来日大难》中所说的“乃置玉樽办东厨”来看，院子中东边一侧的厢房极有可能是庖厨之屋，即汉代所谓东厨。前一排房屋中的一室也是作为居住之用，而另外用墙隔开的一间实际上成了由院门通向院子和后排房屋的走廊。可见，汉代一般民人的院落面积不大，居住房屋的格局也以一堂二室为主。汉代的富裕之家则不限于二进一院式的住宅格局，富人们也会将二进的格局改为三进的样式，形成汉代颇具代表性的“日”字形院落。在三进式的院落中，三排房屋平行排列，中间的一排房屋内有门廊相通，可来往于前后院。前院内有水井一眼，在后排屋后则有厕所。前后两院的两侧靠墙处建有亭廊，堂屋则位于后排房屋的正中。在院外东墙的前后两处各建有一座小型的望楼。看来，房主人的身份似不一般。汉代住宅对堂屋的位置十分注重，这大约同汉代有关礼制的规定不无关联。堂屋要供奉祖宗的牌位，并敬事神灵的存在；中堂之室也是招待宾客的贵重之地和训诫子孙的庄重之所。所以，汉代人对堂屋的重视也即是对礼制的重视，汉代住宅中每每所见的深堂中开、环室绕堂的布局，处处凸显着堂屋在汉代居室中的重要位置，它是不论平民和贵戚都不敢忽略和小视的。

汉代住宅中的大型院落一般呈方形，四川成都出土的画像砖上就刻画了一座大型宅院的详细情况。图中展示了一扇较大的栅栏门开启于南墙的西边，整个宅第为“田”字形院落。宅第西边的南院为进门后的第一个院子，穿过门厅进入第二个院子，院内回廊环绕，有堂室三间，并有两人居坐谈话。堂屋基座很高，屋宇高大，室中明亮。右转进入东边的北院，院中立有高耸的望楼，楼下拴系着一只很大的猛犬，仆役在院中不停地清扫。由东侧的北院南向进入第四层院落，可以见到院中有水井一眼，并有桌子和炊具等物品，表明这层较小的院落为东厨所在地。这一院落的形制格局和内部诸物及人员的言行姿态表明，它是汉代的一座官绅宅院，所以宅院所占面积要比普通民宅大许多。

汉代住宅大多数以木架结构为主，也有少数宅第采用承重墙的结

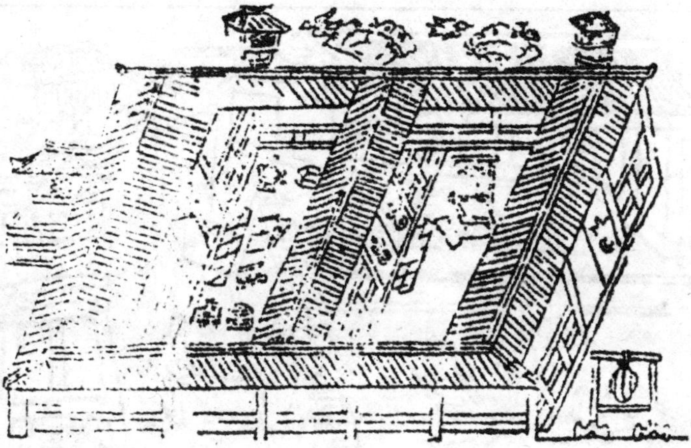

❈ 汉代住宅图

此图见山东沂南出土之画像石刻，院落呈三进式“日”字形，是汉代民居的类型之一

构。住宅居室的墙壁用夯土建造，屋顶多数呈两面坡式，汉代人称此为悬山式屋顶；也有的房宅顶部呈半圆式，即所谓圆囤式。汉代住宅内部的所有堂屋、内室、东厨室都建有窗扇，窗扇的形状有长方形、方形、圆形及三角形等。汉代窗棂中最常见的样式是斜方格纹，也有的窗棂做成竖直密排纹形。汉代住宅的窗扇很有特点，除屋内已有的较大一些的窗户外，在汉代的居室中也有许多小型的窗口。这些小窗环墙而设，使室内的采光度明显增强，同时也使室内的空气清新流通。汉代有些住宅的小窗口很多，常常可以横向排成一列较大的长条形窗扇，汉代人便利用窗柱将小窗子分隔开来。这样做既加固了窗体结构，更增添了窗扇的装饰美观效果。

汉代民宅的布局以实用为主，院落的一些相应设施是与居室的建设配套进行的。汉代民宅的院落中多盖有厕所和猪圈，这与目前农村中有些地区的院落布局大体是一致的。如洛阳金谷园出土的汉代明器中，就保存了一件汉代民宅内的猪圈陶器。院中的西侧为厕所，东侧为猪圈，猪圈后面的短墙上搭盖了一面坡式的屋顶。贴近厕所的墙壁，放置了长条形的猪食槽，陶器显示圈内有公猪、母猪各一头，并有小猪七头。这是一个典型的汉代农户宅院的格局图式。（参见林剑鸣、余华青、周天游、黄留珠《秦汉社会文明》，西北大学出版社1985年9月第1版）汉代

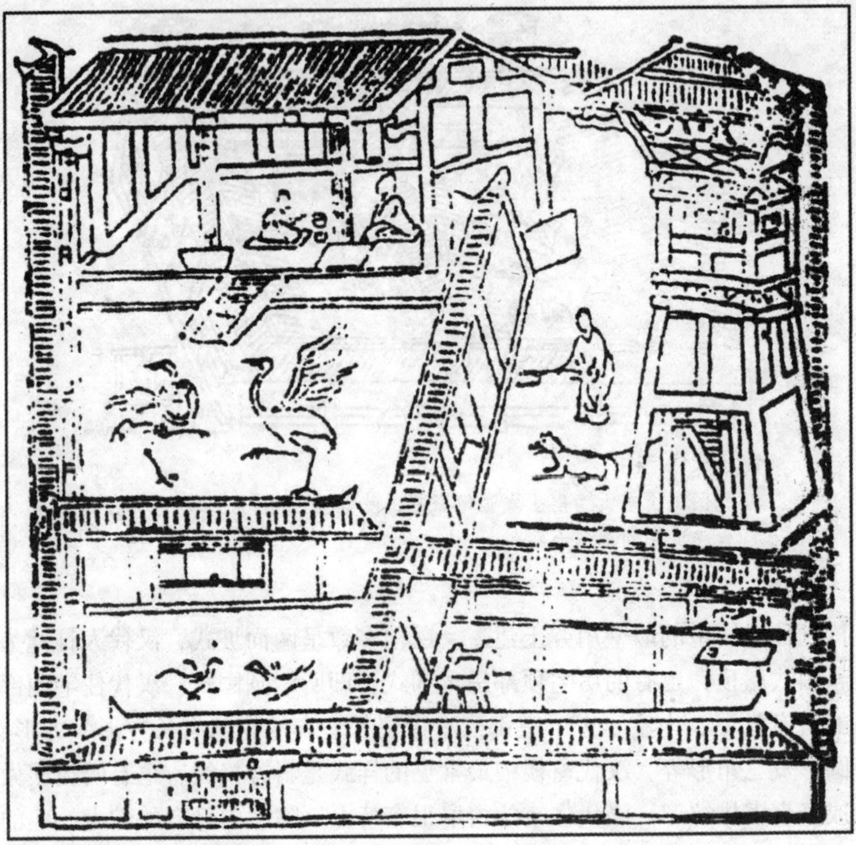

❖ 汉代宅院图

图中所示为汉代官绅住宅情形，多见于河南与山东出土之画像砖石

民宅的基本特点是一堂二室并以平房为主，但是汉代的一些富裕之家和贵族官僚之家则不限于仅有一堂二室。他们拥有的宅院很大，房屋也较多，并且也不限于只有平房，所以汉代住宅中也有为数不少的楼房建筑。有关汉代墓葬中出土的陶楼器皿，清晰地复原了汉代住宅中的陶楼陶院图景。如陕西勉县东汉墓出土的陶器院落，其表示的院落为一座四合型宅院，汉代住宅楼在宅院的西、北两面，均为三层的楼房。北楼为宅院主人起居活动的处所。在宅院的东部，是宽三间、高两层的储存粮食及日用物资的仓楼。在仓楼的正面装置有扶手楼梯，在二层的近入口处还建有小型的平台，而在底层的出粮口处设置了可移动的扶梯。院内面积较大，东院内主要建有牲畜圈和鸡窝。院子的最东端列有一排平

房，是宅院的厨房所在，即东厨。汉代画像砖石等有关资料还显示，在汉代的一些宅院中，楼房的建筑也如同平房的建筑一样，其格局多呈三进式。三排楼房平行排列，内院的主楼高大宽敞，在院中的西侧常常是连片的菜园。

在东汉时期，由于豪强地主经济的发展，田庄的出现，大地主的庄园开始兴起，汉代许多大官僚的宅院也进一步得到扩充，开始发展成为庄园制的园林。《后汉书·梁冀传》记载，大官僚梁冀大兴土木，扩建私家宅第时说："台阁周通，更相临望。飞梁石磴，陵跨水道。"其场面之壮观，园宅装饰建筑之华丽极少有人可比。梁冀在其府邸之外的郊野地区还有"十里九坂，以象二崤，深林绝涧，有若自然"如此景观的大型苑囿。

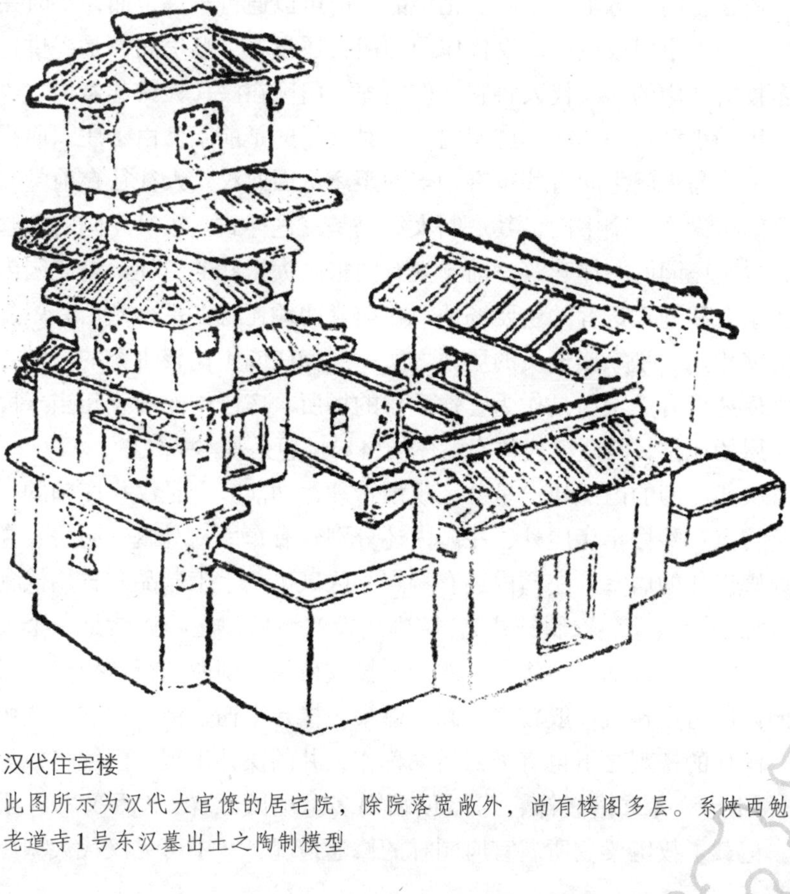

❖ 汉代住宅楼

此图所示为汉代大官僚的居宅院，除院落宽敞外，尚有楼阁多层。系陕西勉县老道寺1号东汉墓出土之陶制模型

汉代私人住宅极具时代特点之处还在于私家庄园的崛起。汉代的庄园是汉代地主制经济发展的产物，也是汉代豪强地主经济实力扩充的表现。用东汉学人仲长统的话说，庄园的规模是“连栋数百，膏田满野”。（《后汉书·仲长统传》引《昌言·理乱篇》）。因此汉代的住宅就庄园来说，在东汉就突破了一堂二室的限制，甚至也超越了西汉富裕之家和官绅贵族的居住规模，表现为大官僚大地主所有的大庄园的特点。汉代的庄园属私家所有，其经营形式以农业为主，但在庄园内部实行多种经营，诸如畜牧养殖、果蔬桑麻、煮盐酿酒、百工技艺等十分齐全。庄园内部吸收大量的破产农民，使之成为庄园的廉价劳动力——徒附和部曲。

汉代庄园的住宅规模比之以往有了扩大，庄园的正门不但高大雄伟，还在正门之旁附设小门。正中的大门可以通行车马，而在平时一般人出入则走小门或侧门。汉代庄园的门旁还设有小型房间，是提供过往宾客投宿之用的，汉代人将它称作门庑。门庑在汉代大约起着传达收发的作用和小客栈的功能。庄园内部正对大门的是前堂。由于庄园面积较大，前堂与大门之间有些也有相当的距离，因此汉代人往往在前堂与大门之间再设立一个中门，其形制大约仍是三进样式。东汉庄园的前堂很大，也是庄园的主体建筑。前堂立有两根高大粗壮的堂柱，是庄园内部家人聚会和迎宾送客的主要场地。在前堂两侧还有夹室，堂后有屋，都有门窗相连，是家族成员的居住之所。汉代庄园中比较讲究的，则在前堂之后还设有后堂，是作为宴饮歌舞的场所。庄园中的前堂相当于民宅中堂屋的地位，因此汉代住宅整体的格局构想是基本一致的。

汉代庄园的内部建设呈分区规划管理，功能齐全是汉代庄园的一个显著特点。除楼宇房屋外，庄园内还分别建有车库、马厩、厨房、仓房及奴婢僮仆的居室。庄园内还有特定的区域生产手工制品和日用饮食之物（如油盐酱醋、衣履针线），院内还设有酒坊，庄园俨然是一个独立的王国。庄园也部分地将自己的产品投放市场，即所谓行贾贩卖。汉代庄园内的房屋建筑一般较多，画栋雕梁，楼台亭榭，池水清波，花树带金。汉代的楼观之下也有类似后来称作天井的藻井出现。门阙也极为讲究，门上常有重檐装饰，房屋顶端则多呈庑殿式样。《后汉书·梁冀传》记载了权臣梁冀所属官府园林的修建情况，从中可见汉代大型庄园

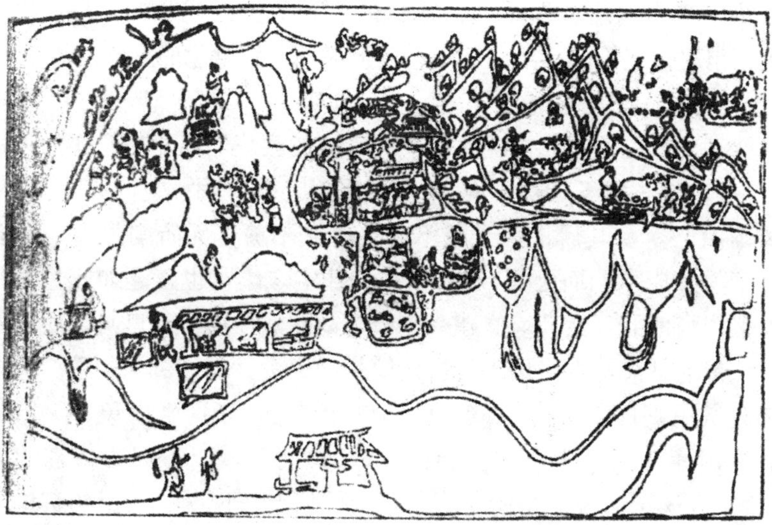

❖ 汉代庄园图

此图系内蒙古和林格尔东汉晚期墓葬出土之壁画所绘。图中除山峦间遍植果树外，尚有农夫耕作、运粮牛车行驶及谷堆等众多图景

建设的一般情形和汉代豪宅的奢华之景。“堂寝皆有阴阳奥室，连房洞户。柱壁雕镂，加以铜漆，窗牖皆有绮疏青琐，图以云气仙灵，台阁周通，更相临望，飞梁石蹬，陵跨水道。金玉珠玑，异方珍怪，充积藏室。”《后汉纪》在记述梁冀大兴土木之时也说：“作阴阳殿，连阁通属，鱼池钓台，梁柱门户，铜沓纻漆，青琐丹墀，刻镂为青龙白虎，画以丹青云气。”梁冀府中建筑有夹壁墙，汉代人称此为复壁。也有人在堂中柱上凿有秘密暗室。《后汉书·梁冀传》讲述梁冀庄园的规模之大，可以“西至弘农，东界荥阳，南极鲁阳，北达河、淇，包含山薮，远带丘荒，周施封域，殆将千里。还起兔苑于河南城西，经亘数十里，发属县卒徒，缮修楼观，数年乃成”。如此大的庄园建设规模和园林面积，即便是明清时代的皇家园林也并不高明许多。

汉代也有许多私家园林，住宅处于园林之中，宛如处人间仙境。《西京杂记》讲述袁广汉的园林时说：“北邙山下筑园，东西四里，南北五里，激流水注其中。构石为山，高十余丈，连延数里。养百鹦鹉、紫鸳鸯、牦牛、青兕、奇兽珍禽，委积其间。积沙为洲屿，激水为波涛，致江鸥海鹤，孕雏产彀，延漫林地。奇树异草，靡不培植。屋皆徘徊连属，重阁修廊，行之移晷，不能遍也。”可见，汉代私人园林的建设已大大超出居住宅第的标准和要求，而形成住宅别墅化的发展趋势。

就汉代贫民的居住情况而论，同贵族的豪华宅第相比，实如天地之别。《盐铁论·散不足篇》说：“古者采椽茅茨，陶桴复穴，足御寒暑，蔽风雨而已。及其后世，采椽不断，茅茨不剪，无斫削之事，磨砻之功。庶人斧成本构而已。”汉代贫民的住宅之凄苦也正是如此。汉代贫民大多依当地的自然环境修建一些极为简陋的住房作为栖身之所。北方关中一带的贫民基本采用木板搭建简易的房舍，靠近黄河中下游流域的大部分贫民则修盖草房。《东观汉记》记载：“李恂坐事免，无田宅财产，居山泽，结草为庐。”而且，汉代黄河流域以草房为住宅的人极多，《东观汉记》说“茅屋草庐千户”的情况正说明了大量的贫民居住简陋的事实。在长江沿岸地区和岭南之地，汉代贫民的住宅多用竹造屋。汉代贫民居住最为简陋的房舍是被称为瓜牛庐的小型茅草房，它极其矮小狭窄，汉代的一般看瓜人居住这样的草舍，更多的贫苦百姓也是以此为居。《三国志·魏志·管宁传》注说：“案《魏略》云焦先及扬沛并作瓜牛庐，止其中。以为瓜当作蜗。蜗牛，螺虫之有角者也，俗或呼为黄犊。先等作环舍，形如蜗牛蔽，故谓之蜗牛庐。”瓜牛庐之小，除了睡觉，怕是再难有空闲之地。汉代地处山区的贫民则依山而居，过着洞穴生活。《后汉书·逸民传》记载：“台修隐于武安山，凿穴为居。”类似的记载也多见之于文献。

汉代的一些少数民族在住宅的建设上大多按照本民族的生活传统和生活习俗来安排。北方少数民族的游牧经济使他们长期过着逐水草而迁移的不定居生活。汉代的北方少数民族边民还没有市井城郭的建筑，马匹和大车成为他们必不可少的运载工具。居住则用毛制品旃制成帐幕式的穹庐，类似于今天的蒙古包。穹庐的门一般向东开，用毛皮或毡子一类的厚暖材料制成门帘，穹庐多呈不规则的圆形。一些个别地区则在东汉时期出现了有定居点的生活，即建造房屋，垦牧结合。汉代南方的少数民族为避土湿虫毒之害，一般则用竹、木等材料搭建距地面有一定高度的干栏式房屋，上下房屋使用竹、木所制成的梯子。西南地区出现了石制房屋，《后汉书·西南夷传》记载：“皆依山居止，累石为室，高者至十余丈，为邛笼。”这正是西南少数民族住宅建设的基本情况。

二、汉代家具与家庭装饰

汉代社会中不同阶层的人士，其居住和室内陈设的差别很大，但家具中一些基本用品的形制则是大体相同的。

汉代人在日常生活中一般都离不开席。汉代的席通常用蒲草编制而成，比较柔软舒适。汉代人也有使用竹席的习惯，竹席则一般用来做床第之物。用蒲草编成的席子质地松软，所以主要供坐卧之用。汉代人也习惯于自己编席，《东观汉记》记载："郭丹师事公孙昌，敬重，常持蒲编席。"普通民人的生活多很俭朴，一般都席地而坐，家具也比较简单。民人家庭常见的家具是食案，也就是今天所说的饭桌或餐桌。汉代的食案多为无足案和短足案，因此既可以放在地面席铺之上，也可以置于床榻之上。食案不限于饮食之用，也可用作书写或读书、下棋之物，又可作招待宾客饮茶谈天之用。食案的类型多为长方形，案足则多呈马蹄形或柱形。长度一般可达1米，宽约0.5米，食案高度约10~20厘米，制案多用木制材料。汉代也有用陶制案的，不过尚属少见，只在辽阳三道濠汉墓中发现此物。《汉书·朱博传》载："博食不重味，案上不过三杯。"食案常用来放置杯、盘一类的食具。豪富之家的食案则要讲究得多，一般案长可达2米，宽达1米，案足用鎏金铜制品装饰，有的还制成彩绘漆案。汉代富人之家所用的食案不但形制是平常之家的2倍，而且工艺也非常华丽。食案桌面呈圆形状的则称作檈。《说文解字·木部》说："檈，圆案也。"其制作和功能同长方形案是一样的，也属于汉代食案的一种形式。除食案外，一些官宦人家和书香门第还有书案，形制也同食案差不多，基本上是长方形，不过是专供读书写字之用罢了。《汉书·郑崇传》载"因执诏书案起"，讲的正是这种书案。

几是汉代家具中的常见之物。就外形看，几同案十分相像，区别在于：几的足一般是曲形足；几是用作放置文书和什物的，不像案那样是作为饮食之用。但有时几和案确实很难分得清楚，特别是当几上放置酒食时就更是如此。所以《说文解字·木部》说："案，几属。"汉代人也就常将放置文书和什物之几称为几案。几案有时也被称作书案，《后汉书·刘玄传》记载："韩夫人尤嗜酒，每侍饮，见常侍奏事辄怒，……

抵破书案。”汉代人将双层之几称为虡，《方言》卷五记载：“几，其高者谓之虡。”

汉代家具中有厨和匮，是用来贮藏物品的，厨即橱柜。《广韵·上平声十虞》记载：“帐也，似厨形也。出陆该《字林》。”匮也是贮藏物品的家具，但匮是用来存放比较贵重的物品的。《汉书·高帝纪》记载：“与功臣剖符作誓，丹书铁契，金匮石室，藏之宗庙。”可见，皇帝所重之物，一般是置于匮中贮藏的。

汉代人在家中的坐具有席、枰、床、榻等。前边说到，竹席一般作为床笫之用，竹席中制作精细的叫作簟。《西京杂记》记载：“会稽献竹簟供御，世号为流黄簟。”汉代坐席中还有一种附缀兽皮的席子。《释名》说：“貂席，连貂皮以为席也。”这是用貂皮附缀席子的一例。《西京杂记》记载：“昭阳殿设缘熊席，毛皆长一尺余。眠而拥毛自弊，望之者不能见也。坐则没膝其中，杂薰诸香，一坐此席，余香百日不歇也。”

汉代人的坐席有一定的礼节和规定。尊者和长者都需要有专席，授业老师也得有专席，其他如宫廷有专席，受优礼的功臣、大学者也有专席。《后汉书·张禹传》记载：“张禹为太傅，尚书，邓太后以殇帝初育，欲令重臣居禁内，乃诏禹与三公绝席。”绝席也就是专席，设置专席是表示优礼和尊重。汉代人也看重座次的排列和方位，以坐东面西为尊贵。《史记·武安侯传》记载：“坐其兄盖侯北乡，自坐东乡。”而在朝会宴饮等场合，如果要向某人表达敬意，就必须离席而立。《汉书·灌夫传》记载：“蚡起为寿，坐者皆避席伏。已婴为寿，独故人避席，余半膝席。”

汉代室内的小型坐具是枰，“枰”字的原意是棋盘。枰也比较矮，形状为方形，有些类似于食案。区别在于枰和食案的足不相同，案足一般为圆柱形，而枰足则多呈矩尺形。枰一般也不大，只能容纳一人就座，所以又称它为独坐。《释名·释床帐》说：“小者曰独坐，主人无二，独所坐也。”

在出土的东汉墓葬壁画上可以见到独坐板枰的人像。汉代除了有木制的枰以外，也有石制的枰。《水经注·湘水篇》记载，西汉贾谊的住宅里“有一脚石床，才容一人坐”，也就是石枰。

❖ 汉代枰示图

此图见河北望都1号东汉墓壁画。枰即榻，即板床。汉代板床除木制外，亦有石刻

汉代居室中比枰略大的坐具则是榻。《释名·释床帐》说："长狭而卑曰榻，言其榻然近地也。"

关于枰、榻、床三者之间的区别，服虔的《通俗文》是这样解释的："床三尺五曰榻，板独坐曰枰，八尺曰床。"（《初学记》卷二五引）用今天的长度量制计算，榻的长度约为84厘米，床的长度约为192厘米。在河南郸城出土的西汉石榻上有"汉故博士常山太傅王君坐榻"的刻写铭文，长约87厘米。这件石榻与《通俗文》所记载的长三点五汉尺的数字十分接近。（参见孙机《汉代物质文化资料图说》，文物出版社1991年9月第1版）榻一般是作为坐具来使用的，《太平御览》卷七〇六引《高士传》说，管宁"常坐一木榻，积五十余年，未尝箕股，榻上当膝处皆穿"。汉代也以一人坐榻为尊贵。《世说新语·方正篇》刘注引《语林》说："（杜）预征吴还，独榻，不与宾客共也。"

两人共坐一榻，则称之为合榻。如《三国志·吴书·鲁肃传》说"合榻对饮"，《三国志·吴书·诸葛融传》说"合榻促坐"，讲的都是两人共坐一榻的情形。

汉代居室中形制最大的坐具是床。除了可供坐以外，床还可以俯卧，即有坐卧两个功能。床一般也以木制为主，《太平御览》卷七〇六引《后汉书》说："羊茂为东郡太守，夏日坐一榆木板床。"

此外也有石制床。《风俗通义·愆礼篇》记载："南阳张伯大，邓子敬小伯大三年，以兄礼事之。伯卧床上，敬寝下小榻，言常恐；清旦朝拜。"说明汉代家庭中，床的规格要比榻的规格更高一些，因此才将床让与兄长，以示尊敬。汉代也经常在大床的一侧设立屏，并在床榻之上铺张席物。

为避免折卷席角，汉代人在床的四个角上还放置有镇，作为压席之物。镇在汉代通常用玉、石、铜等材料制成，据《西京杂记》记载，汉代昭阳殿的白象牙簟"有四玉镇，皆达照，无瑕缺"。富贵之家的床镇常饰有鎏金或错银的图案纹饰，镇的外形则多为虎、豹、羊、鹿、熊、龟、蛇等动物形状，也有一些所谓辟邪镇妖之镇。因为是压床席之用，所以在镇体内一般都灌注铅物质，以增加镇的重量。汉代的镇不但实用，而且其制作多十分精美。镇本身就是极好极优秀的艺术作品，是实用性和装饰艺术性的完美统一。

汉代在床笫之上也放置几，是用来凭靠之用的，所以称作凭几。因为汉代人的所谓坐并不像今人那样臀着席上，而是呈一种跪姿，两腿在后，这样时间稍久就极易疲劳。

在床上放置凭几，可以使人的肘部支撑或伏在几上，身体也可靠在几上，从而起到减轻劳累的作用。几的表面多为平板，上面也可铺席或织物。《西京杂记》记载："汉制，天子玉几，冬则加绨锦其上，谓之绨几。……公族皆以竹木为几，冬则以细为橐以凭之，不得加绨锦。"可见皇帝或贵族官僚的凭几是十分讲究的。凭几的样式也不单一，既有普通的方形凭几，也有动物形凭几，有些高级凭几还施以彩绘和鎏金。

汉代室内的基本家具还包括搭挂衣服的衣杆，汉代画像石上称衣杆为衣桁。床榻之上放置枕、被和褥子。汉代枕的形制与今天大致相同，比较特殊的是汉代有一种通中枕。《汉官典职》记载，这种枕是专为尚书郎值班时所用的，里面可以放置章奏和书牍，所以叫作"通中枕"。《汉书·楚元王传》记载："淮南王有枕中鸿宝秘苑书，言使鬼物为金之术，及邹衍重道返命方。"可知汉人用通中枕已是一种时尚。汉代的被与今天的有所不同，汉代尚无棉花，因此填装被套的材料多使用棉絮。

《汉官典职》记载："尚书郎入值，供青练白绫被，或锦被。"汉代人使用褥子多在冬季，褥套里一般填入棉絮的称为重茵。《东观汉记》记载："祭遵有疾，诏赐重茵。"比较精美的褥制品还绣有禽鸟图案，《西京杂记》卷一记载："赵飞燕为皇后，其女弟昭仪在昭阳殿，遗飞燕书曰：'今日嘉辰，贵姊懋膺洪册，谨上襚三十五条，以陈踊跃之心：金华紫轮帽。金华紫罗面衣。织成上襦。织成下裳。五色文绶。鸳鸯襦。鸳鸯被。鸳鸯褥。金错绣裆。七宝綦履。五色文绶。同心七宝钗。黄金步摇。合欢圆珰。琥珀枕。龟文枕。珊瑚玦。马脑彄。云母扇。孔雀扇。翠羽扇。九华扇。五明扇。云母屏风。琉璃屏风。五层金博山香炉。回风扇。椰叶席。同心梅。含枝李。青木香。沉水香。香螺卮。九真雄麝香。七枝灯'。"这里的奢侈品很多，鸳鸯褥即是豪华之一种。

汉代家庭的室内装饰一般说来并不复杂，只有贵族豪富之家比较讲究。

汉代在室内设有承尘，是用来防止房梁灰尘的遮盖物。承尘有两个特点：一是悬浮屋内空中；二是承尘面积一般不大，大多数是处在床第或榻之上。在一定意义上有些类似后来的吊棚。《释名·释床帐》说："承尘，旋于上，以承尘土也。"承尘又叫作帟，《礼记·檀弓》郑注解释说："帟，幕之小者，所以承尘。"《周礼·幕人》郑注说："帟，平帐也。"可见汉代的承尘是指平张于床上的小幕。

❖ 汉代承尘图

汉代人用平坦的帷帐悬于头顶之上，用来防止灰尘沾衣。在成都出土的东汉画像砖上有此类文图

汉代居室内竖立于地上用来挡风的叫作屏风。屏风一般长度在两米以内，高可达一米，是汉

代室内家具装饰中比较醒目的物体。长沙马王堆汉墓出土的遣册中曾写："木五菜（彩）画并（屏）风一，长五尺，高三尺。"汉代屏风多髹漆彩绘，有些屏风还镶嵌有贵重宝物。《西京杂记》卷二记载："武帝为七宝床、杂宝桉、厕宝屏风、列宝帐，设于桂宫，时人谓之四宝宫。"

武帝的屏风看来很豪华，屏风上镶有宝物。李尤《屏风铭》说，屏风"立必端直，处必廉方"。(《艺文类聚》卷六九引)。这说明，屏风是直立地面之上的板壁状物体。

汉代室内最具实用性的装饰是帷帐，它通常放置于门窗等处，起着防御风寒、遮挡蚊蝇的作用。《东观汉记》记载："帝东巡郡国，留鲂宿卫南宫。敕鲂车驾发后，将缇骑宿玄武门复道上，领南宫吏士。南宫复道多恶风寒，老人居之且病痱，若向南者，多取帷帐，东西完塞诸窗，望令致密。""帷帐"一词是室内帘布的总称，具体的名称和用途又各不相同。

❖ 汉代屏风图

此图为长沙马王堆1号汉墓出土之彩色屏风，下有屏足，可立置于室内

所谓帷，原指车中的门帘，又叫作“车帷裳”。《史记·董仲舒传》记载：“董仲舒为博士，下帷讲诵，弟子以次相授，或莫见其面，三年不窥舍园。”《释名》说：“帷，围也，所以自障围也。”帐也是用来作帘布的，《释名》说：“帐，张也，张施于床上也。小帐曰斗，形如复斗也。”这说明，帐主要是用于床上的遮帘布，并且环绕四面；而帷则是用于室内的门窗等处且多为单面陈设。

汉代将有顶的帷帘也都称作帐。汉代也在讲究的堂殿上设置幄，幄顶似屋顶，也属于帐的一种。《释名·释床帐》说：“幄，屋也；以帛衣板施之，形如屋也。”汉代宫中酒宴时也常为坐于床上的尊贵长者设置幄具，如《汉书·王莽传》说：“未央宫置酒，内者令为傅太后张幄”，即是一例。有些幄形制较大，因此还需要在幄的四角上用帐竿来支撑幄顶。因为幄帐的级别较高，所以汉代在祭天时通常都用“紫幄”。平常人家则不过使用斗帐，即小幄。

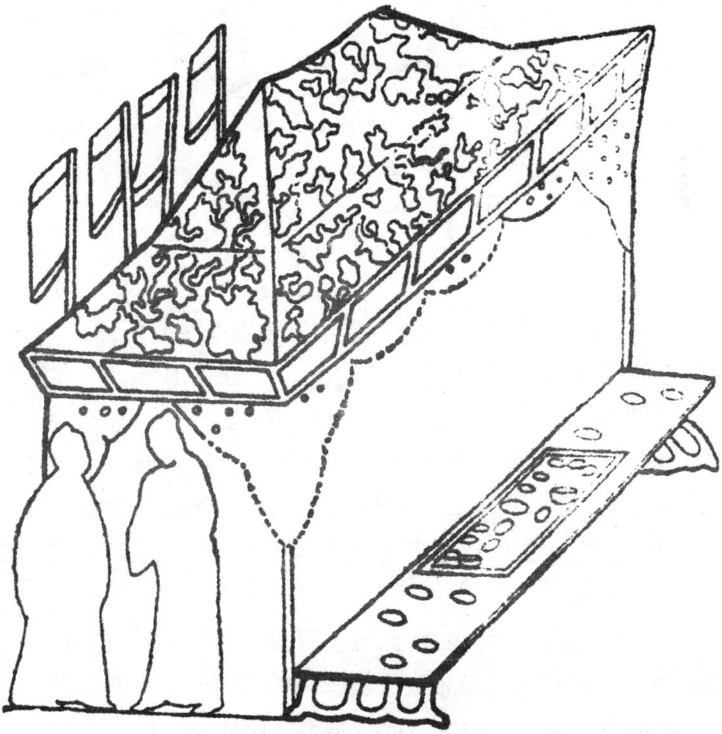

❖ 汉代幄帐图

此图见河南密县打虎亭2号东汉墓壁画，幄是指用丝帛装饰环绕的床帐

在汉代出土的画像石上，还见有用于庭院和野外牵挂帷幔的步障，它是做围隔屏障之用的。

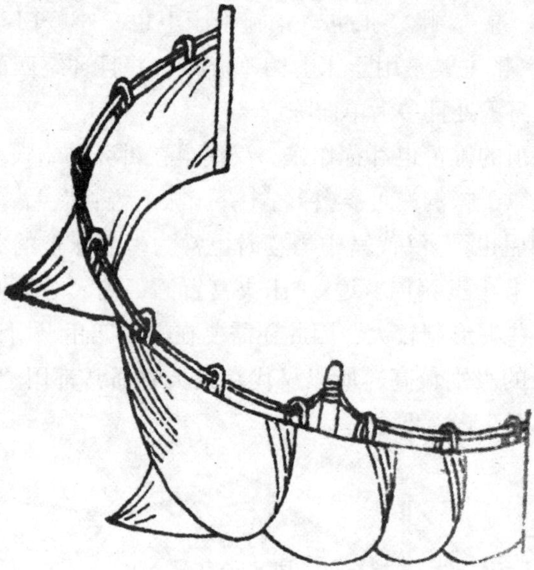

❖ 汉代步障图

汉代的步障见于沂南出土之画像石，是在院庭或野外用于围隔的步障

汉代将用布制成的门帘叫作嗛，将用竹制成的门帘叫作簾。《西京杂记》记载：“汉诸陵寝皆以竹为帘，帘皆为水文及龙凤像。”

汉代的许多富贵人家多在家中的土墙上悬挂锦绣，借此来装饰墙壁，这在汉代被称作壁衣。也就是《西京杂记》中所说的“屋不呈材，墙不露形”。汉代在居室内的地上铺有毡罽，《西京杂记》说：“温室规地以罽宾氍毹。”即指用毛织品来铺地面。所铺毡罽不但防寒防潮，外观也十分漂亮，有些类似于后来出现的地毯。不过，汉代人并不这样称呼，而将它称为地衣。

汉代家庭装饰物中还有文房四宝、灯具、香炉、唾壶，以及各类各式的箱柜等物。拥有这些物品或比较豪华的东西，自然是官僚贵族和豪富之家，普通民人在汉代的生活依然是十分俭朴的。

第六节　汉代丧葬礼俗

汉代是一个重礼制的时代，故汉代的丧葬之礼颇为讲究。官僚豪富和皇室之家对丧葬的规格和所行之礼十分看重，整个丧葬的程序也比较烦琐。普通民人之家则相对要简单得多。我国在先秦时代就已形成了一整套丧葬礼制，汉代基本上承袭了这一套古礼并有所发展。

按照古代礼制，丧葬大体经历三个阶段，即：入葬前的丧礼、正式出殡的葬礼和葬礼后的服丧之礼。按照古礼的要求，当一个人刚刚死去的时候，家属要沐浴净身并将死者尸体置于地上。《汉书·原涉传》记载："人尝置酒请涉，涉入里门，客有道涉所知母病，避疾在里宅者。涉即往候，叩门，家哭，涉因入吊。问以丧事，家无所有。涉曰：'但絜扫除沐浴待！'"《后汉书·礼仪志》载："登遐，沐浴如礼。"沐浴净身是表示对死者的敬重之意。沐浴之后，就可以将死者的尸体装殓入棺了。装殓时要使死者口中"饭含"，即表示死者不能饿着离去，口中必须含食物方可。《后汉书·丁鸿传》记载："鸿逃去，留书与弟盛曰：鸿贪经书。不顾恩义，弱而随师，生不供养，死不饭含，皇天先祖并不祐助，身被大病。"但一般情况下，饭含之物则多用玉石珠贝。《后汉书·礼仪志》记载："登遐，饭含珠玉如礼。"皇帝有时也亲自赐予高官大臣珠玉之物以作饭含之用，《后汉书·袁安传》记载："逢卒于执金吾。朝廷以逢尝为三老，特优礼之，赐以珠画特诏秘器，饭含珠玉二十六品。"《隶释》卷一一《太尉刘宽碑》记载："年六十有六，中平二年二月丁卯薨。天子闵悼，赐琀賵襚，有加典礼。"

人死后身上所穿的衣服或裹身之物各不相同。富人贵族和官僚之家非常讲究衣衾的选择，所以常用钱币布帛来缠绕尸体；也有些富贵人家选用纩绵等物。《汉书·杨王孙传》记载："裹以币帛，支体络束。"《后汉书·张奂传》说："奂光和四年卒。遗命曰：地底冥冥，长无晓期，而复缠以纩绵，牢以钉密，为不喜耳。"死者随身之物有衣、被等，达官贵族的衣物则有豪华的锦衣。《太平御览》卷八一五引《桓谭新论》说："阳城子姓张，名衡，蜀郡人，王翁时，与吾俱为讲学祭酒。及寝疾，预买棺椁，多下锦绣，立被发冢。"即使死亡的是婴儿，也是用衣被包裹的。汉代的葬具中也有使用“玉衣”的记载，玉衣又称玉匣或珠襦玉匣。所说的玉衣，是指用玉缝制的形似铠甲的衣装，上面用黄金做成条带，腰部以下用玉来捆扎，脚足上也用黄金织成的缕线捆扎。《西京杂记》记载：“汉帝送死皆珠襦玉匣，形如铠甲，连以金缕；武帝匣上皆缕为蛟龙。”

汉代的皇帝及贵幸大臣一般有条件和资格享用此物。汉代除有金缕玉衣以外，还有银缕玉衣和铜缕玉衣，但是级别则显得低了。即便如此，三种玉衣如果不是皇帝亲赐，擅自使用也是不行的。玉衣的作用很可能也是汉代人出于保存尸体的需要而制，并不完全是一种等级和奢侈的象征。尽管普通民人死后没有任何可能着玉衣之装，但是汉代的一些少数族国王却可以享用玉衣。《后汉书·东夷传》记载：“（东夷扶余）其王葬用玉匣，汉朝常豫以玉匣付玄菟郡，王死则迎取以葬焉。”汉代的普通民人随葬之衣一般都比较节俭，大多数人所用衣物极为平常，个别大臣有时也能从俭行事。《汉书·朱云传》记载：“云年七十余终于家。遗言以身服敛，棺周于身，土周于椁。”可见，朱云死后就是穿着平日的衣服装殓入葬的，根本谈不上还有什么死后衣衾的讲究。汉代的大臣邓骘也是如此，史载：“弘初疾病，遗言悉以常服。”（《后汉书·邓骘传》）汉代丧服的衣料也很有些说法，俭约之人之家或只用布来作为衣服的材料。《后汉书·杨震传》说：“震谓其诸子门人曰：‘身死之日，以杂木为棺，布单被裁足盖形，勿归冢次，勿设祭祠！’因饮酖而卒。”奢侈者或显贵之家则多用绣被。《汉书·霍光传》说：“光薨，赐绣被百领。”即是一例。汉代某些人为节俭之故，甚至死前立有遗嘱，干脆不置办任何衣衿。《华阳国志·景鸾传》记载：“及遗令期死，葬不

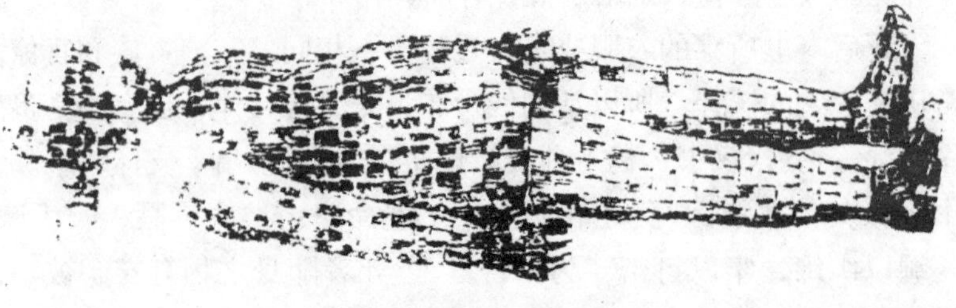

❖ 汉代的玉匣

玉匣即玉衣，河北满城出土的汉代玉衣为其代表

设衣衿，务在节俭，甚有法度。”

死者入棺叫作敛，即殓。入殓的仪式各有不同。有王侯之尊者，皇帝有时也亲自驾临，以示优恤和尊崇。《后汉书·姚期传》记载：“期卒，帝亲临襚敛，赠以卫尉安成侯印绶，谥曰忠侯。”也有的是皇帝所派使者或地方长官亲临入殓仪式的，规格也很高。如《汉书·龚胜传》记载：“胜死，使者太守临敛。”

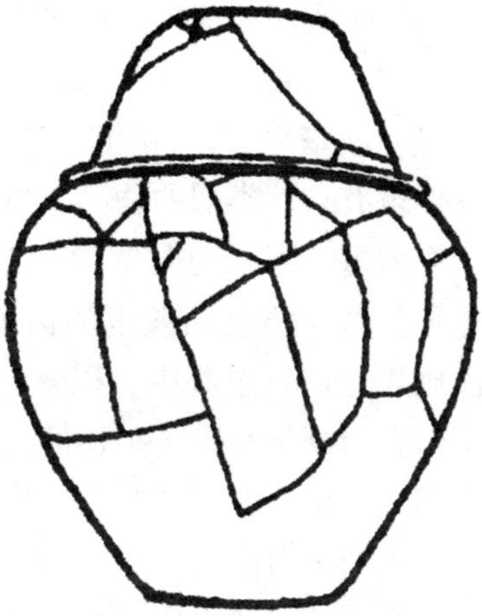

❖ 汉代的翁棺

翁棺在汉代多为装殓儿童之用，见于汉代画像砖和画像石刻

汉代人对棺具的选择颇为看重，棺具的大小也不一致。皇帝的棺具最大；稍小些的是官僚大臣之棺；而一般的民人只能用小棺；贫穷之家甚至无钱或无力置棺，仅能用席布裹尸下葬。汉代人将臣僚或平民的棺具称作棺器，而将皇帝所用的棺具称为秘器。因为大部分棺具是用梓木制作的，所以又称为梓器、梓棺或梓宫。汉代皇帝死后的棺具因为多由东园署监制，

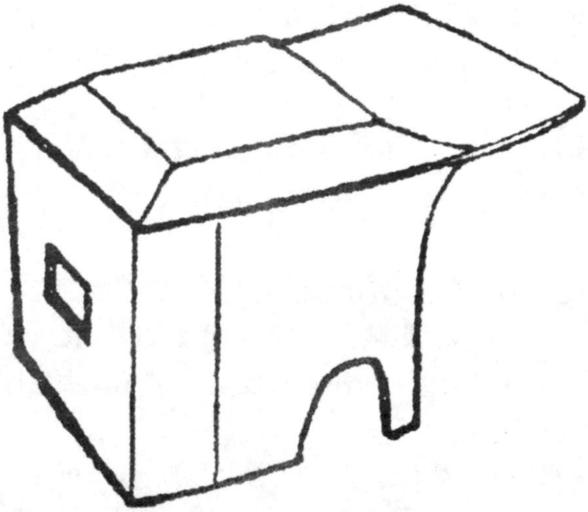

❖ 汉代的温明器

江苏扬州出土汉墓中多有发现，是汉代罩于死者头上的漆绘方形物。内置镜面，表示为死者送去光明

所以皇帝所用的棺具又常被称作东园秘器。

宋人周密在《癸辛杂识》中说："世大敛后，用镜悬棺，盖以照尸取光明破暗之义。"讲的是宋人在棺椁之上悬立明镜的事例。其实，在汉代也有与此类似的物品，所说的汉代温明即是此物，它的制作也出自于东园署，所以也常常称它为东园温明。关于温明的形制，《汉书·霍光传》颜师古注引服虔的话说："东园处此器，形如方漆桶，开一面，漆画之，以镜置其中，以悬尸上，大敛并盖之。"可见，汉代的温明器不但在形制上与宋人描绘的"用镜悬棺"的记载贴切吻合，而且汉代温明器涂漆彩绘的工艺制作也堪称精美，这一点在宋人的笔记中并不见记载，不知因何缘故。

汉代的一般平民很少能奢望诸如秘器、温明的使用，但所用的大小棺具也是尽可能做得完善一些，这正是汉代礼制影响的结果。东汉人王符在《潜夫论·浮侈篇》中说，汉代人在制作棺具时，"各取方土所出，胶漆所致，钉细要，削除铲靡，不见际会。其坚足恃，其用足任。"这说明了汉代人对制作棺具的精工之处，其重视之深是不难看出的。汉代的一些贵族之家，所用棺具竟达"重且万斤"的程度，这就更是普通民人无法望其项背的。汉代贫民有的只能用价格低廉的陶棺，有的垒砖做棺，汉代儿童夭亡则多用瓮棺。杨树达先生在《汉代婚丧礼俗考》一书中将汉代人对棺椁的使用情况做了如下一些排列和考证。杨先生根据文献记载的情况证明，汉代的棺具不仅有木制品，也有铜、杉、檀、柏、杂木、樟和豫章楩楠等材料。而棺的种类有瓦棺、崖棺、朱棺、画棺、黑棺、素棺、木棺等，其中瓦棺最属俭约，而朱棺、画棺等则要讲究得多。如《后汉书·王堂传》记载："堂年八十六卒，遗令薄敛，瓦棺以葬。"

《西京杂记》卷六说："袁盎冢以瓦为棺椁，器物都无，唯有铜镜一枚。"《后汉书·耿秉传》记载："秉卒，赐以朱棺玉衣。"《后汉书·梁竦传》记载："赐东园画棺、玉匣、衣衾。"汉代棺具中的椁也是很讲究的。有关棺与椁的区别，《汉书·朱云传》说："云遗言：棺周于身，土周于椁。"《后汉书·周磐传》说："外椁足以周棺。"可见，椁是墓室中的一部分，是指将棺具下葬在墓室中，墓室边缘用木板或石材搭建的周缘部分。同棺具相类似，汉代椁的大小、制椁的材料、椁的种类也是很多的。除木、石外，汉代人制椁也用砖瓦为之。汉代椁中也有壁画。通常所说的汉墓壁画，即是在椁上绘制的。汉代椁上又刻记有铭文，铭文内容多属对死者的生平介绍和建墓下葬时间的记录及对墓主人的相关评价之辞。汉代皇帝及贵幸大臣之椁是号称“刚柏黄肠题凑”的一种椁制，也就是用黄心柏木在墓室中增加一层顶端向内的墓壁。这样的规格极高，汉代普通民人是没有资格享用的。

汉代墓室多为砖砌，墓砖则多采用空心砖，墓室内部则多挖掘成横穴式，两端墓壁形似山墙，墓室之门多呈拱形，上部则呈券顶隆起状。汉代墓室中比较豪华的还分成前后墓室，类似于地面建筑的堂屋之分。堂则主要放置随葬物品；室则放置棺具，即陵寝之地。汉代也有许多石墓建筑，规格和形制同砖墓差别不大。所以，汉代墓葬中的所谓画像砖和画像石，实际上是就墓室的建筑材料来说的。

汉代墓前一般都修建道路并立有石柱。《后汉书·中山简王焉传》记载：“大为修冢茔，开神道。”同书李贤注说：“墓前开道，建石柱以为标，谓之神道。”汉代的墓前石柱也称作华表，华表之上一般也刻记铭文标题，而在近石柱处立有石碑，其作用类似于后代的碑文。但在汉代则多称此为神道碑，这是汉代社会思想文化中一种神道论的反映。《文心雕龙·诔碑篇》记载：“后汉以来，碑碣云起。”说明东汉时，树立墓碑已成一种社会风气。汉代墓前又多立有石兽之像，这一风气大约也是在东汉时逐步形成的。其主观意愿是永保福禄、驱邪镇妖。汉代的许多石兽像形态各异，演变到后来就成为一种权力和地位的象征。从另一方面看，汉代石兽雕塑的艺术表现手法和雕塑技艺十分高明。其造型制作的功力之深，反映了汉代石雕艺术所能达到的极高成就。

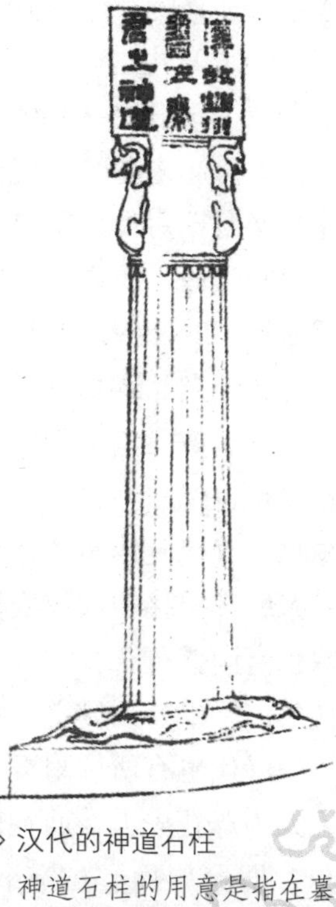

❖ 汉代的神道石柱

神道石柱的用意是指在墓前作为标志，开启神道。

汉代一旦有人死亡，也便有人发出死讯，这就是所谓发丧。只要得知发丧信息，不论亲朋出游在外，还是子女嫁娶出门，都必须放下手中的一切事情，迅速回转，叫作奔丧。《汉书·陈汤传》记载：“富平侯张勃与汤交，高其能。初元二年，元帝诏列侯举茂材，勃举汤，汤待迁，父死不奔丧。司隶奏汤无循行，勃选举故不以实，坐削二百户，会薨，因赐谥曰缪侯，汤下狱论。”可见，汉代政府对于不能够按时回乡奔丧的人，无论官员还是百姓，都是以不孝之罪严加论处的。由于特殊原因确不能回籍奔丧的人，也要寄达信物以期凭吊。哀丧之家则要备置酒肉招待前往吊丧的宾客亲朋，并伴之以音乐的演奏。《盐铁论·散不足篇》记载：“今俗因人之丧以求酒肉，幸与小坐，而责办歌舞俳倡，连笑技戏。”《汉书·周勃传》说：“勃以织薄曲为生，常以吹箫给丧事。”但在实行过程中确实出现了奢侈过甚的情况，东汉人崔寔在其所著《政论》一书中说：“送终之家亦无法度，烹牛作倡。高坟大寝，是可忍也孰不可忍？而俗人多之，咸曰健子，天下跛慕，耻不相逮。”其揭露分析是切中汉代时弊的。汉代的停尸时间，最短的是7天，如《汉书·文帝纪》记载：“后七年夏六月己亥，帝崩于未央宫。乙巳，葬霸陵。”颜师古注说：“自崩至葬凡七日也。”自此以下，有十余日、二十余日，一月余、数月余的情况。但总起来看，汉代停尸时间确是比先秦时期短得多了。汉代随葬物品一般趋于厚重，珠玉宝器等贵重物品明显增多，印绶、金钱宝物、饮食器具、日用杂品、乐器、兵器等应有尽有，甚至奴隶制下的用活人殉葬遗风在汉代也仍然存在，但这种现象已属少见。汉代凡属客死他乡之人，一般其亲朋都要接回故里安葬。汉代夫妇双亡者则盛行合葬，即《诗经》上所说的：“(生)则异室，死则同穴。”

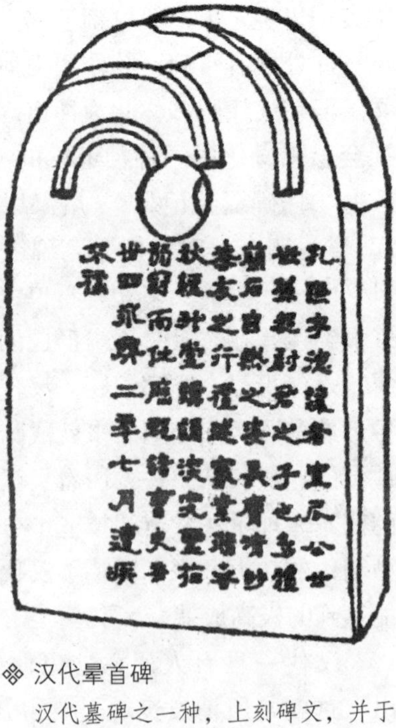

❖ 汉代晕首碑

汉代墓碑之一种，上刻碑文，并于碑额处刻有数条晕线

汉代也有所谓附葬，也就是后代之人为尊礼先人，而在先祖下葬处安葬，即聚族而葬的一种部落安葬习俗。汉代在遇有丧事发生时，其亲属

朋友携送礼物，叫作赙礼。贫穷之家出不起钱财的，则出力相助。汉代的许多贫困之家因为无钱下葬，常常在家中等待宾客们所送的礼钱，而后才去安葬死者。赙礼在汉代几乎成了定制，从中央到地方，各级官员死亡，所属的官府都要派人相送。郡县长官死亡，国家有法定的赙礼，当地的官吏、百姓也要出礼相送；朝廷重臣死亡，皇帝本人也要偕其亲属赙送。汉代将经管治丧事务的人称为护丧。

汉代对丧期的规定在西汉文帝时曾有短期之诏令。《汉书·文帝纪》记载："出临三日，皆释服。"这大约同今天许多地区的情形差不多，即从死者故去至发丧之日满三天即可，但在汉代许多文献中也仍然记载了三年之丧的说法。可见汉代遵循先秦古礼的三年之丧规定还是有一定普遍性的，《汉书·扬雄传》应劭注说："汉律以不为亲行三年丧不得选举。"汉哀帝规定，博士弟子的父母死亡，应在家中持丧服三年。到东汉时，三年服丧更为多见。如果有人没有及时服丧，则还要追加丧期。汉代唯一例外的是军人，他们可以"遭丧不服"。

汉代对居丧之礼十分讲究。如规定，死者下葬后，其子要在墓旁盖屋，守丧三年，并且不允许饮酒吃肉，不得接近妇人，不得兴乐歌舞，不得聘娶女子，也不能访友问亲。《后汉书·章八王传》将汉代人所推崇的这种至孝行为看作是"焦毁过礼，草庐土席，衰杖在身，头不枇沐，体生疮肿"。守丧之人历经风雨寒暑，蓬头垢面，待丧期结束后，约同枯鬼之态。但由于汉政府的极力标榜，所以想不做也很难。因此就

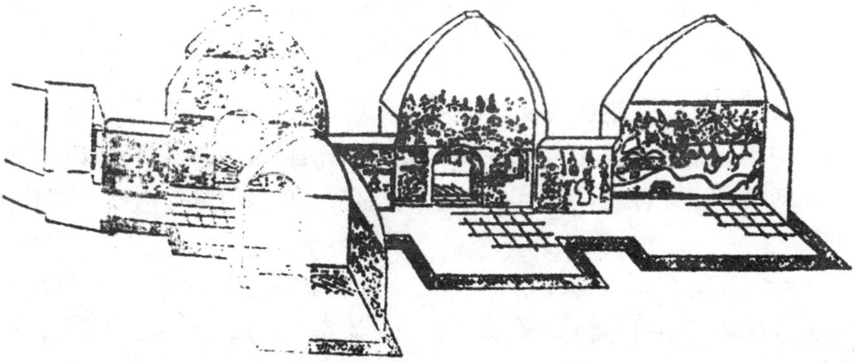

❖ 汉代多室壁画墓

此图见内蒙古和林格尔出土墓葬壁画。墓主人似非一般官吏，其墓室不但多，而且颇富华丽

有许多人采取弄虚作假的手法蒙骗世人，也有的人借此欺世盗名。《后汉书·陈蕃传》中的赵宣即以为亲人守丧二十余年而博得远近乡里的称誉，名声极其显赫。殊不知，赵宣这二十多年从没闲着，就在服丧期内竟先后生有五个孩子，真是十足的伪君子。

汉代丧葬习俗中一个恶劣的风气是厚葬的盛行。许多人相互比附，不惜挥金掷银，大肆兴作。不但随葬品奢极豪华，而且陵园寝宫的建设也非常宏大。《汉书·贡禹传》说："金钱财物，鸟、兽、鱼、鳖、牛、马、虎、豹等生禽，凡百九十物，尽瘗藏之。"王符在《潜夫论·浮侈篇》中说："今京师贵戚，郡县豪家，生不极养，死乃崇丧。"深刻地道出了奢葬之风的危害。崔寔《政论》进一步阐述说："念亲将终无以奉遗，乃约其供养，豫修亡没之备，老亲之饥寒，以事淫佚之华称，竭家尽业，甘心而不恨。"所以在汉末的军阀混战中，许多人即通过盗墓来大量地获取财物，壮大自己的经济实力。与此相反，大量贫民挣扎在死亡的边缘，生不求得，死亦不得。

汉代丧葬习俗的日趋浮华，使社会财富大量耗费，社会风气日趋奢靡。汉代初期的务实俭约之风到了汉末，则连一点气息也没有了。

第七节　汉代服饰与女子梳妆和化妆品

一、汉代的服饰

汉代服饰通常包括常服、冠服、特服及杂服等。此外，还包括广义的服饰，如冠、履、发式及首饰等。汉代的所谓常服，是指多数人在日常生活中习惯穿着的服装。这一类服装通常又可大致分为两种，即袍服和短衣。

我国先秦时代的战国时期，曾有一种将上身之衣和下身之裳缝合到一起的服装，当时称它为深衣。《礼记·深衣篇》郑玄注说："深衣，连衣裳而纯之以采者。"但先秦时期的深衣一般都开有衩口，就是说可以用手在股间撩起下裳，护体不严，是一种式样宽肥的长袍之衣。到汉代，人们开始在长袍之上斜裁出曲裾来遮盖敞露的后身，并且汉代的长袍一般也不再开有衩口。男式长袍的曲裾只是略微向身后遮掩，而女式长袍的曲裾却向身后多层盘绕。曲裾即斜裁成弯曲形状的裙状物，是指覆盖身后的那一部分衣饰。汉代将属于长袍类的衣装统称为常服，所以，先秦时代的深衣也正是汉代的袍服和襜褕的前身。

汉代士人和民人常穿的服装是袍服。《释名·释衣服》说：“袍，丈夫着，下至跗者也。袍，苞也；苞，内衣也。妇人以绛作衣裳，上下连，四起施缘，亦曰袍，义亦然也。”《续汉书·舆服志》记载：“袍者，或曰周公抱成王宴居，故施袍。《礼记》说：‘孔子衣逢掖之衣。’逢掖，其袖合而缝大之，近今袍者也。今下至贱更小史，皆通制袍。”可见，汉代的长袍不但宽大，而且一般的低级官吏和民人也常穿这种服饰。汉代的长袍不但有里衬，还有布面包裹，所以汉代的长袍也常称作複袍。由于有白纱布一类的衣料作为里衬之物，因此汉代的长袍又是一种双层的夹服。但在许多情况下，汉代的长袍又不只是唯一的夹服，而是常常填有棉絮的丝棉袍。这样的丝棉袍，汉代人常称作“著”。汉代将用细长的新棉絮填制的长袍称为纩袍，而将使用旧棉絮和粗短的新棉絮填制的长袍称为缊袍；但无论纩袍还是缊袍，都属于冬季所穿的棉袍。袍的做工质地相对较粗，所以在汉代为一般贫民所穿用。汉代的一些廉吏和退隐山林的读书人也常穿缊袍，借以表达人生励志的情操。《后汉书·羊续传》说：“灵帝欲以续为太尉。时拜三公者，皆输东园礼钱千万。续乃坐使人于单席，举缊袍以示之，曰：‘臣之所资，唯斯而已。’故不登公位。”纩袍由于质地细软，做工也比较考究，所以许多官

◈ 汉代褠衣图

汉代的褠衣是指衣袖夹直，形状如沟

僚地主和上层贵族常穿用纩袍。在湖南长沙马王堆出土的汉代贵族妇女穿用的丝棉袍中，就有各类品种十多项，如素绢丝棉袍、绣花丝棉袍、彩绘朱地纱袍、泥银黄地纱袍、红菱纹罗绣花袍等，均是十分精巧的棉袍服饰。

汉代人也喜穿禅衣，禅衣是汉代一般地主和中上层贵族经常穿着的服装。《汉书·江充传》记载："初，（江）充召见犬台宫，自请愿以所常被服冠见上。上许之。充衣纱縠禅衣，曲裾后垂交输，冠禅缅步摇冠飞翮之缨。"江充所穿的禅衣是一种带有前襟并"续衽钩边"的新式长衣，而与此有不同的裎衣则没有右前襟。裎衣是供妇女穿着的一种对襟长袍，它是禅衣的改良式样。汉代人所说的禅衣，实际上是一种单层的薄长袍。《说文解字》说："禅衣不重。"东汉时人们干脆将禅衣称为单衣，《后汉书·马援传》说："公孙述更为马援制都布单衣。"就是指禅衣没有里衬。

制作禅衣，通常使用布帛，讲究一些的人家则用薄细的丝绸，前文所说江充所穿的禅衣就是用绢纱作为面料的。禅衣虽源于深衣，但到了汉代，人们所穿的禅衣又不同于先前的深衣。任大椿《深衣释例》记载禅衣说："上下相通，不别衣裳，故得通裁之名。"就是说，禅衣是一贯到底的长衣，而深衣的衣和裳是经缝合连在一起的。又因为禅衣质地很薄，节省原料，所以颇便于民人穿用，故汉代人穿禅衣十分普遍。

汉代到宣帝时，政府的武官也开始将禅衣作为正式的官服，《汉书·盖宽饶传》记载："宽饶初拜为司马，未出殿门，断其禅衣，令短离地，冠大冠，带长剑，躬案行士卒庐室。"而到了东汉时，"虎贲中郎将衣纱縠禅衣。"（《汉官仪》）则武官穿着禅衣便非常普遍了。

汉代长襦大袴

长襦指超过膝部的棉质长衣，大袴指长裤。汉代的武士和士人多有着此装并佩长剑之俗

汉代的另一种常服是襜褕。所谓襜褕，

是指类似禅衣但更为宽大的长衣。《释名·释衣服》说：“衣裳上下相连属也。荆州谓禅衣曰布，亦曰襜褕，言其襜褕弘裕也。”它同禅衣的相似之处是，其前襟以下部分是自然垂直的，而不再需要像先前那样有“衽”相连了。襜褕在汉代也是普通女子经常穿着的服装，《史记·武安侯列传》中的《索隐》曾记载：“（襜褕）谓非正朝衣，若妇人服也。”是说襜褕并不属于官员制服，一般官员在上朝时也不可以随便穿着襜褕自由出入。

制作襜褕的面料一般说来较厚，以较厚的丝绸和毛织物为主，甚至也有用貂皮作为其原料的。东汉人张衡在《四愁诗》中说：“美人赠我貂襜褕。”说明有些襜褕已成为汉代既华丽又时髦的一种女式服装了。

汉代常服中还有短衣一类。汉代的短衣又可分为内衣和外衣两种。所谓内衣，是指被当作贴身穿用的衫衣。内衣的特点是一般较薄细，无袖的衣衫叫作汗衣。《释名》记载：“身受汗垢之衣也，或曰鄙袒，或曰羞袒。作之用六尺，裁足复胸背，言羞鄙于袒，而衣此耳。”汉代的汗衣类似于今天的背心，质地较薄。王符《潜夫论》记载说：“裙襦衣被，费缯百缣。”即是说，襦是很薄的夹衫。

汉代的外衣是指襦和袭。襦是指一种可达膝部的绵制夹衣，也是一种短衣。汉代的许多贵族子弟即喜穿这种短衣。《汉书·叙传》说：“班伯为奉车都尉，与王、许子弟为群，在于绮襦纨袴之间，非其好也。”俨然已成了一种风气。而所谓袴，则是指裤子。《急就篇》颜注记载说：“袴，谓胫衣也。大者谓之倒顿，小者谓之校衬。袴之两股曰襱，合裆谓之，最亲身者也。”汉代民人无论穿襦还是穿袴，均以布帛作为面料，有关记载见诸于文献的很多。汉代称没有加棉絮的短上衣为袭，也称作褶。

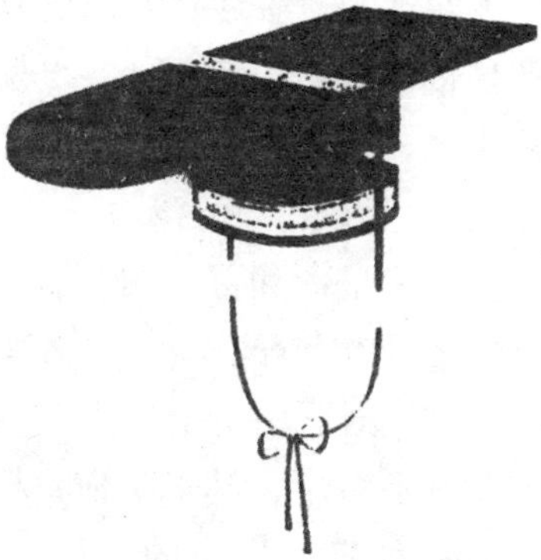

❖ 汉代冕冠图

指汉代大夫以上官员所戴之冠。其特点是呈平直状，上呈黑色，前后垂珠，多在郊祀天地和在明堂祭祀时佩戴

汉代的所谓“冠服”，是指封建国家所规定的礼服之制。大体可分为天子冠服、后妃冠服、百官冠服等几类。

汉代帝王冠服的内容较多，前后情

形也不尽一致。大体说来，汉高祖刘邦之冠是西汉一代皇冠的基本样式。《续汉书·舆服志》记载："高七寸，广三寸，促漆缅为之，制如板，以竹为里。"这也就是后来标准的刘氏冠。十分有趣的是，汉代人此后戴刘氏冠的人很多，直到八年后才明令加以禁止。而到东汉时，皇帝郊祀天地宗庙时，则戴特别制作的冕旒冠。《续汉书·舆服志》说："冕皆广七寸，长尺二寸，前圆后方，朱绿里，玄上，前垂四寸，后垂三寸，系白玉珠为十二旒，以其绶采色为组缨。"可见，汉代皇帝之冠在变化中呈现出愈益华丽的特点。

西汉时期，百官服制在颜色上虽有四季的区别，但在朝会之时却必须穿黑色的服装。汉代百官的冠服则表现出自身的许多特点。文官主要戴进贤冠，《续汉书·舆服志》说："前高七寸，后高三寸，长八寸。公侯三梁，中二千石以下至博士两梁，自博士以下至小史私学弟子，皆一梁。"可见除文官之外，汉代的一些学官和士人也戴进贤冠。

汉代有皇帝特派使者所穿的绣衣，相当于钦差大臣之服，同时手中持斧，以示威权之大。绣衣使者因系担任监察之职的御史充任，所以也往往称穿绣衣者为绣衣御史。在皇宫之内的后宫之地，女子在宗庙祭祀时要身穿天青色的上衣，着黑色的下裳。在其他场合，也是各有规定的服饰。汉代妇女地位尊贵之人，还身穿一种被称作袿衣的上等服装，不但色泽艳丽，而且袿衣的质料和做工也十分考究。

两汉的冠服之制差别很大。拿天子之冠来说就不限于一种，东汉时的皇帝和百官即有长冠、委貌冠、皮弁冠、爵弁等多项，黄门之官还有巧士冠，乐人则有建华冠和方山冠，等等。汉代执法官吏则佩戴法冠，卫士戴却敌冠，武官戴武冠。如此等等，不一而足。

汉代皇帝和百官的制服颜色也是名目繁多。在立春、立夏、立秋、立冬之日就有青、红、黄、黑四季分明的色彩。

汉代冠服中也十分注重玉佩和绶带的选择。玉佩一般用白玉雕琢而成，其上有珩，其下带璜，构成一挂玉佩。佩戴玉佩，除祭祀之用外，也是一种身份地位的象征，并且也有所佩玉件不同之别。《白虎通》说："所以必有珮者，表意见所能，故修道无穷则佩环，能大道德则佩琨，能决嫌疑即佩。是以其所佩，即知其所能。"

汉代也有用彩色丝线混编而成的绶带，它代表着一种身份和地位，通常用不同颜色来加以区分。

汉代的所谓特种服制，是指专门用于某一职业或某一用途的服饰制度。它包括军服制度、罪犯服制、丧服之制和少数民族服饰等项内容。汉代的军服制度许多项内容来源于秦代，一般武官戴长冠，身穿战袍；车战之兵则戴白色圆形软帽，也有的戴长冠，身披铠甲；骑兵则多戴圆形巾，身穿紧身短袍，外披铠甲，足蹬皮靴。汉代还出现了玄甲军阵送葬的军人最高荣誉。东汉时，军队服制以红色为主，宫廷卫士则穿红色军服；而西汉的宫廷卫士则穿黑色军服。

汉代的罪犯、刑徒一律穿酱紫色的赭衣。《汉书·刑法志》说："赭衣塞路，囹圄成市"，说的就是这种情形。但在边塞之地服刑的罪囚，则一般穿青黑色上衣、白色裤子。

汉代丧服一般以白色为准。《汉书·高祖本纪》记载："寡人亲发丧，兵皆缟素。"缟素即白色之服。《汉书·苏武传》说："云中生口言太守以下吏民皆白服，言上崩。"这一惯例直到今天仍相沿无改。

汉代少数民族服饰多种多样，形制和色彩上也各有特点。汉代北方的匈奴等民族，其服饰特点多是窄小之袖而衣长至膝，衣装有的呈对襟状，领口则呈圆领或方领，左侧衣上带衽。这种服饰即战国时代所称的"胡服"。汉代东北的秽、貊等民族则是"女子无袴，以帛为胫，空，用絮补核，名曰缚衣，状如襜褕"（《说文解字》），即身穿袍服。北方民族也多穿羊裘、狐裘等衣装。西南地区的少数民族由于气候等自然原因，多头裹巾帻，身穿左衽之服。其女子则多穿对襟袍服并全身佩戴多种装饰物。

汉代的加环之绶

绶即绶带，中间衔以圆环。绶多为丝织物，间绘彩图，通常与官印相配合，故称印绶

汉代的杂服是指履、袜、

舄、屐等物。所谓履，即汉代对鞋的称呼。汉代的许多女子常穿丝鞋，当时叫作锦履，《汉书·贾谊传》说：“今人卖僮仆者，为之绣衣丝履。”富人的妻妾多穿绣花丝鞋，而一般的贫民只能穿用麻编制的鞋子，汉代人称此麻鞋为“不借”。《急就篇》颜师古注说：“不借者，小履也。以麻为之，其贱易得，人各自有，不须假借，因为名也。……不借者，卑贱之服，便宜行事，宜以牧牛羊也。”汉代将履底鞋称作舄和屐。舄是指履下有木底的，木底为实心，久立和行走潮湿之地十分方便。屐是指以木作材料制成带有两个木齿的拖鞋状之履。汉代也有用帛做成鞋面的帛屐。屐的特点是轻便舒适，汉代人走长路多穿屐，《汉书·爰盎传》记载，爰盎就曾“屐步行七十里”。汉代的屐十分讲究，有些昂贵的屐甚至带有彩绘漆饰，有的丝帛鞋面也用五色之丝制作。汉代人因此穿木屐的也就很多，《续汉书·五行志》描述：“延熹中，京师长者皆著木屐，妇女初嫁，作漆画屐，五色采作丝。”其风行华美之景，跃然笔端。

汉代人所穿的袜，有的用布帛制作，也有的用皮革制成。汉代袜的特点，一是袜子上端均有束带；二是多呈白色，只有祭祀时才穿红色袜。也有用绢纱制作的精品袜，其上多绣有各种花纹图案。也有织成白色绢丝袜的，工艺和外观既精良又漂亮。

汉代也已有了用于御寒之需的手套制品，在长沙马王堆汉墓中曾出土有素罗手套和朱罗手套，其内部用丝绵作絮，冬日里穿戴十分暖和。

汉代服饰还有一个重要特点是，人们在穿着服装时注重领子的设计制作。汉代衣装上有曲领，有方领。曲领多为颈项舒适而作，曲领的特点是较为宽大弯曲。方领则多为读书人穿用，《汉书音义》说：“颈下施领，正方，学者之服也。”实际上则相当于方形的领巾。汉代少数民族如北方民族则多采用反领。

二、汉代女子梳妆和化妆品

汉代女子对于梳妆已是十分讲究，相应的化妆用品不但种类多样，而且女子们在使用这些化妆品时也特别注意化妆技巧的应用。总的来看，汉代女子梳妆的重心在头部和面部，这与今日女子的梳妆部位大体上是一致的。

汉代女子非常注重发式的美洁效果，不同脸型和不同年龄段的妇女所修饰的发型式样差别很大，不同身份地位和不同情趣爱好者也各自梳挽起不同的发式。从汉代墓葬中发现的画像石、壁画和帛画上可以看到，中老年妇女的发式大多梳成银锭式，这种发式的发髻向后倾斜，也有人称此为马鞍翘式。一般的青年妇女和侍从婢女，则多在脑后留发结辫，并将垂发分股分段地扎束起来；也有的女子在脑后中部靠近颈项的背面，将垂发结成双鬟。有的在尾部作成双环形、单鬟形及垂发末端圆锤形的。普通人家的女孩子大多梳双辫，也有在头发正中梳成一条小辫子的。汉代女子也讲究刘海的剪留样式，不过是根据各人的实际需要修剪而成，并不一定都采用一种样式。

汉代女子整饰头发主要使用梳和篦。梳和篦的疏密不同，《苍颉篇》说："靡者为比，粗者为梳。"（《史记·匈奴列传》索引）实际上是指梳和篦齿数的多寡。梳的齿数较少，齿与齿之间排列得比较疏松；而篦的齿数较多，齿与齿之间的排列较为紧凑。所以，梳的意思也就是疏落、疏松。汉代的梳子多用木、角、牙、玳瑁等材料制成，其形状多半是马蹄形，也有的梳子做成长方形，很多梳背上都附带有雕刻纹饰，显得精巧美观。所以汉代的女子在出行时也时常随身携带梳、篦一类的化妆用品，宫廷中的贵族女子甚至使用玉制成的梳、篦。

由于梳子在使用过程中容易沾染污垢，因此汉代人又常用梳刷来对梳子进行刷洗。在汉代墓葬中经常出现刷柄呈烟斗状的铜柄刷。此外还有一种刷是用作理发的，其特点是刷子的柄相对扁平，刷柄与刷背后的扁平度和宽窄大体相同。《释名·释首饰》记载："刷，帅也，帅发长短皆令上从也。亦言瑟也，刷发令上瑟瑟然也。"《文选·养生论》李注引《通俗文》也说："所以理发谓之刷"。讲的都是理发用的刷子。汉代也有用于施朱粉的毛刷，它的刷毛一般比较柔软，适合女子们轻拭朱粉所使用。

汉代女子重视眉部的化妆。产生于汉代的文献《淮南子·修务训》记载了汉代女子"虽粉白黛黑，弗能为美者，嫫母、仳倠也"的事实。汉代女子以黑色作为描画眉部的色彩，贾谊《新书·劝学篇》说："粉白黱黑。"《说文解字·黑部》记载："黱，画眉墨也。"即用黑色来描眉。汉代女子也讲求在画眉之前先行拔去部分眉毛，即修饰残眉。《释名·释首饰》说："黛，代也，灭眉毛去之，以此画代其处也。"是说去眉是为了修饰美观之用。汉代绘画中经常可见有细眉俑，很可能与此有关。东汉大官僚梁冀的老婆孙寿平素喜作媚态，其发式称堕马髻，并用愁眉啼妆。《风俗通》记载：“愁眉者，细而曲折，梁冀家所为，京师皆效之。”所用即是黛眉法，继之的东施者紧效其后，人员数量也是颇大的。

❖ 戴耳珰的汉代女子

珰，指汉代女子戴在耳垂上的珠宝饰物

汉代拔眉的用具有眉镊。《释名·释首饰》记载：“镊，摄也，摄取发也。”汉代女子用于化妆的眉镊式样很多，汉代的许多墓葬都出土了式样不同的眉镊。女子画眉所用的眉笔在汉代也已出现，在广州的汉代墓葬中曾发现了用于画眉的眉笔笔杆。汉代女子画眉所用的炭黑称为“黱”，使用时需要研磨。研黱所用的砚，在考古发掘报告中多称之为黛砚，且形制也以长方形的薄砚为主。它同用于书写的笔墨砚并无太大的差别。

汉代女子对面部的妆饰主要使用米粉一类的谷类作物制成妆饰原料。《急就篇》颜师古注记载：“谓铅粉及米粉，皆以傅面。”可见女子妆饰面部也有使用铅粉的。在汉代乐浪王盱墓的妆饰用具中还发现了用于面部化妆的滑石粉，但汉代人通常用于面部妆饰的还是以米粉为多。《释名·饰首饰》说：“粉，分也，研米使分散也。”《说文解字·米部》也记载：“粉，傅面者也。”

米粉的制作方法按照《齐民要术》的记载，是将粱米等谷类经过精细研磨后，按照过滤、沉淀、曝晒的制作程序，最终制成可供面部妆饰所用的米粉。铅粉则指用碱式碳酸铅制成的傅粉，它又被称作胡粉，《神农本草经》将它叫作“粉锡”。东汉方士魏伯阳在《周易参同契》一书中说：“胡粉投火中，色坏还为铅。”可见在东汉时人们已基本掌握了铅粉的制作方法。《太平御览》卷七一九引《续汉书》说：“大行在殡，(李）固独胡粉饰貌。”也说明汉代人对铅粉的使用是比较普遍的，不独女子使用，汉代的男子也有使用的个例。

在汉代，用红花汁调和米粉制成的胭脂也已经出现，长沙马王堆汉墓曾出土有整盒的胭脂。此外。配合调制胭脂也使用了赪粉，《释名·释首饰》说："赪，赤也，染粉使赤，以着颊上也。"朦粉中即含有朱砂成分，这样调制出来的胭脂制品就大大增加了面部美观润泽艳丽的效果。

河北满城汉墓出土的错金朱雀衔环双连铜豆，就是用于调制脂粉的用具。用具上所残留的红色痕迹表明，调制的制剂中含有朱砂的成分。这件器物是汉代出土的极为罕见的珍品文物，其考古价值和史料价值均弥足珍贵。

汉代的贵族妇女施抹粉黛已成一种风气，《盐铁论》中所说的"傅白黛青者众"就是指这种风气说的。汉代人傅粉并不仅仅限于面部，也有傅粉于胸臂之上的。《汉书·广川王传》记载："望卿袒裼，傅粉其旁。"并且，傅粉之人也不见得都是女子，男子冶容者一样傅粉其妆。《汉书·佞幸传》说，西汉"孝惠时，郎侍中皆冠鵔䴊贝带，傅脂粉"。人员当也不在少数。东汉有人告发李固，其中一条便是说他"胡粉作貌，搔头弄姿"。如此的男人，让人觉得不是滋味。《汉书·张敞传》记载，张敞"为妇画眉，长安中传张京兆眉怃"。张敞为他的老婆画眉原也无可非议，不过汉代人觉得张敞所为出了格。即使如此，施黛傅粉还

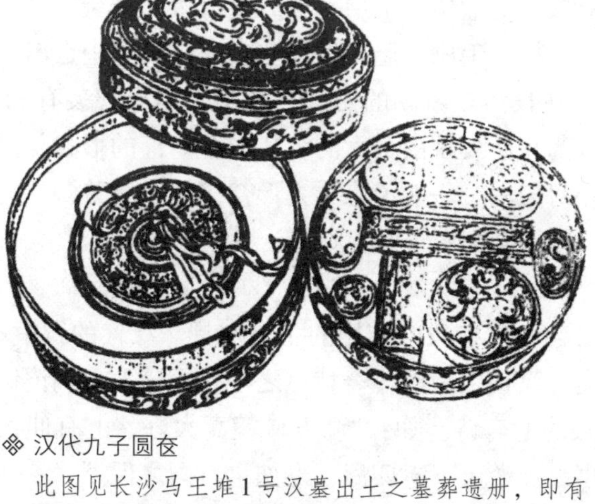

❖ 汉代九子圆奁

此图见长沙马王堆1号汉墓出土之墓葬遗册，即有九个小奁的双层圆奁

是汉代非常流行的事。

汉代的妆饰品在平时多用奁装储，《说文解字》称奁为“镜籢”，湖北云梦西汉墓中所刻写的“竟检”也就是镜籢。由于奁中所盛的物品多属于化妆品，所以常常又称此为“妆具”。如《续汉书·五行志》就记载：“灵帝建宁中，京都长者皆以苇方笥为糚具。”东汉人为避明帝刘庄之讳，所以“庄”字在读音上和字义上就多数称用“严”字，如《后汉书·陈纪传》记载：“纪见祸乱方作，不复办严。”李贤注解此句话说：“严读曰装也。”类似的情况在《后汉书·朱穆传》《史记·司马相如列传》《汉书·邹阳传》中都曾出现过。因此，汉代的妆具也就被改称为“严具”了。《独断》一书记载有关汉代的陵园寝庙之事时，就曾述及“宫人陈严具”的情况。妆奁的种类比较多，普通一点的奁为一个简单的圆盒，新疆民丰出土的东汉时代藤编妆奁就属于这类小圆盒。《陆士龙文集》卷八《与平原书》记载，汉末曹操遗物中即有“严器方七八寸，高四寸余，中无鬲，如吴小人严具状”。这说明曹操所用的妆奁只是一个很普通的小妆盒，这位杰出的政治家和文人看来在生活上并不太奢侈。豪华一些的妆奁可以内分双层，较大，中间可以装置小奁。马王堆汉墓遣册就写有“九子曾（层）检（籢）”的字样。所谓“九子曾”，也就是内含九个小奁的双层圆奁。

当时，妆奁除圆形外，还有方形或长方形的，《后汉书·阴皇后纪》记载：“视太后镜奁中物。”李贤注解释说：“镜匣也。”指的就是方形的妆奁。双层的奁盒中，上层一般放置丝巾、镜袋、手套等物，下层一般放置假发、梳、毛刷、脂粉等物。在东汉墓葬中也出土有内装九个小奁的方奁，在长沙咸家湖的西汉墓葬中甚至出现装有11个小奁的方奁，这是迄今为止所发现的最大的汉代方奁。奁的形状是同所盛装的不同化妆物品相对应的。一般说来，方形奁多用于盛装簪，马蹄形奁用来盛装梳和篦，圆形奁则用于盛装脂粉。

铜镜是汉代女子梳妆时使用的主要用具。汉代的铜镜不但数量多，而且纹饰优美。汉代铜镜的显著特点之一是铜镜上多刻记铭文，有些铭文类似于后来的七言诗。如：“尚方作镜真大好，上有仙人不知老，渴饮玉泉饥食枣，浮游天下遨四海，寿如金石国之保。”（参见陈直《两汉经济史料论丛》，陕西人民出版社1958年4月第1版）铜镜一般都有镜架托放。有的镜台可达半人高，中间为长方形盘体，可放置脂粉盒等物。其上为镜托，其下有台座，侍从人等可以随手提举，十分便捷灵巧。

汉代妆饰品中还有一项内容，即假发的出现和应用。《周礼·追师》“汉编”注说：“编，编列发为之，其遗象，若今假紒矣。”《东观汉记》记载：“章帝建初三年赐苍书，以先烈皇后假髻、帛巾各一，衣一箧遗王。”所谓假紒、假髻，也就是假发。长沙马王堆汉代墓葬出土的假发，充分证实了这一点。假发在汉代主要供中老年妇女使用，由于生理原因，老年妇女经常出现脱发现象。一些贵妇人为保持华贵的雍容，便经常佩戴假发。一般的老年妇女佩戴假发除了妆饰原因外，多半是为了便于簪笄，而头发稀疏就做不到这一点，佩戴假发正可以弥补这一缺陷。同时，汉代女子对于簪笄的佩饰也是非常讲究的，如汉代常见的有金雀钗，也有作鸟状笄的，有些动物笄并装饰有绿松石。汉代画像石刻上甚至出现有多达十一钗的花钗笄，其精美程度很高。

值得注意的是，汉代的男子也有用笄的，但多是横贯椎髻。男子用笄，更多的是为实用而不像汉代女子那样以妆饰为主要目的。